孩子们可以经由幻想进入远方,当然也可以经由和大人共读或自我阅读时,纸上的远眺进入远方。

像抛物线一样,朝远方丢去一个锚,孩子们的船晃晃悠悠、慢慢地驶啊驶,有一天就会到达那里。

——粲然

粲然 著

抛向远方的锚

上册

抛 向 边

小宝宝的游戏力 21

去向那一往无前的童年 31

在妈妈怀里谈起的世界 37

共情的另一面：因爱说"不" 41

你看起来好像很好吃 45

那些永驻童心的挫败瞬间 51

只有心灵能守护心灵 57

幼儿心中的"英雄世界" 61

爱之玫瑰的花蕊，是一句情话 65

情绪是一种童年习惯、终身习得 73

敲锣打鼓的童心世界　77

通向广阔心灵的所有感觉　81

爱是需要修习的童心课业　89

把故事的权利全然让位给孩子　95

幸福与习得性无助　101

跨越成人与孩童的沟壑　107

勇敢的孩子绝非无所畏惧　115

与生俱来的七情　125

童心世界里的"弗洛格"　131

一生千百万次之爱的演练　137

呼唤出童话的深层力量　*141*

小成长，大力量　*147*

在命运的流离中镌刻生命传记　*153*

鸡飞狗跳的好世界　*159*

当孩子是"不被接纳"的那一个　*165*

魔幻、幽默与无尽温柔　*171*

童心是很缓慢的寓言　*177*

在无常中点燃童心之光　*187*

童心与这个并不平静的世界　*193*

童话是孩童想象力的拐杖　*199*

打开幻想王国的涂鸦大片　*205*

让无数人生投射于己身　*209*

好桥梁会通向自己的路　*217*

爱是有边界之物　*221*

童话的背后是北风的背后　*229*

对人性与童心的最大祝福　*235*

孩子的天与地、人与神　*241*

看见童话的真正力量　*247*

伟大故事即伟大心灵　*253*

索引　*262*

序一

因为对儿童绘本感兴趣,所以,凡和绘本有关的文章,只要遇上了,我总要看一看。我知道,好多人都有这样的兴趣;而且,哪天读了让自己非常满意(或非常不满)的绘本,还会有急于找人议论一番,或干脆写一段文字贴到朋友圈里的冲动。这是人之常情。正如看完一场让自己异常投入的球赛,常会意犹未尽,想找个人狠狠聊一聊;看完一场让自己感动的电影,也会逢人便说,要把内心的激情分一点出去;甚至,吃到好吃的东西,也会忍不住大声称赞几句。这是人的一种需要,即议论、交流和批评的需要,这也是影评、剧评、书评等等必然存在并将永远存在的缘由。

喜欢谈绘本的人群中,有家长、教师、编辑、作家、研究者等,现在还有了一大批半专职的阅读推广人。所有这些人中,我最信得过的,其实还是家长。绘本主要面对低年龄儿童,在他们成长的每个阶段,阅读兴趣和接受能力都会改变。这种改变有时极其细微,可以年计,也可以月计,甚至相差几天也会大异其趣。这时,要说哪一本书适合什么年龄的儿童，专业工作者谈的未必中肯，倒是一个认真的（确实有时间记忆而不满足于毛估估的）家长，往往说得更准确。因为她们是一本一本书给孩子讲，对孩子反应最能心领神会者。即使是同一套书中的不同分册，虽然作家和画家心目中的读者对象是一样的，实际效果还会有不同。举例而言，蒲蒲兰的看家好书之一"小熊宝宝"系列，是给一岁左右的孩子读的，其中的《过生日》因为有声音节奏上的巧妙安排，一岁刚过的孩子爱听且爱看；而另一本《好朋友》，因为一开始稍有一点静态的心理描述，一岁孩子有的就读不下去。我的小孙女是快两岁时才喜欢这本书的。编辑的感受可能不如家长，更遑论易于见林不见木的研究者了。

　　现今活跃于各种绘本交流平台的阅读推广人中，粲然是十分突出的一位。我虽没和她有深入的交往，但读过不少她的文章，也在朋友转发的微信里了解到她对许多绘本的意见。这一次，又能先期拜读她的书稿，更觉得在不少地方与她的想法是相近或相通的。她在书中也提到"小熊宝宝"系列，还提到另一套日本绘本《山猫服饰店》和《加油！熊医生》，她的评价很高。这后两本书也是我的小孙女在她两岁刚出头时的最爱，这爱一直延续到今天（现已三岁出头了）。粲然的许多体会是在和孩子共读时产生的，并因为一读再读，对作品了然于心，每一细节都不错过，这时再来议论批评，当然常能说到点子上。她是一位妈妈，由妈妈而爱好者，由爱好者而推广人，一切来得顺理成章。所以，她的书稿出版之后，相信一定会受到家长、教师和爱好者们的欢迎。对于专业的绘本编辑和作家、画家们，她的意见也是值得关注的。

当然，书中多为经验之谈，是她和孩子共读的经验，加上自己的审美经验；虽也生发出很多议论，但大多还不属理论。我最近一直在思考理论（我是指真有创见的理论）的形成过程：首先无疑从独特的经验起步；其次会发现这独特之处与自己以往的认知不相符（相符的大都不独特），甚至很矛盾；再次，就是要将这些独特发现与原有的认知系统相撞击，重新理出思维顺序来。这够了吗？还不够，还要和更大的思维相冲撞。大到什么程度？最好大到与整个既有的人类文明的认知系统相碰撞，因为理论虽不必"放之四海而皆准"，却总得有一定的普适性，在这样的碰撞中理出有顺序有说服力的结论，或者才可称为理论。所以，一时的经验，换一个语境，也许就有疑问或难以自圆，就因它还未经多重碰撞并升为理论。比如，书稿中有关于儿时须立规矩的话题，又进而提到人的认知就是儿时起一点一滴的积累，这又对又不对。儿时的认知还是缓慢的爬行,真正的起飞要到七八岁后,这和人的理性生成有关。理性生成前的认知虽也重要,却极有限。又如,对于某部绘本中的多义性的称赞,我觉得也应有个度,并非越多义越好。艺术家在创造多义的氛围时还须有一些隐隐的路标,一点没有路标的多义恐怕就是艺术家自己摸不着头脑的体现了。这些真要说清就需动用发展心理学与文艺学理论,非常繁琐复杂,为一般读者所不耐。所以,不涉理论,纯以经验、常识与印象相交流,也不失为一种很好的办法。这样的交流为大家所需要,我自己也从中获益不少。歌德说:"生命之树常青,而理论总是灰色的。"这"生命"指的是生命活动,人类生命活动当然脱不开人的经验、常识、审美、感受……这是最本原也最具活力的东西,理论则会有不正确的概括并难免枯燥乏味。这应该也是本书令人喜爱的原因之一吧。

是为序。

刘绪源(儿童文学理论家)

2016年七夕夜于上海香花桥畔

序二

对许多读者来说，粲然是一个所谓的微博育儿大V。这些年，她在网上与读者分享她的幼儿共读经验，吸粉无数，成为许多年轻妈妈的偶像。作为她的老朋友，我其实并不比她的粉丝更经常与之互动。我们共居一个城市，她在海那头，我在海这头，海水太咸，没法思君时共饮，因此常常是相忘于江湖。然而年少时的友谊结晶，共同的价值观与彼此的信任，总会透过岁月不断重返，成为人生温暖的支撑。

我们都回到亚热带海岛的这些年，我目睹她结婚、生子，父母老去、病弱，时间繁管急弦，学生时代独念海之大，愿随天与行的轻狂逐渐在岁月的幕布中模糊。然而我很高兴每次见到她，她的身上从没有散发出灰扑扑的雾数气息。岁月并没有让美少女蒙尘，而是年轻时耀眼的光芒变得沉潜。她身上原本就携带的充沛的爱的能量，在米尼来到这个世界以后变得更加阔大丰盛。她创办"三五锄"幼儿园、"勇读者"工作室，在现实与理想之间摸索着一条让孩子自由成长的道路。

我去参观"三五锄"。孩子们午睡起来后吃点心,我坐在他们的小桌子边,他们叽叽喳喳地围着我,争先恐后地与我说话,那种来自孩子的单纯的相信与爱真令人幸福。我想这是为什么粲然努力维系着这个并不挣钱的家庭园的原因了。相比于钱,孩子交托与你的,全然的相信与爱,以及和孩子一起探索世界奥义的美妙旅程,那才是真正的无价之宝啊。

我没见过比粲然更贴近"施比受有福"的人了。美好的东西,她永远想要与人分享,她完全不能理解独占的心理:人的一生那么短,有如此多美丽的风景、有趣的人事,好玩都来不及,哪有时间浪费在怨恚与憎恨上呢。可是,你若以为她是那种不知世事艰难之人就错了。随着父母老去,独生子女所承担的各种家庭重责她一样也没少担,重点是,当她从一个爱娇的小姑娘变成一个手提肩扛的女汉子,生活的细务没有将她变得心肠冷硬、面目铁青,她依旧是言笑晏晏,充满生之热情。这就是修行了。我们年轻时很喜欢谈人生,那时候,多少是凌虚蹈空。如今当我们真切地碰触到无常,我们从中学到了什么?我们怎样能够生存下去并且不是以我们讨厌的方式?当我们有了孩子,我们交换的问题便成了:我们怎么在一个奇怪的国度让孩子长成一个健康的样子？我们怎么和孩子一起去面对不义、丑陋、恃强凌弱、趋炎附势，那些人性必有的黑暗与软弱？我们怎样让孩子看到美好，向往光明，爱别人并被别人爱？

我们曾经在一所密布榕树的南方大学就读，读研时她已在国内的一线文学刊物上发表小说，并且出版了她的第一本小说集，获得文坛大佬的肯定。这些年她的小说越写越少，我们都很替她担心：一颗冉冉上升的文学新星莫不要陨落了。然而她并不以为意。念叨多了，有一回她和我说：生活本身比写作重要得多。我听懂了。对于外在意义的成功，有当然好，没有她也不觉得有多大遗憾。就像这几年她写了那么多共读，我知道她绝不是为了要成为什么"育儿专家"。对于粲然而言，这就是她在生命的这个阶段最真实的感受与声音，她只是认真生活，诚实思考，拥抱生命的每次赠予，忠实记下她的所思所感，并乐于与人分享。这是她的共读文章吸引人的原因。我们面对的，是一位富于同情敏于思考的母亲在育儿过程中的摸索，而不是所谓科学教育的不二法则。她将她的困惑、挫折、喜悦、感动袒露在她的书写中，留下一位母亲与孩子在共读时光中那些奇妙、珍贵的印迹。

在一则共读里粲然写道："当我还是个新妈妈时，许多先行的父母、我的孩子,包括我自己,都对这场旅行施以援手。因此,我也愿意把这样的祝福回向给正在前来的你。"现在,这本收集了适读年龄从10个月到10岁,经过出版社重新编排的共读书,将带着粲然满满的祝福,伴随千万个在幽暗不明的时代中寻找正道、渴望孩子拥有一颗"智慧与爱之心"的父母,在共读的旅程中,为孩子抛下一个又一个定向之锚,迎向未来的远方。

郑国庆(厦门大学中文系副教授)

© "三五锄"幼儿园

小宝宝的游戏力

每次我朝他发出咒语,喊「蹦!」,哪怕在海风呼啸、空寂无人的冬夜马路上,他也会乐颠颠地跳来跳去。

我是一个喜欢一往无前的人,喜欢成天喊打喊杀地朝下一个日子急匆匆地奔去。只有和孩子们在一起能平息我的心性。在婴儿所显露的、看似慢动作翻页一般的理解力和行动力面前,我经常屏住呼吸。

只有做过父母的人才知道,真正的成长有多么缓慢、琐碎,又是多么天翻地覆、沧海桑田。

"勇读者"本来是一个针对3-12岁孩子的阅读计划。但在创办过程中,我发现越来越多新父母加入进来。他们和我当初一样,需要指导、鼓舞。

然后,他们也会慢慢意识到,最大的指导和鼓舞,不来自于任何权威专家、老师,甚至任何团队。最大的指导和鼓舞,在于你拿起书,你把孩子拥在怀里,便会有力量引导你、启发你、调动你。只要你像辛勤的老农沉默而无所求地翻动土壤那样翻动绘本,孩子们一定会从灵魂里开出热烈的花来呼应你。

这就是我当初写《骑鲸之旅》的本意。0-3岁的亲子共读,就像我们在生命的海滩遇到一只通具人性,却无法表达的小鲸鱼,相互一见倾心。但它有自己无限无垠的好奇心,有自己的眼界与大海。这场殊胜奇幻的旅行,是只要有爱、尊重和慈悲,就能在每个夜晚目睹的魔法。

当我还是个新妈妈时,许多先行的父母、我的孩子,包括我自己,都对这场旅行施以援手。因此,我也愿意把这样的祝福回向给正在前来的你。

这次推荐给10个月至1岁半低幼的,是"小熊宝宝"系列绘本(全套15册)和松冈达英的三本小书《蹦!》《哇!》《好疼呀!好疼呀!》。

有段时间,我曾请求0-2岁孩子的妈妈们推荐她们认为"最能引起孩子呼应"的绘本,有好多妈妈推荐了这套"小熊宝宝"系列绘本。

买下这套书的时候,米尼已经21个月,有简单逻辑情节、蕴含丰富情感的绘本开始呼唤他。对他来说这套书太简单,翻了翻就丢下了。这套书在我们家并没有显示它的巨大魔法。

之所以依然推荐一套我自己孩子错过的绘本,是因为在给别的孩子读书的过程中,我依然看到它的力量,我相信它。

"小熊宝宝"系列是一套很家常的绘本。平装,圆角,适合低幼抓握的尺寸。量入为出的新妈妈买下来,并不会抱着"买这么贵的书,你一定要给我听懂哦"的执念。

其内容涉及打招呼、大便、洗澡、刷牙、收纳、散步、穿裤子、交朋友等方面,一岁多社交商初初萌发,跟跟跄跄走着路,开始用自己的身体感应世界,用自己的眼睛打量世界的小宝宝,会为它停下脚步。

即使是有对共读持保留意见的家人,也会以"嗯,这套书可以帮助学习嘛"这样的心情接受它。

"小熊宝宝"绘本不仅是为小宝宝一个人挑选的,它暗喻着一个全家博弈式的"共读开启"。这样一套能兼顾方方面面需要的绘本是非常难得的。

正因为日常、平和,使它在各式各样的中国家庭中走得更远,它的力量也能持续显现。

只要你下定决心和孩子一起读下去,你很快会发现,这样的灵魂之约,是父母和孩子的专属。但共读的的确确不是你和孩子两个人的事,它必须是全家的支持与决定。"小熊宝宝"系列绘本会帮助这个决定。因此,希望它到达你。

松冈达英的三本小书,真的是大人会说"好贵啊就几页纸"的那种绘本。

如果说"小熊宝宝"系列绘本暗喻着量入为出、非常合算的家庭共读投资,松冈达英的这三本小书,则象征着你和孩子抛弃一切的共读游戏力。

我曾多次问过自己,对像"小鲸鱼"一样的宝宝,在共读里最需要的是什么呢?

不过是爸爸妈妈的拥抱、爸爸妈妈的声音、爸爸妈妈的哈哈大笑。与魔法王国相关的事物,不包括"我花了很多钱""你一定要读懂这本书"。

在《骑鲸之旅》那本书里我写过,《蹦!》和《哇!》这样的书,是父母"演读"的开始。

虽然和孩子们一起读着书,但依然需要知道:最重要的事并不是读了多少书,读懂多少书,而是彼此的陪伴,以及这个随时可以昂头大笑的事情。

从这点上说,松冈达英是一个非常了不起的入门引领者。

米尼六个月时,就非常喜欢《蹦!》这本书了。这本书里有非常厉害的"婴语魔法"呢!

我说过,一些单音节爆破音词,会让宝宝觉得奇妙,因而屏息凝听。比如"BENG(蹦)",比如"PU(噗)"。

六七个月大还是凝神注视父母嘴型的小宝宝就可以一起共读《蹦!》。它的魔法在于,父母一定要带着孩子(抱着或者拉着他们的手)真正蹦起来,他们就能把这样有力量的词和真正的行为联系在一起,并因此哈哈大笑。所有因为共读而打破常态、感受快乐的行为,都是非常珍贵的,它会让孩子在生命之初就热爱阅读。

米尼到一岁多时,依然很喜欢《蹦!》。我们还发明了一个新读法,每翻开一个静止的动物图像,我就问他:"蹦不蹦?""蹦!"他说。我就翻开下一页,动物果然飞跃起来,大伙儿蹦得姿态各异,把我们都逗乐了。碰到蹦不动的蜗牛,我们母子俩就一起教训它:"你真是太懒了,你还得加把劲呢!"这样一来,米尼一直以为书里的小动物,是因为被他鼓舞着,才欢快地蹦起来的呢。也因为这样,每次我朝他发出咒语,喊"蹦!",哪怕在海风呼啸、空寂无人的冬

© "三五锄"幼儿园

夜马路上，他也会乐颠颠地跳来跳去。

我深深记得他被润泽过的这些日子！因此，把《蹦！》和《哇！》推荐给你。

松冈达英的《好疼呀！好疼呀！》，米尼小时候，我们没读过这本书。后来拿来一看，却非常喜欢。

一岁多大跟跟跄跄的孩子，常常以摔跤这样的形式感知着世界，揣度着世界的恶意与善意。几乎每个经历这个阶段的父母，都会遇到一个问题：孩子摔跤时，是要抱着他/她，愤然抱怨不平整的地面，还是只任由他/她哭就好了？这本小书，提供了非常好的回答。这样的回答不仅是给父母的解答，也是对孩子温暖的松绑。因为爸爸妈妈的爱和抚慰，心灵敞亮洞开。这样的孩子，就是长大后会成为——在无数磨难前微笑，大踏步跨越过所有"女巫"的黑魔法，然后像灰姑娘一样大声说"我原谅你"——这样的人吧。

我们今日的所有慈悲与幽默，就是孩子灵魂里的坚强、勇敢、仁慈和善良。

"小熊宝宝"系列（全十五册）《哇！》《蹦！》《好疼呀！好疼呀！》
10个月—1岁半 男女通读

去向那一往无前的童年

对孩子的一生来说,学习笑是最重要、最可贵的礼物了。

我们总是想当然认为，童年就理所应当拥有没心没肺、一往无前的快乐。但真正置身在一大群孩子中，你会发现根本不是那回事，即使两三岁的孩子，也有他们的忧惧和担心。有些担忧来自于对身外巨大世界的敏感，他们时常害怕黑暗，害怕陌生场所，害怕暗喻庞然大物的"妖怪"；有些担忧来自于与生俱来的欲念，有些孩子免不了担心自己有所匮乏，明明足够却巴不得玩的、吃的越多越好；有些担忧，则可能来自大人内心的折射，孩子们会担心自己的衣物是否整齐、比赛是否胜利——因为，他们已能感知到，这事关自己在他人眼中是不是个"完美小孩"。

被高楼环绕着、被父母保护着的新生代孩子，看似更安全、更富足，却有着琐碎复杂、瞻前顾后的各种"悲观"。这些情绪，如同白蚁，隐隐侵蚀孩子们的生命力，阻碍他们去往自己当下自由自在的童年。

谁不希望孩子有个一路高歌、百折不挠的人生呢？从这方面说，"皮特猫"系列恰恰给予父母和孩子一个非常可贵的正向参照。如果让一个苛责的、被生活折磨得满腹怨言、充满焦虑感的成人来看，"皮特猫"应该是个麻烦孩子吧。他不爱干净（《我爱我的脏鞋子》），不爱惜东西（《我的无敌大纽扣》），多管闲事（《我拯救了圣诞节》），甚至于，他遇到那么多失败还没皮没脸地穷开心（《今天有场大球赛》）……全身充满浑不吝的气息。啊！真是可怕。

可是，如果大人抛弃成见，用接纳和善意的心去看，"皮特猫"

所代表的孩子所拥有的真正美好品质就会拂云见月，得以呈现：这些孩子对自己的成长怀有非凡的勇气，他们不怕阻挠，无惧干扰，陌生感、错误、失败都阻止不了他们一往无前，都阻止不了他们成为勇担大任的"自己"。这样的孩子，在每个当下，都能自信地成长。

没错，"乐观和自信"是成长本身所需要的非常重要的元素。这些微小的精神得以在孩子身上留驻，就会在未来成为支撑他们独立面对世间的非凡勇气。反之，如果这些可贵元素在幼年时便遭折损，他们就有可能过早成为唯唯诺诺、习惯性悲观的"小大人"。

按美国积极心理学之父马丁·塞利格曼的理论，孩子悲观或乐观性格之体现，大都来源于幼年时对周遭环境的"习得"。换而言之，如果接近他的大人总是自怨自艾、纠缠细节，总是审视生活黑暗面，孩子会因此习得消极处世的方法，彻底失去哪怕面对疾风暴雨，依然安享人生至乐的机会。

因此共读"皮特猫"系列的意义，不仅在于孩子，更在于大人。你能在孩子踩过一脚烂泥时不动声色吗？你能允许自己的孩子在学校高唱摇滚乐吗？当孩子甩开衣襟，露出胖乎乎的小肚子、圆乎乎的肚脐眼时，你能和他一起哈哈大笑吗？你可以安然接受孩子屡遭失败吗？本书作者匠心独具地在大摇大摆、一往无前的皮特猫身边，画了一只"总在身边"却悄无声息的小黄鸟，正是暗喻父母是在孩子成长顺境与困境中所需要的存在：作为父母，默默守护正是孩子学习自我成长时最好的陪伴，用"不做评判"的方式等待着,等待着孩子运用自己的力量从"我小""我老做错事""我不懂""我太缺少(我太多)"……的抱怨中脱壳而出,成为欢天喜地、无拘无束的自己。

和2-4岁的孩子共读"皮特猫"系列,会惊讶地发现很多东西:在《我爱我的脏鞋子》里发现颜色,在《我的无敌大纽扣》里练习数数,在《猜猜我在哪儿》里认识学校,在《今天有场大球赛》里了解失败,在《我拯救了圣诞节》里学习帮助他人,在《我实在吃不完了》里寻找分享的乐趣……但这些不是最主要的。在幼年时,没有任何一种"习得",比"情绪习得"来得重要。多么希望你们是带着爱和哈哈大笑读完"皮特猫"的!对孩子的一生来说,学习笑是最重要、最可贵的礼物了。

加油啊,爸爸妈妈们!一起去向那一往无前的童年吧!希望每个孩子都能成为"皮特猫"。

"皮特猫"系列（全六册）
2—4岁 亲子共读

在妈妈怀里谈起的世界

当你在特定的时光中,遇到某个故事,某个诗句,你全身心地迎接它,它就会融入你的血液里,无法撼动,无法改变。

在《骑鲸之旅》里我就谈起过这套书，那时候，这只肉滚滚的小狗还不叫"咕噜汪"，它叫"球球"。在差旅途中，我从机场书店买下这套叫"球球"的书，送给一岁多的米尼。他非常非常喜欢，我们读啊读，把整套书都翻烂了。

现在回想起来，在孩子还不能和我们完整交流时，那些让我们一起笑起来、共同翻读过的书，都有神奇的魔法，都让我寄予深深的眷念。那段历程，是父母和孩子无法为人所知，唯有肝胆相照的——"骑鲸之旅"。

这只圆滚滚的小狗的绘本曾有过一段时间的绝版，后来又载誉归来。出版社致力于呈现它更精美、更完整的全貌，一年出版了两辑"咕噜汪"。很多人说起它。我也翻读过新版第一、二辑的"咕噜汪"，我喜欢它们。

唯有一个淡淡的遗憾在心里：它们不是我的故事。新版的书已经不是我和两岁的孩子互相搂抱着，傻兮兮笑着、看着的那些故事了。我不知道拿它们怎么办，我的孩子也只是看着它们，眼睛一亮，说："咦，这很像以前我读过的那个……那个'球球'！"

后来我想，这就是故事和诗歌与人生的关系。当你在特定的时光中，遇到某个故事，某个诗句，你全身心地迎接它，它就会融入你的血液里，无法撼动，无法改变，只有它是原原本本属于你的"那一个"。这就是我要全力推荐"咕噜汪"（第三辑）的原因。第三辑里的六个故事，正是几年前我和米尼遇到的那些故事，我至今对它们倒背如流。我确定它们是好的,我亲眼见证过它们如敏捷明亮的烟花点亮我孩子的脸庞。我看到它们,那些母子互相依偎的深夜时光就如在眼前。我确定这六个故事是"咕噜汪"里最好的故事,因为它们是我和米尼的故事。

回头看来,当时年近两岁的米尼和作为妈妈的我,之所以同时喜欢上"咕噜汪",很大程度上是因为本书的绘者黑井健。

黑井健,日本绘本界泰斗级人物。他的笔触中满溢着对亲子关系深切的理解,对雀跃童心的温柔照拂。作为妈妈,我曾被他笔下《小狐狸买手套》《谢谢你,来做妈妈的宝宝》所描绘的世界深深打动过。

"咕噜汪"也是这样一个温柔之极的作品。"咕噜汪"里不仅有咕噜小狗浅浅探索、不断惊喜着发现世界的小身影,也有妈妈目送它离去,迎接它回家时的目光。这样"充满爱与越来越长的物理距离感"的亲子关系,是黑井健最动情、最擅长的拿捏。孩子和妈妈一起喜欢"咕噜汪",也许就因为它有这种由内而外的"温柔"吧。温柔的动物、温柔的成长世界,还有耳边妈妈温柔的声音。它所描绘的世界,也是幼儿举目可见方寸之间的四季、大自然,与同伴、妈妈的各种联结。这是一套像妈妈浅浅怀抱一样的书呢。孩子们随时想轻轻挣脱,跑去和全世界游戏,又随时想一头扎入,沉湎其中。

此外,"咕噜汪"(第三辑)的六个故事,以小咕噜为投射,紧扣"幼儿户外探索"的主题，充分调动孩子对户外的身体感受，描述在夜晚、在大风里、在雨季、在冬天、在草丛里、在游乐园的种种微小，却堪称全新突变式的际遇。它对幼儿"身体感受"的描述极其精准。孩子在一遍遍的重复阅读中，找到心境体感的呼应。当时米尼最喜欢《咕噜在夜里》这一本。他看到画面上投下的巨大影子，瞪大眼睛，大气不敢出的样子，至今我还真切记得。因为看了《咕噜和小刺球》，和他在草地上打滚，滚出浑身草籽，也是我和他的专属记忆。

在妈妈浅浅的怀里，读这六个故事。看孩子在邻近的大自然里做自己的浅浅探索。这样的时光，真的，倏忽一下就过去了。

"可爱的咕噜汪"系列（第三辑）（全六册）
2—5岁 男女通读

共情的另一面：因爱说「不」

孩子不仅喜欢角色互换的游戏，他们更纯真、善意，愿意被委以重任，愿意成为榜样。

一次外地巡讲活动中，有个妈妈对我说，她是新教育的追随者，在和孩子诸如"不肯刷牙、不肯早睡"等不良习惯的博弈之中，她不停地和孩子共情，不停地甚至没有尺度地理解孩子。但最后，孩子越来越骄纵，一口龋齿。她觉得失败透了。

可是，"共情"的意思并不是父母单方面理解孩子的情绪，放弃对孩子的生活引导与要求。"共情"不仅是理解孩子之当下，也需要引导孩子去看到情绪的多面性，一起去探寻问题的解决办法。

现在想来，父母对幼儿最大的馈赠，除了爱，莫过于情绪的引导、安抚与生活规则的确立。这两者在某些时候（尤其在以自我为中心的婴幼儿觉得自己眼前利益受到触犯时）看上去是对立的，但如何深入并行下去，却是对父母而言不得不面对的考题。

卓越的绘本给我们这些资浅父母无数灵感。威廉斯的"小鸽子"系列绘本就是其中之一。他以巨大的幽默感行"翻天覆地"之事。让孩子成为"监护人"，去看管会撒娇耍赖，会调皮捣蛋，会突破规则，会勃然大怒，会上蹿下跳的"小鸽子"。

你会答应小鸽子开巴士吗？你会答应小鸽子晚睡吗？你会答应脏小鸽子不洗澡吗？你会答应给小鸽子买一只小狗（或者玩具）吗？这些平时横亘在父母面前的"孩子难题"，这些实际上并不直接与爱相关，但父母又不得不板起脸来说"不"的困境，一个又一个丢给孩子自己。奇妙的"共情"与理解，就在这样的问答与互动中默默流淌。

孩子不乐于接受"说教",却相当乐意在"演读"中担任重要角色,何况还是"管教别人"的爸爸妈妈式角色。他们眼睛不眨,就可以演得惟妙惟肖。

在绘本大师威廉斯这套风格极其独特的绘本中,孩子们必须与主人公"鸽子"展开对话,在鸽子各种不达目的誓不罢休的撒娇撒痴中,坚持自己的立场,因"爱"说"不"。即使是两三岁的婴幼儿,在这样的模仿中,也会因为角色对换的巨大反差与幽默惊喜地笑起来。他们所感受到的,对小鸽子所负有的责任,就是父母溯源他们的情绪而上,和他们共同奠基人生的巨大责任感。从某个方面说,这样的意愿和责任感,也是百折而不挠的。说"不"和"爱"并不冲突。

三届凯迪克大奖获得者威廉斯所著、获奖无数的"淘气小鸽子"正是用一种至简且神奇的方式,完成了孩子的"角色转变"。这样的方法,对僵持在日常琐事、一时情绪之中,次次对垒的父母与婴幼儿而言,不啻是令彼此有路可走的"巨大援助"。

因为,在天性里,孩子不仅喜欢这样角色互换的游戏,他们更是纯真、善意,愿意被委以重任,愿意成为榜样的。我们不仅要理解他们困于一时一刻的情绪,更要给予他们坚定且温柔的指引,指引他们走出自己的情绪,为自己做出更主动、更积极的决定。

两三岁开始,在日常生活中进行这样有意义的游戏、演读与讨论，在这样的家庭环境下成长的孩子，到五六岁时，就会呈现出对自己更负责、更积极主动、更会谋取解决之道与团队共赢、更富有幽默感的人生态度。

因为，人的"自我认知"是由年幼时一次次转念、一次次微小决定、一次次付出与接受堆积而成的。这是这套书所蕴含的"父母方法论"，这是"共情"最深刻的内涵所在。

你看起来好像很好吃

流着眼泪、带着笑意长久地目送,
是父母对孩子最好的馈赠。

提起宫西达也的恐龙系列，脑袋里只有"你看起来好像很好吃"这句话。因为这本书——从米尼一岁八个月开始——在我们家陆陆续续读了上千次。

就这样，日子一天一天地过去了。

有一天晚上，霸王龙说："'很好吃'，我已经没有什么能教你的了，今天我们就分开吧。再见！"

"不要，不要，绝对不要！""很好吃"扑簌簌地流下了眼泪。

"我要长得像爸爸一样，我一定要和爸爸在一起！"

"'很好吃'，你不应该长得像我一样。不，你也不会长得像我一样。"

"不要，不要，绝对不要！"

"好。那么，咱们赛跑吧，看谁先跑到那座山上。如果你赢了，我就会一直和你在一起。"

"好，我不会输的。"

"很好吃"擦了擦眼泪跑起来。它拼命地往山上跑啊跑啊。

"我要一直和爸爸在一起！""很好吃"头也不回的，一个劲儿朝山上跑去……

"再见，'很好吃'。"

霸王龙小声地说着，吃下一个红果子。

这段话，在孩子牙牙学语的那些珍贵年月里，在我们家的夜晚重复了无数次。孩子一开始是呆呆地听着，手舞足蹈地听着，慢慢地，会接着尾音念。接下来，当大人说"我们分开吧，再见！"时，他会扭动着身子，说："不要不要，绝对不要。"再后来，他很快就可以流畅地演出那只可爱得不得了的"甲龙宝宝"了。

许多次演到和霸王龙爸爸分开时，两岁左右的孩子演着演着，会捂着脸，突然流下眼泪。边哭，边带着婴儿那种憨憨游戏的笑意，抹着眼泪，一个劲儿地演下去。

在故事中的爸爸妈妈，读着台词，心里也会涌起悲哀。我没有让米尼看到我因此流下的眼泪。

我总在想，在这本书里，孩子的悲哀和我的悲哀是同一个感受吗？我还想，这个时候，是最不应该让孩子看到你眼泪的时候啊！难道不是吗？霸王龙一定也是忍着眼泪，看着"很好吃"跑向高山，跑向自己命定的未来去的。目送孩子远行，本来就是爸爸妈妈的宿命。

宫西达也用六本恐龙绘本，来表达他对"亲子关系"最深入、最动情的描述与想象。我非常喜欢其中深入人心的比喻。

在这些故事里，作者用动物寓言的方式，打破了对自然界的最传统的定义。"坏的、巨大的、复杂的、有力量的"被"小的、单纯的、无力的、好的"所完全理解和接纳。爱的某些特性——它并不总发生在力量对等、语言互通的双方之间，它有颠覆性的力量，它使人心趋善。

我认为，宫西达也的"恐龙系列"最大的魔法，在于它安抚了所有人的恐惧与顾虑,使他们有希望在不同角度上,受到"爱"的笼罩。

父母们很容易接收到来自"恐龙世界"的暗示。作为成人,他们本来就置身于弱肉强食的世界。哪怕是婴幼儿也很容易接收到来自"恐龙世界"的暗示。图像的视觉差异使小恐龙的弱小被凸显出来,小的、无力的、语言不同的角色,如何在犹如洪水猛兽的世界生存下去,所遇见的成人之忘我照拂有多么被渴求——这些疑虑,都在宫西达也的"恐龙系列"中得以呈现。

也正是如此,宫西达也笔下的"恐龙世界",最重要的不是"谁是好人,谁是坏人",而是怀有"每个人都是深切孤独着的啊"之悲悯。这样的悲悯,只要生而为人,在怀抱所爱一起读书的夜晚,就很容易听到自己内心所发出的共鸣。也正因此,作为绘本大师,宫西达也并没有停滞于"告诉孩子什么恐龙是食肉恐龙,什么恐龙是食草恐龙"之科普科幻作品的老路。他接纳了动物野性,却继续朝前,描绘出在嘈杂混乱的世界里,最美味、最令人甘之如饴之物,是等待过、理解过、忘我付出过,最单纯真挚的人性之爱。

我说过,最好的绘本故事,并不是浮于表面的知识汇总或大赞所爱之书,而一定是深入人性,既能接纳生之缺憾,也能领悟生之绚烂的作品。

在宫西达也的"恐龙作品"里,每一个故事都指向离别。小恐龙们告别强有力的霸王龙之保护,走向属于自己的未来和宿命。

难道这不是亲子之爱的真谛吗？站在岁月和际遇永远不可弥合的矛盾两边，站在"终有一别"的命运漩涡里，依然奋力地、忘我地去爱，依然流着眼泪、带着笑意长久地目送。这样的爱，就是作为父母对孩子最好的馈赠。

许多家庭，都因为宫西达也这套书流下过珍贵的眼泪。谈论着孩子的泪水这样的事情，总是让我内心震动。看着他们的眼泪，我总是在想，即使在混沌人性之中，也能深深感觉到爱的可贵，感觉到离别的不舍，对于父母而言，这是多么珍贵的示现。

而作为父母的我们，得凭借着这样珍贵的夜晚，凭借内心的悸动，去鼓起勇气，像霸王龙一样，用尽全力保持最真挚的自己。然后有朝一日，笑着对孩子说："用力向前跑哦。再见！再见！"

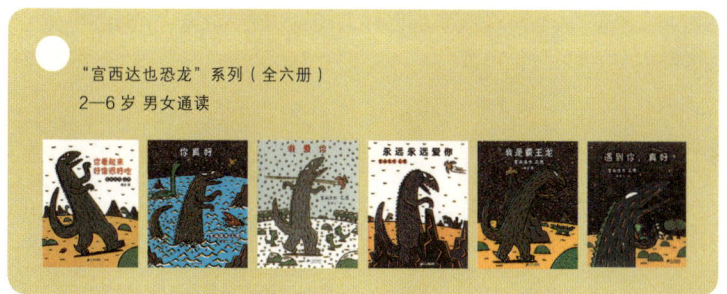

"宫西达也恐龙"系列（全六册）
2—6岁 男女通读

那些永驻童心的挫败瞬间

妈妈就是把孩子的挫败感收集在一起,当作温暖回忆的那些人吧。

我是在南方阴雨绵绵的春分时节看到"小熊乌夫"这套书的。我妈正很潇洒地出国旅行，我埋头在家里、工作室里一堆突发事件中，一面想象着我妈如何吃香喝辣、风流快活，一面怨气连天。

孩子帮着折盒子赶工，跑过来哭丧着脸，拿他的手给我看，说："厚纸皮割了我的手！"我摸了摸他的手，说："小心点！"但他却一屁股坐在我身边，说："妈妈，我烦死了。为什么受伤的总是我呢？"

"为什么下雨天弄湿袜子的总是我？为什么走山路摔跤的总是我？为什么被厚厚的纸割到的总是我？和大人打架时力气小的总是我？"

他一叠声这样问下去，脸上露出"惨绝人寰"的悲痛，我心里笑得直打跌。

有一瞬间我想，如果妈妈在我身边，我一定也挂着这样"我被生活折腾疯了"的嘴脸，如此这般唠唠叨叨控诉着自己的不幸和挫败。我妈妈也一定这样心里笑得直打跌，却又极力做出"那你自己要更努力呀"的表情看着我吧。这样想，心里就被温柔淹没了。

妈妈就是把孩子的挫败感收集在一起，当作温暖回忆的那些人吧。

在这个时候，我看到了这套细密且温暖的小书——"小熊乌夫"。作为安徒生奖提名作家神泽利子所创作的、50年来最广受欢迎的作品之一，"小熊乌夫"代表着、存储着所有孩子和父母共有的成长记忆。

　　送妈妈什么礼物好呢？在《妈妈，生日快乐！》里，妈妈过生日的早上，小熊乌夫到山上给妈妈找礼物。天牛好吗？蛇脱下来的皮怎样？但小鸟告诉乌夫，这些都是孩子自己喜欢的东西，应该送妈妈喜欢的东西才行。为了找到"妈妈喜欢的东西"，乌夫吃够了苦头。他带着满身伤痕和一束小花回家。但妈妈告诉他，妈妈最爱的礼物，却是别的东西。

　　在《谁在咕咕哝哝？》里，雨过天晴了，乌夫跑出去玩，发现一个小水洼。他很高兴地在里面玩，没想到摔个屁股墩，变成了一个小泥巴怪。回到家，妈妈奇怪了：这咕咕哝哝的小泥巴怪到底是谁？直到重新洗干净，妈妈才认出了自己的小乌夫。

　　妈妈要把乌夫的裤子送给姑姑家的弟弟。"妈妈为什么把穿小的裤子送给小弟弟呢？"他生气地跑了出去，看到了蛇阿姨脱蛇皮，竹笋脱掉小笋衣。这时，他踩着高跷，看到远处跑来几个小男孩，心里又闪闪发光起来，这就是《闪光的乌夫》。

　　而《鱼为什么没有舌头？》里，睡个午觉后，乌夫一会儿想做棵小树，一会儿又想做蜜蜂，谁知脚一滑，摔到了水里面。突然看到一条鲤鱼后，乌夫又想做一条鱼，却被鱼讥笑了一顿。他跑回了家，却发现还是做一个"有手臂抱住妈妈"的小熊宝宝最好。

　　小熊乌夫的所有故事，都可以在每个孩子的童年里找到印记。那些—— 他们为了对我们的爱无头绪奔忙着，为了捍卫自己反抗着,为了让别人看到真实自我着急着,为了好奇而想变成全世界,却又仅仅为了爱就安然回来的所有瞬间,都暗喻着他们在长大,在只身投入这个世界,在离开我们跑向远方,又猛一回头扎进我们的怀里。

在日常生活里,对幼童而言,不断地摔倒跌伤,弄得满身脏兮兮,被更成熟老练的人嘲笑,自己的东西被送给别人——这样的桥段,很容易使他们掉进自己的挫败感中,情绪无法排遣。

然而,用回溯的方式,带着温馨的回忆和理解,通过小熊乌夫的旅程,和孩子们梳理他们行为的动机,与他们回归到成长的初衷里去,孩子就会慢慢脱离围困自己的情绪,在更大、更宽阔的视野里去接受自己,接受爱。

这样诗意的成长挫败,诗意的童心,就是"小熊乌夫"送给我们的礼物。

"小熊乌夫"系列（全四册）
2岁半—4岁半 男女通读

它们如有力又敏捷的臂膀，将成年父母拯救出日常情绪的泥沼。

只有心灵能守护心灵

说来惭愧,我曾经是一个对"教育"寄予过多奢望的妈妈,希望通过某一种教育,使我的孩子乖顺听话,善良进取,勇敢坚韧……希望孩子的心灵与秉性被一切美好的形容词普照,永远没有负面情绪。

直到后来我才意识到,深植入灵魂的教育,和"如何让孩子焕然全新""如何带领孩子夺得第一名"无关。这些东西不是教育,而是成年人太过爱、太过强势、太过堂皇的我执。

美好的教育,应该心心相印,是基于理解之上,双方趋向沟通、趋向善美的能力。而家庭教育,先于所有教育,是童心阅世的基础。

像我这样的资浅妈妈,在家庭关系中曾遭受过许许多多挫折,也收获过无数犹如奇珍的慰藉与爱。

在育儿的数年时光中,我和孩子,和我的家人一起遇到过一些非常宝贵的"沟通"绘本。它们如有力又敏捷的臂膀,将成年父母拯救出日常情绪的泥沼,把"习气之痛苦"与理解之可贵教授给孩子。它们示现了某种"脱离当下情绪苦海"的法门。是的,从某个方面说,这些绘本拥有"超脱"的智慧。

这次我要说的三本绘本是《杰瑞的冷静太空》《别说你快点快点》《我妈妈上班去了》。

这三本绘本,针对父母与孩子日常容易产生"对峙感"的三种情绪:愤怒、催促和离别,用柔情和智慧,展现解脱和理解之道。

《杰瑞的冷静太空》是正面管教方面鼎鼎大名的亲子绘本。

在亲子共读中,《杰瑞的冷静太空》不仅提供了引导孩子学会情绪管理的某些技巧和方法,更重要的是,它鼓励父母用另一种方式去反思、去理解,用极具幽默感的游戏力去对待孩子的负面情绪。书后附录的方法论更是影响了很多父母的育儿方式。

《别说你快点快点》,我曾经买来送给很多朋友,送给很多"把催促当作谴责",因而容易产生纷争的家庭。

这个世上,有急脾气的爹娘和慢脾气的孩子,有急脾气的孩子和慢脾气的爹娘,也有像我家一样,急脾气的我和慢脾气的我先生。

人与人行动频率不同,慢慢成为沟通屏障,成为阻隔。这本绘本恰恰呼唤打破这样的壁垒。等待,就是爱的承诺。

《我妈妈上班去了》被称为"帮助孩子克服分离焦虑的最佳绘本"。在米尼上幼儿园那会儿,这类绘本我们读过很多,但这本绘本依然令我印象深刻。

孩子在婴儿期非常典型的心理状态是"看不见即是没有"。他们无法理解他们所见之外的世界,因此,对他们而言,每次分离都是一场无法说服自己的诀别。

从这个角度说,对那些因为和妈妈短暂告别而哭断心肠的孩子,我们需要和他们一起等待、一起相信——不仅等待和相信妈妈会回来,还要等待和相信,他们很快会因为长大,而看见离别背后的真相。

在许多高深的宗教典籍里,我们似懂非懂地意图了解"超脱",

渴求"离苦得乐";然而实际上,哪怕在稚儿的温情绘本之中,也蕴含着"离苦得乐"之路。

是什么能从纷扰芜杂的情绪中解脱?唯有坚固的爱,打破我执的理解。

孩子如何理解"离别苦、怨憎会"?只有父母会告诉他们永存入他们心底的第一"真相",只有心灵能守护心灵。

《杰瑞的冷静太空》《别说你快点快点》《我妈妈上班去了》
2岁半—4岁半 男女通读

幼儿心中的「英雄世界」

他们需要接受自己「弱小」的现实存在,也需要罗曼蒂克的史诗篇章。

某年冬天，我在北京蒲蒲兰绘本馆开讲座，讲座结束后在他们书店里"大开杀戒"。带回家的一大箱书里，让米尼屏住呼吸的，就是这套"小人儿帮手"系列。米尼是爱车的男孩，为什么许多男孩一两岁就开始呈现出对"车"的巨大兴趣？

我想，大概是因为对他们而言，"车"这个意象，与运动感、空间感息息相关，其所暗喻的力量、速度和与世界的关系，将持续影响他们的一生。

"车""枪""恐龙"对许多男孩而言，恰似"娃娃""玩具屋""公主"之于女孩。哪怕不加影响，他们也天然无法免疫这些象征物对他们的吸引力。

孩子所携带的性别原始基因，使他们在这个世界上轻易找到某种投射。

因为米尼爱车，我们有许许多多"车主题"绘本。在这其中，"小人儿帮手"系列、"汽车嘟嘟"系列、"开车出发"系列，是令我们全家印象深刻、百看不厌的TOP3。

比之另外两套，"小人儿帮手"系列所涉及的"车行为"场面更宏大、更复杂，需要调动孩子互动想象力的地方更多。因此，我认为它适合2岁半至5岁爱车（尤其是工程车）的孩子。在共读转向自主视图阅读的过程中，它是一个利器。

在"车主题"绘本中，"小人儿帮手"系列有其卓然翘楚的位置，在于它非常特别地描绘微缩版工程车集体协作的场面，宛如交响乐篇章，令人震撼。

除此之外，它的切入点——在某个角落，有一些拯救世界的小人儿——这样的视角也让孩子激动。

不是吗？"天地之内有一些和我们一样，却一直在拯救世界的人"，这样的想法连绵于无数好莱坞大片，我们成人也会为之激动。孩子也同样需要这样的鼓舞和相信。

相信小小的他们，并不只是接受着大人国的善意。同心协力、全身心地劳作着，他们也可以将自己的好意回馈给需要帮助的人。从这个角度上说，"小人儿帮手"是孩子国的"英雄投射"，足以令无数孩子热血沸腾。

因为，他们需要接受自己"弱小"的现实存在，也需要"这个角度"的罗曼蒂克的史诗篇章。总在接受大人求援的"小人儿帮手"们，呼应着他们心中的诚意与勇气。

读《小人儿帮手 搜索队》时，米尼发起过一个游戏：他把自己所有的玩具工程车集合起来，要我"出题"。

"喂喂，小人儿搜索队长米尼吗？我的小熊挂在晾衣架上，你们能帮我取下来吗？"

"喂喂，小人儿搜索队长米尼吗？我的手帕飘进水沟里了。"

……

他趴在地上，呼啸着他那一大队工程车，一辆接一辆，像下棋一样搜肠刮肚地谋篇布局，想着怎么解决大人的问题。从这个角度上说，《小人儿帮手 搜索队》另一个隐藏的作用显露出来。协同力、社交能力、解决问题的能力，是我向所有爱车孩子推荐这套书的重要原因。

"小人儿帮手"系列（全三册）
2岁半—5岁 亲子共读

爱之玫瑰的花蕊，是一句情话

我本来所有的曼妙回忆，都有赖于那些宣之于口，或闭口未言的情话。

我很喜欢爱,喜欢被爱,更喜欢一往无前地爱人!

在《爱恨书》里我说过,被爱像乘客,爱人像飞翔。那些以绚烂生命力去热爱的人,不论高矮美丑,不论成功失败,都是爱之圣手。

我还喜欢那些沉浸在爱里的语言,那些像风中的诗歌一样叮叮当当作响的话。爱之玫瑰的花蕊,就是一句情话而已。我喜欢所有情话。

可是,直到很多年之后,我才发现,真正的情话大师,是那些有着红胖脸蛋,一片至诚地爱着你的小朋友。

我断断续续记录过米尼和我说的情话——

大海和妈妈都很坏!
大海和妈妈都很坏,
大海总是把我最爱的石头淹没。
我和妈妈说话,
妈妈总是说"嗯"。
(2014年9月17日 秋天到了)

想和妈妈天天见面的事
我不想当解放军了。因为都不能回家。
而且我当解放军,妈妈就老了,就会死掉。

我想好了。
我可以当消防员。
你每天在家里放火,
打119给我。
我就回家看你啊,妈妈。
我还可以当海盗,
每天开船来抢劫你。
你当好人,开船去打海盗。
这样我们也可以每天见面啊,妈妈。
(2014年10月7日 晚上一起睡觉时)

带妈妈去上班和开会的小孩
为什么妈妈去开会和上班,不能带上她们的小孩?
我长大后去开会和上班,一定会带上妈妈。
如果开会的人说:"米尼,你怎么带妈妈来开会?"
我就说:"我一定要带上她。"
如果开会的人说:"米尼,不能带妈妈来开会。"
我就说:"我才一岁,我还怕陌生人。"
——其实我是骗他们的。
如果有女人约我吃饭,她说:"米尼,我只想和你吃饭,不想你妈妈在。"

我会看看她吃什么,再把她一拳打飞,和自己的妈妈一起吃饭。

如果开会的人说:"米尼,你妈妈实在吵。跳上跳下。我们没办法工作。"

我会走过去,给我妈妈一把消声手枪。然后跟他们说:"我妈妈现在在玩消声枪了,就是杀人也不会发出声音的。"

我永远都会带妈妈去开会。

(米尼四岁七个月时)

一个小男孩的爱与怕

我爱妈妈,我最爱妈妈了。

妈妈什么时候会死啊?

我总是忍不住想到这个。

我永远也不能做好准备,

不能做好妈妈死的准备。

要是妈妈死了,我还是会

把你留在身边。

要是妈妈腐烂了,我就把妈妈送去

给大海妈妈。

让妈妈沉入最深的大海。

让妈妈变成骷髅头。

这样就可以

和海里的小鱼游戏。

呀,妈妈,

人为什么要死?

为什么死就是永远死去?

为什么死

和白天夜晚一样不能改变?

每次想到这个,

我就不想吃饭,

不想睡觉。

如果我不长大,

是不是就可以长生不老?

(2015年9月24日)

还有一次情话,是有一天,我们手拉手去散步。我正苦口婆心规劝他"学会独立自主",叨叨了一堆,我总结陈词:"米尼,你知道妈妈为什么要教你那么多生活技能吗?"我正准备揭晓谜底,说出"就是为了你尽快独立生活"这类的话,他突然停住脚步,转过头深情地看着我,投入我的怀抱,软绵绵地说:"妈妈教我刷牙、洗脸、自己穿衣服、叠被子、收拾行李、做东西给自己吃,是因为你想等你老了,你什么都不懂的时候,我把这些东西再都教给你。"我呆住了。他在我怀里甩动着自己毛茸茸的头,扭来扭去,兀自说:"妈妈我爱你,你老了我也会像你现在陪着我这样,一直陪着我的好妈妈。"

真是一句情话。

情话,不一定是真理。但对爱着的人来说,它比真理还珍贵。孩子的情话,因其充满稚气,充满抵御无常的勇气,这样又傻又真的话,是所有小妈妈老来曼妙的回忆。

"勇读者"团队的灯塔成为新晋妈妈时,她的产程颇有些折腾。提早半个月发动,突然破水,阵痛了一天,因为发烧不得不"顺转剖",孩子因此感染肺炎。

她的小宝宝,小名叫小熊。小熊在 ICU 不能和妈妈见面的日子里,我把一本绘本拍下来,一页一页发给产床上的灯塔,告诉她,这一定是小熊想和她说的话。这本绘本叫《能为你做的事》。

《能为你做的事》出自获得"博洛尼亚儿童文学特别奖"的《暖房子·简单爱:无论何时都能相见》。这套小绘本共有五个故事,这五个故事分别是《无论何时都能相见》《能为你做的事》《那片天空》《陪在我身边》《你会笑我吗》。

这套充满神奇的精神疗愈力量的绘本小书,由一句句傻痴痴的、挖心掏肺的小情话连缀而成。它冲破了由理性和现实所铸就的梦想、友情、关爱、陪伴之边界,以最童稚式的热爱,拨人心弦。

无论孩子或成人,都会被这样炽热的、深沉的、忘我的情感打动。因为这样的情感,本来就来自我们身心的深处。

《暖房子·简单爱：无论何时都能相见》（全五册）
2岁半—6岁 男女通读

情绪是一种童年习惯、终身习得

成长过程中,他们会感知越来越多的情绪,也需要越来越强大的自我。

在《骑鲸之旅》之中，我谈过很多情绪管理绘本。孩子三岁后，他们所呈现的情绪更细腻多元。这个阶段，有几本给我们留下深刻印象的绘本次第出现。

《大鲸鱼玛丽莲》是让我和孩子们最惊艳的一本。胖女孩玛丽莲陷于人际交往的自卑和恐惧之中。怎么摆脱这个让她不知所措的环境？这本书引入正念冥想内容，让孩子鼓舞自己，以面对无法改变的世界。

我和孩子们读过很多关于如何面对恶意讥笑的绘本。这些绘本都太过温柔，比如强调讥笑你的人和你一样，根本是外强中干；或者，依赖一个强力的大人主持公道；又或者，其实讥笑你的孩子都是善意的，他们马上会幡然悔悟，和你成为好朋友。念着这样的绘本，以至于有时候我有点恍惚，觉得这样美好又软弱的许诺，不知道可以挽留孩子多久。

《大鲸鱼玛丽莲》则授之于方法：用积极冥想的方法强大自己，使自己心无杂念，沉浸于当下之中。它没有去强调外部世界如何为你改变——也许这根本是不可能的事吧，但有什么关系？你的内心早已挣脱桎梏，自由成长。

我和孩子们共读《大鲸鱼玛丽莲》的时候，经常把幻想和感受的权利交给他们。自己走在路上，有大人跟着你，你有什么感受？变成什么，会让你摆脱糟糕的感受？在平衡木上站着，你有什么感受？变成什么，会让这样的感受影响加倍？遇到欺负你的孩子，你有什么感受?你希望自己变成什么样?你想怎么解决问题?

强大内心,不是一种阿Q精神,而是一种积极思维的习得。孩子成长过程中,他们会感知越来越多的情绪,也需要相应的、越来越强大的自我去关照,去做自我管理。学习"沉浸于自己"是一种专注力的展现。

如果没有进行过亲子正念游戏,推荐从这样的幻想鼓励游戏开始,学习用心掌握自己。

另一本在共读中给我们留下强烈印象的绘本是长新太的《哭了》。两三岁的孩子捧起这本绘本,都会凝神安静下来,看着封面。悲伤是一种强烈共情的情绪,哪怕幼小的孩子也会为它停驻。

我和一起共读过的孩子都非常、非常爱这本绘本。也许是因为,它是真正从孩子的角度,阐述绵延不断的"悲从中来"吧。

喜欢它隽永小诗一样的文字;喜欢它夸张、幽默,却像母亲抱持怀抱一样总是温暖含笑的画;喜欢它所讲述的孩子的哭泣,那么肤浅轻易,又那么深邃悲恸。这是一本能轻易打动孩子和大人的极简绘本,却蕴含着深切的、让人难忘的情感。

去读它,去了解孩子对世界的无力控制,去了解孩子深深的眷念与不安,同时也去了解你自己。童年的眼泪到底都到哪里去了?

我说过,到一群幼儿中为他们读书,我第一个会选择的,是"恐惧"绘本。孩子了解恐惧,他们深知"害怕"的内在。和他们谈论"害怕"的大人,总会被他们引为知音。

《萝斯永闯尖叫屋》是一个以执行力和幽默感,阐述"超越害怕"的绘本,和幼儿谈论"我们害怕的仅是害怕本身"。

情绪是童年的习惯,终身的习得。因此,我把这些令人难忘的情绪绘本推荐给每个家庭。在情绪面前,在每一念之间,我们每个人都需要从零开始,不断学习。

《大鲸鱼玛丽莲》《哭了》《萝斯勇闯尖叫屋》
3—5岁 男女通读

敲锣打鼓的童心世界

等待的时候敲锣打鼓,
孤单的时候敲锣打鼓,
遇挫的时候敲锣打鼓,
做好决定的时候敲锣打鼓。

某次在北京的一个下午,我和米尼搂着大睡一觉,然后手拉手步行去蒲蒲兰书店。在那里,我看到一本猛然击中我的书。

米尼在玩,躺在书店小小的地陷里滚来滚去。我没有走过去叫住他,给他读书。这样的人生真是扫兴呀!共读时间滚滚而去,当我敲下这些文字时,我们也还没一起读到它。

可我知道,我们终究会欢欣鼓舞地迎来这本书,并使之成为对我们来说非常、非常重要的"那一本"。这本书是荒井良二的《坐巴士》。

值得推荐的绘本作家,对苛刻且抠抠巴巴的我来说,不超过五个。荒井良二是一个,玛丽·荷·艾斯是一个。他们的绘本是全龄的。也就是说,你只需敞开心胸,聆听自己,就会轻易被它打动。

在推荐《天亮了,打开窗子吧》和《太阳风琴》时我曾经援引日本电视台做过的一个专门调查,他们的题目是"为什么哪怕十个月大的孩子都喜欢凝视着荒井良二的画,露出欢喜的表情?"。

我想是因为,他笔下绚烂的、从不悲吟的、如生命之花盛大绽放的色彩和"笨拙"的、打破成人常规、远谈不上精确的线条吧。简单的构图,毫无隐喻、一目了然的画面,孩子气式的浑然天成,这就是童心世界的语言。

生命最开始的语言是没有隐喻、没有造作、没有前思后想的。但最深的隐喻、最原始的开悟却深藏其中。而这点,是孩子们画笔下的纸告诉我的。

《坐巴士》讲述了一个人在荒漠里等着去远方的巴士,从白天等到黑夜,又从黑夜等到白天的故事。一个等待的故事。

在成为真正的绘本画家之前等待了十九年的作者说:"这是我想要的,我一直想创作一本真正'等待'的绘本。周遭环境不变,只是一直等待下去……"因此,这本据说由经典话剧《等待戈多》触发灵感的童心作品应运而生。

之所以喜欢这本绘本,在所有"荒井元素"之外,还有很重要的一点,在于它的节奏。这是一本,可以"敲锣打鼓"共读的绘本,充满节奏,是一个孩子会乐得手舞足蹈的绘本 RAP。等待的时候敲锣打鼓,孤单的时候敲锣打鼓,遇挫的时候敲锣打鼓,做好决定的时候敲锣打鼓。

这就是孩子心中,无论何时都铿然有声的前进鼓点。这就是荒井对童心世界的祝愿。

太好了!和孩子们一起哈哈大笑吧!世界那么大,去向远方,去向自己。

《坐巴士》
3—5岁 亲子共读

安安静静的感觉,
一定会潜入孩子心里。
在他日风雨飘摇的世界,
成为他们的定海神针。

通向广阔心灵的所有感觉

我们一直没好好说说感觉的事，孩子却是生活在感觉中的。

如果我们闭上眼睛，朝自己一生最初始之时潜游而去，会发现有某种感觉——也许是味觉，也许是触觉，也许是嗅觉——漫天盖地，从你那一刻的身心开始，弥散你的一生。

属于你的感觉是什么？我知道属于我的感觉是什么。

小时候我们家在海边。白天，爸爸妈妈把我送到市中心的外婆家，傍晚骑着车把我带回去。那种老式自行车，踩起来会咿咿呀呀作响，我坐在前面的横杠上。岛上多雨，下雨的时候，爸爸用大雨衣兜头兜脸地罩着我。我眼前一片灰色，耳听着滴答滴答的声响，低头看着脚下不断闪过的路。长路无聊，昏昏欲睡，有时已经打起盹来了。可是，在某一刻，突然有一股淡淡的咸腥味扑鼻而来，那是大海的味道。

我是以知道，我们已经拐上那条临海小路，即使狂风暴雨，也离家不远了。在风雨天里的那股淡淡的咸腥味，在很多很多年以后，成了属于我个人独有的感觉与回忆。

按脑科学家的说法，人所有记忆的构成有赖于各种感觉的建构。往往，我们的回忆，可能是一个场景（视觉）、一种味道（味觉）、一种气息（嗅觉）……而不是全息全能型的。

在《骑鲸之旅》里，我提出用打开孩子所有感受的方式进行共读。那是因为我们的确不知道，到底什么感受最后隐藏在孩子心里，成为他 / 她回望此时此刻之时的馈赠。而孩子们感受力的全面打开,对记忆力、理解力的磨砺,对他们对这个世界抱持持续的好奇心与兴趣,抱持温情脉脉的眷念,有根本意义。

在"三五锄"幼儿园的课程中,我和老师们非常偏爱"问问你的感觉"的课。看着锅里翻滚的油渍,自己做出香喷喷香蕉蛋饼,大家头碰头大吃一顿的美食课;蒙着眼睛,让朋友拉着你的手朝前走的"盲行课";鼓励嗅一嗅,甚至舔尝不同级别辣椒的"伸出红红舌头"课;看着地图在路上寻找某个去处的"定向课"……都是让孩子和成人两眼发亮的魔法课。

一种感觉,从来都不仅仅在单一的感觉之中。它一向是夹杂着其他感觉,夹杂着情绪,夹杂着这一刻的"自我感知和自我认同",如细雨一般,把你覆盖。

让孩子确定——这个感觉是我的,我可以全然开启、接纳、确定自己的感觉。这是孩子萌发力量,面对内心,他日为自己做下一个又一个决定的基础。

这次我要说的,是四本非常卓越的"开启感觉"绘本。首先,是白希娜的《云朵面包》和《月亮冰激凌》。这是两本让所有孩子看了垂涎欲滴、食指大动的书。

妈妈用孩子采来的云朵做面包;夏天的月亮融化了,楼长奶奶为大家做了冰激凌——白希娜的绘本里,这样美妙的故事,都夹杂着所有孩子熟知的日常。下雨天,穿着雨衣踩水出门的孩子,急哄哄赶着上班的爸爸,厨房黄色灯光里在烤箱前走来走去的妈妈,

© "三五锄"幼儿园

风吹起的窗帘,又或者是夏天高楼里风扇的声音,空调的声音,不知道哪里来的水滴声,水滴敲打在塑料盆里的声音……这些日常感受引导孩子们陷入一天又一天的回忆里,而作者又在这样平淡无奇的场景中,制造出让孩子眼睛发亮,百爪挠心的小小的味觉奇迹。

"好想吃个香喷喷的面包呀。""什么时候才能再吃上好吃的冰激凌呀?"看完这两本书,孩子们会这样说。但实际上,他们想说的是"我们多么喜欢被厨房里妈妈的魔法味道笼罩的时候呀!""想吃妈妈做的东西!""想大家在一起,度过这种普通,又充满惊喜的日子。"

味觉保留着的,是平常日子里最热闹与温情的记忆。这是所有人的儿时记忆。

与味觉相对应的,是既敏锐又寂寞的视觉。接下来的两本绘本,都是获奖无数,极其卓越精美的"感觉系"绘本。

《一本关于颜色的黑书》从盲童的视角,描述五颜六色的缤纷世界。这是一本罕有的、从头到尾都是黑色的书。在全黑的背景下,全书图案凸起可触摸,精美绝伦。

盲人阅读非常方便,而书中采用的中文与盲文对照的形式,也呼唤拥有正常视力的孩子和大人通过触摸的方式,去感受图形,感受文字,感受"失去某种感受,却没有失去感受力、理解力"的特殊世界。

《眼》作为一本独具特色、充满奇思妙想的洞洞书,也用通感的形式,让孩子们进入"感官的隧道"。锐化感受,才能使思考安宁广阔。

一洞一世界,一眼一天堂。这本书鼓励孩子观察眼中的生活,思考体悟"看得见"与"看不见"的意义,并启发孩子注意事物间的因果联系,认知同一事物的整体与局部。

《眼》以智慧又别出心裁的巧妙设计,告诉孩子:感受本身就是这个世界的魔术,它会推陈出新,它会妙思泉涌。因此,需要安住在你的感受之中。

不仅如此,《眼》还告诉孩子,眼睛的能力并非只是看到事物,"灵魂的眼睛"应能穿透表象,看见事物深层的智慧,以及人内心深处的情感。感觉,需要以情感完成心灵着陆。

在这样光怪陆离,感受与情感往往被粗暴看待、被快捷使用的年代,所幸我们的孩子还拥有安安静静的童年,安安静静的书,安安静静的触摸,安安静静的好味道,安安静静的谛听与凝视。

而这些安安静静的感觉,一定会潜入孩子心里,在他日风雨飘摇的世界,成为他们的定海神针。

我相信这件事。因此,我为这几本安安静静,又全面潜入"色香味触"法的好书,为它们所带来的美妙时代站台。

《云朵面包》《月亮冰激凌》《一本关于颜色的黑书》《眼》
3—6岁 男女通读

爱是需要修习的童心课业

爱与友情一定毫无道理可讲,也注定充满伤害和挫败。

如果默默旁观孩子们之间的友情互动，就会发现三岁之后，放诸于人群的孩子，哪怕仅限于同龄人之间的交往，都会遇到那么多磕绊挫折。他们开始学习面对毫无理由的拒绝，学习面对一群伙伴的排斥，学习面对强有力的同伴之控制欲，学习面对自己不被认同，更有甚者，要学习面对明处与暗处的欺凌与责难。

在小伙伴中，孩子渴望去爱，渴望被爱。然而，"爱"这个词并不空泛，即使在童心世界，它一样裹挟力与美、痛苦与喜悦、隐忍和爆发、荣耀与屈辱。

几乎所有资浅父母，和我一样，都曾胆战心惊地，目送孩子只身进入爱的世界，目送他们在其中困斗、搏杀，却难以以身代之。

怎么去爱？怎么接受爱？怎么不怕伤害地爱？怎么百折不挠地爱？从幼年时，练习正向的爱之方式，是延续孩子一生最珍贵的礼物之一。没错，爱是需要修习的童年课业。

我曾推荐过，并印象深刻的"童年友谊绘本"，当属"青蛙弗洛格"系列、"全都是爱·好朋友"系列和"黄色小水桶"系列。这些最高明的童心读物，没有一个字教孩子该怎么交朋友，怎么讲道理，怎么挑选合适的人成为朋友，怎么避免受到伤害。然而，它们都深深打动与鼓励过所有共读的父母和孩子。

对所有人而言，爱与友情一定毫无道理可讲，也注定充满伤害和挫败——这是爱的本质，连孩子也不能幸免于难。

只有正视爱中的悲伤，迎着所有挫折去做自己内心真正有力的决定,我们的心灵才能越来越广大,我们的灵魂才能越来越有力且悲悯。

在爱的痛苦中奋勇去爱的人,即使是孩子,也是勇胜夺城之将。这就是这些绘本深深打动我们的原因。我们每个人都永远是"爱的修习者"。

从这个角度说,"嘟嘟和巴豆"这套书与前面提到的"青蛙弗洛格""全都是爱·好朋友"等系列童书一样,是非常高明的"友情绘本"。在这套绘本中,呈现了"喔的咯咯喔咯"的小镇上不同性格特色的小动物之间特殊又珍贵的友谊。嘟嘟和巴豆个性不同:嘟嘟喜欢旅行、冒险和陌生的地方;巴豆更愿意待在家里,他是一位厨师、园丁和画家。不过这并不影响他们的友情……

奥碧儿的同学芭布丝总是抄袭她的创意,以此获得他人的肯定,奥碧儿怎么跟这样一个如影随形的"影子"相处下去……

奥碧儿有个争强好胜、样样都要抢第一的新朋友达芙妮,是欣赏她,还是被这样的朋友全然控制?

在这套娓娓道来讲述动物小镇日常生活的绘本里,作者温柔且明晰地呈现了"童心之爱"中曾被解读为"阴霾"的那部分物事:紧密的情感是否需要边界?情感中是不是有力量的人就占据绝对的控制权?紧密联结是不是代表着亦步亦趋、务必追随?

这些问题,深刻影响着许许多多孩子对爱的感受。很多时候,成人的处理方式是依靠自己的过往经验,把避免伤害的方法当作

"爱的道理"灌输给孩子,使孩子复刻上一代对世界的理解模式,从而丧失了自己在爱中获得决定权的勇气与努力。

"嘟嘟和巴豆"这套书的高明方式在于,它呈现了爱中的困境,却把这样无解的困境,放在日复一日的小动物的生活里,用全心全意的对生活的感受,去化解心灵的谜题。

用自然而然的生活,自然而然的对自我的确信、对爱的付出,去引导孩子理解自我和他人的关系,是这套书对孩子最深切的祝福。

每一个孩子,每一个人,都误认为自己在爱中所受到的伤害是独一无二的,是世界上最难以逾越的痛苦。"嘟嘟和巴豆"这套书,正是通过呈现童心友情的种种壁垒与跨越,用故事的方式讨论爱之方方面面,护佑孩子明白所有有关于爱的困境,都是人情家常。

"嘟嘟和巴豆"系列(全十册)
3—6岁 男女通读

把故事的权利全然让位给孩子

不要执着于让孩子讲「对」的故事,去倾听他们的心灵故事。

孩子们从五岁起，开始或早或晚地进入他们的"故事输出期"。只要竖起耳朵听他们喃喃自语长篇累牍的故事，就会发现这些片段多半是从他们的过往经历和所得的故事里拼凑出来的，只鳞片羽，有头无尾，逻辑混乱。但这些"全然自己的"故事里，承载着他们重要的情绪与幻想。

在"勇读者"工作室，许多五岁的孩子已经可以借助图卡，说出极具自我疗愈意味的心灵故事。而这样的行为，不仅有赖于日积月累的"故事吸收"，更有赖于孩子对故事无拘无束、没有执念的"打破"。

所以，在"三五锄"幼儿园和"勇读者"工作室的"故事场"里，我们从不在意一个孩子能否完整复述某一个（或某几个）故事。试想，作为成人，我们能不能完整地、毫不迟疑地描绘出某一本名著或某部大片的所有细节和结论呢？的确，故事在转述中加以流传，而恰恰口口相传时故事被增补上的那部分"蕴含人性之物"，才使情节更为贴近人心，熠熠闪光。故事是作为心灵的载体行走在这个世界上的，它并不是"务必正确"的口号。当你不是为了转述别人的故事，而是为了吟咏出故事与你的灵魂相融相生的情节，别人才会驻足聆听，被你打动。

孩子理所当然对"故事"拥有权利。不仅拥有被家人搂在怀里"听"故事的权利，还拥有和所有人平等地讨论它、自己感受它（且所有感受都受到尊重）、自己改编它和保有它，甚至遗忘它的权利。

在这个时期,"故事"是作为孩子所杜撰和幻想的所有未来而存在着的。孩子在一个又一个故事之中盘桓、感受、腾跃,做自己全然内心的演练。如果他们意识不到自己对故事的权利,就无法从中汲取力量,从幻想过渡到现实,自由自在(而非亦步亦趋)地成为自己所梦想的未来的主人。

因此,在五岁后的系统阅读中,我一直在做一件事——和孩子一起搭建体系(比如,我们的孩子开始系统接触希腊神话、经典童话系列。这样的体系有助于使阅读和讨论中充满联结,更富有指向性),和孩子一起打破体系(打破故事中包括善恶、好坏、大团圆或大悲剧的所有人物设置、情节认定,鼓励孩子们启用更多角度去看待同一件事,让故事的创造力回归他们自己)。

解构和颠覆传统文本,把儿童的当下情绪融入重叙和意象再造之中,是符合儿童心理发展的后现代儿童观。许多绘本大师也遵循这条路,用经典文本将"重构叙事"的方法呈现在我们面前。

《走进森林》就是出自安东尼·布朗之手的一本卓越好书。

这是一个从悬疑中开始、在温馨中结束的故事。半夜被可怕的声音惊醒的孩子,醒来找不到爸爸的孩子,独自外出、走上陌生小路的孩子,遇到奇怪的人慌忙逃走的孩子……作者安东尼·布朗将人们耳熟能详的童话故事糅合到小主人公的遭遇中,简洁的文字背后处处有玄机,繁杂的画面之中处处有惊喜。《走进森林》以其风格浓烈的超现实主义的奇幻色彩,烘托出孩子在面对分离和身处陌生环境时内心的焦虑与恐惧。

这本绘本,因为像中国套盒一样蕴藏着许多"已知经典童话"(比如糖果屋童话、小红帽童话、杰克与魔豆童话等),使得我们和孩子的共读,更像是一场心灵激烈碰撞的讨论会。一个孩子在走他寻找亲人的路,他深入自己的潜意识(森林暗喻潜意识)。在这里,他调动自己所有的想象经验(因此一个接一个故事更迭出现)。他用自己的方式幻想,用他自己的方式趋利避害。他会拒绝多少故事里的诱惑,又会接受多少故事里所蕴藏的人生经验?

《走进森林》就像一出杰出的儿童心理剧,你和孩子就是主角,一起讨论这本书,能帮助父母理解孩子内心的恐惧,从而让父母更有效地引导孩子如何去面对陌生环境,面对短暂分离,面对内心的不安和恐惧情绪。

与《走进森林》形成互文,以幽默诙谐的方式来解构儿童眼中"故事"之本质的,莫过于《爱打岔的小鸡》这本绘本了。我相信,你会因为这个故事,和孩子一起哈哈大笑起来的!

小红鸡该睡觉了,爸爸准备给它讲一个故事。

"今晚你不要打岔,行吗?"爸爸问。

"哦,不会,爸爸。我会很乖的。"小红鸡说。

可它就是忍不住!不管是《亨舍尔和格莱特》《小红帽》,还是《四眼天鸡》,只要故事一开始,小红鸡就会跳进故事里……把故事里的人物从危险中救出来,让故事提早结束。

这只小鸡能睡着吗?

蔡朝阳老师说得非常好:"相信每一位读者都会笑着读完这本图画书。因为,这不是一个虚构的故事,完全是家庭生活的实录。我们的孩子,不就跟这只侠肝义胆的小鸡一样吗?他们要去故事里锄强扶弱,替天行道。"

每个饱受其苦又独得其乐的父母都知道,这只爱打抱不平的小鸡,就是我们古灵精怪的孩子本人。试问,有几个爱听故事的小朋友不爱打岔呢?他们总是不停地打岔,不停地打岔,直到我们凶巴巴地恼怒起来,然后,他们独自笑嘻嘻地占有这个故事为止。

因为,每一个故事都是他们的呀。他们是这些故事的主人。《爱打岔的小鸡》满怀温柔和诙谐地说着的,就是这样"打家劫舍"地强行占有着所有故事的孩子们,以及无可奈何地、被故事和孩子折磨得奄奄一息的无辜父母们呀!

在我看来,《小企鹅》也同样拥有"重叙故事"的力量。小班得到一件礼物,里面是一只小企鹅。小班尝试了各种方法——和小企鹅说话、挠它的痒痒、扮鬼脸、唱好笑的歌、跳扭扭舞,甚至把它发射到外太空,但小企鹅怎么也不笑也不说话。小班气得要把企鹅送去喂狮子,谁知自己却被狮子一口吞下。这时,小企鹅狠狠咬了狮子的鼻子,救出了小班。最后,小企鹅用自己的方式重新讲述了它和小班的故事,两个小伙伴拥抱在一起。

每个孩子都可能是小班,满心欢喜地与新伙伴玩耍、说话,但对方却没有给出自己想要的回应,于是疑心满满,焦虑不安,火气上升,甚至恼羞成怒。其实何止是孩子,照顾还不会说话的小宝宝的爸爸妈妈们,面对语言能力尚在发展中的宝宝,是不是也会因为无法沟通而抓狂呢?

《小企鹅》这个故事,极好地向孩子们呈现了"故事与叙述"在不同个体身上的差异性。不同人、不同角度、不同表达方式,其所呈现的事物是不同的。然而,叙述中蕴藏着的爱,却能永远使我们心意相通。

在自由的故事里翱翔,在自由的故事里做自己的决定,在自由的故事里接纳自己的所有情绪,感受所有的爱。这就是自由自在的故事所馈赠的、想象力所馈赠的最大的礼物。

《走进森林》《爱打岔的小鸡》《小企鹅》
3—6岁 男女通读

幸福与习得性无助

不被轻易击垮的童心，
才是持续平和快乐的先导，
才与幸福密切相关。

我要说的，是一个我爱的小男孩的故事。他爸爸很忙，经常到傍晚时分才能接园，他往往是幼儿园里最晚被接走的孩子。这个男孩一天里大半时间是很快乐的，但慢慢的，在接园时，他就有点不开心了。

玩伴们一个一个拉着爸爸妈妈的手掉头而去，游戏不断被终止，周围越来越安静。即使有陪伴着他、始终笑眯眯的老师，对五岁的孩子来说，这样的事也代表着：不开心。

有一天，他突然对陪着他的老师抱怨说："别的小朋友，有的和爸爸妈妈去了海边，有的回家吃饭了，我就知道好事总轮不到我。"这样的话，让我心疼与警惕。

你有没有听过自己的孩子说出这样的话——"我就知道自己会失败。""没用的，努力了也没用。""好事不会轮到我头上。""我成天只会干坏事。"等及到了成年，这样的想法就会自然而然呈现在我们的脑海里，以至于把这样的论断，当成自己无法逃脱的宿命。

以美国积极心理学之父马丁·塞利格曼的观点，悲观是侵蚀孩子活动与快乐天性的障碍。这样的障碍会蔓延人的一生，导致他们（哪怕取得多么显赫的成绩与功名，拥有多么和谐的家庭）始终感受不到幸福。

"悲观"在积极心理学中，被称之为"习得性无助"。心理学家们集千百个儿童与成人长期研究观察的例子说明，如果我们总是在一件事情上遭遇失败，就可能放弃对此事的努力，甚至还会因此对自身产生怀疑，觉得自己"这也不行，那也不行"。而事实上，我们并不是"真的不行"，只是陷入了"习得性无助"的心理状态中，这种心理让人们自设樊篱，把失败的原因归结为自身不可改变的因素，放弃继续尝试的勇气和信心。

我很喜欢"习得性无助"这个词。它使我们一目了然地意识到，如果我们充满挫败感，很大程度上并不是因为我们陷入宿命阴暗的漩涡，而是由于——我们在很小的时候，已经学会放弃某种努力。

在我的观察中，孩子们总是生活在不断挫败的深渊里，因为他们能力弱，他们无法自控，他们的人生决定往往还不由自主。我每天看着他们不断做让大人们勃然大怒或喃喃抱怨，或目瞪口呆，或七窍生烟的傻事：拿牙膏的时候把水杯碰掉了，捡水杯的时候自己撞到头，哇哇大哭着揉眼睛把牙膏揉进眼睛里，慌忙走出门时又因为踩到水滑倒了；或者是画出一幅让人讥笑的画；或者是本来定好的行程因为父母忙碌更改了，而他们必须接受……孩子在所有的失败中重整旗鼓，奋勇朝前。

作为成人，最应该守护的，就是孩子这份永不言败的心。因为，不是事业、爱情、令名……不是其他东西，而是不被轻易击垮的童心，才是持续平和快乐的先导，才与幸福密切相关。

说这些，不是说上文说的小男孩的爸爸要每天都早早来接他，带他去海边，而是说作为好的教育，有责任引导孩子学习如何和遭受挫败之后的自己共处。这并不是轻易的事。

时下流行的方法，纯粹的正向教育、纯粹的鼓励式教育和自尊教育——那些说着"你很勇敢""你已经长大了，可以自己管好自己""我知道你肯定能做到"的话，刻意缓和抑郁的心情，会使孩子更难产生"对自己满意"的认同感。帮助孩子逃避失败的感受会使孩子更难得到"和自己在一起"的掌控感。

　　相反，让他们安于当下状态，一起寻求当下状态另一个角度的解读，是非常好的"无论什么生活总会有所助益"的言传身教。

　　从这个角度上说，《大熊博士布鲁姆》系列绘本就是引导孩子乐观豁达面对命运的书。爬山遇到暴雨，露营没有帐篷，球赛看到一半电视坏了，生日聚会被干农活代替……哎哟，布鲁姆博士的生活里怎么有那么多不如意？那些常人觉得倒霉透顶、怨气冲天的事，对大熊博士来说，都能延展出一段苦中带乐、收获非凡的奇遇。布鲁姆总能心平气和，永远乐观，提醒我们别总在原地徘徊，再往前走走或者转个弯看看。

　　这位超级乐天派给孩子们带来欢笑与豁然。更重要的是，它告诉孩子们，还有一条永远朝前走的路，可以面对"倒霉"。

　　它是我为那个总是留园的小男孩准备的"专属书"。一天傍晚，我带着一包香喷喷的牛肉干去园里，把它藏了起来——所有孩子都被接走了，连米尼也被接走了，他照旧留了下来。大人们喊着"开会了，开会了"聚在一起，我拿出那包牛肉干，分给大家吃。他慢腾腾走了过来，我把牛肉干放在他小小的手掌里。"真好吃！"他说。

我看着他的眼睛,笑了起来。"像开会啦,吃好吃的啦,这样的事,大人通常只有等小朋友都走了才会做。"我对他说,"所以,小时候我还挺盼望留园的。可以独个儿做一些别的小朋友不知道的事情。"

"什么事呢?"他也看着我的眼睛问。我把香喷喷的牛肉干放进自己嘴里,好香啊!"比如,吃到香喷喷的牛肉干呀!"笑意在他眼睛里一点一点弥散开来。

我们当然都记得《杰克和魔豆》的童话:一个穷苦的小男孩杰克,拉着一头牛到市场上卖。他在"万恶的成人交易市场"遭了坑,拿牛交换了马,拿马交换了羊,拿羊交换了鸡……最后只换到一颗豆子。所有人笑掉牙,只有他坚定相信自己的决定。那颗豆子在他家窗前长得越来越高,直冲云霄。他爬到天上,发了一笔大财。

这个童话,隐喻着在这样充满无常、充满欺骗和挫败的世界里,百折不挠的信念是护佑孩子得到幸福的那颗"魔豆"。

带领孩子换个角度看世界,就是给孩子一颗通向幸福的神奇豆子。

《大熊博士布鲁姆》系列（全七册）
3—6岁 男女通读

跨越成人与孩童的沟壑

无论成人给予多少爱,孩子们独自面对的人生里,依然充满混乱、困惑,充满着负面情绪。

有一次，我和闺蜜讨论我们和孩子之间的各种大战，像两只从战场上退下来的狮子各自舔舐伤口，沉浸在挫败感中。

"可是，成人和孩子的关系不正是这么回事吗？"我鼓励着自己和她，大声说，"就是彼此站在自己的立场，站在岁月的这一边和那一边，有那么多阻隔，那么多失败和痛苦，还是尽力去理解，尽力去爱！这就是爱啊！"

即使说出这么文绉绉的话，闺蜜仍然眼光闪烁着说："没错！是这样的。"我们像狮子一样抖抖鬃毛，又焕发了勇气。

在绘本中，持续讲述成人与孩童世界沟壑的大师级人物，伯宁罕当属无法忽视的一位。

约翰·伯宁罕，1936年生于英国，12岁进入夏山学校就读，20岁进入伦敦中央艺术学院正式习画。他的第一本书《宝儿》为他赢得了生平第一个英国图画书最高荣誉——凯特·格林纳威大奖。从此之后，约翰·伯宁罕每年出版两本书，成为世界知名的图画书创作者，作品更获得"交织着现实与幻想之趣"的最高评价。之后他以《和甘伯伯去游河》拿下第二个凯特·格林纳威大奖，而他的《外公》和《请让我留在火车上吧！》已制作成颇受欢迎的动画影片。

我一开始对伯宁罕并没有什么特殊的好感，甚至觉得脍炙人口的《和甘伯伯去游河》这个故事实在太普通了，在擅长演绎舞台闹剧和大团圆结局的中国古典戏剧中屡见不鲜。

但和两岁前后的米尼共读这本绘本时,深具伯宁罕特质的魔力开始闪耀。后来,我和许多孩子共读伯宁罕的作品。每一本,几乎都被孩子们深切地爱着。

搜索伯宁罕的资料时,我看到这个绘本大师被称为"最了解孩子想象力的绘本作家"。我觉得这还不确切,他应该是那些面向成人世界,心中怀着迟疑、孤独、不信任、嫉妒、恐惧、被抛弃感、死亡焦虑……所有负面情绪的孩子的代言人和疗愈剂。

我自己也是在和孩子们一起再次经历童年的过程之中,才颠覆了曾经对"童年"的全部定义。童年不是无忧无虑的,相反,孩子们所经历的童年,无论成人给予多少爱,他们独自面对的人生里,依然充满混乱、困惑,充满着负面情绪。

他们必须面对分离焦虑(上幼儿园时),必须面对死亡焦虑(看到生老病死时),必须面对自己不断滋生的各种困惑(进行社交时),只要他们是不断成长、独自面对人生之个体。生之忧虑,在童年时早已萌生。

从这个角度说,伯宁罕的所有作品都是慈悲的护念。他鼓励成人和孩子们一起沉浸在"大混乱"的幽默中(《和甘伯伯去游河》),鼓励孩子用幻想抵御孤独和无法改变的规则(《莎莉,离水远一点》《迟到大王》),他温柔地和孩子们讨论让他恐惧又无法逃避的"死亡阴影"(《外公》)。

与看到孩子担忧害怕,就叫他们"不用害怕"的大人不同,伯宁罕深深地知道，有些潜藏在潜意识里、被幻想出来的害怕与恐惧是无法用现实的方式被直接疗愈的。因此，他用自己的笔呼唤孩子们，呼唤孩子们深入幻想，去直视恐惧。

用幻想抵御幻想是最好的疗愈方式，读伯宁罕的故事，孩子们总是被自己的想象所笼罩着。正像伯宁罕理解孩子一样，整个童心世界也深深理解着伯宁罕。

这里我要说的三个"伯宁罕"故事，也是三个童心疗愈故事。

第一个故事是《丑狗辛普》。辛普是一只难看的小狗，它又小又胖，没有人爱它，也没有人愿意给它一个家，被主人遗弃在垃圾坑旁，只能孤身一人踏上寻找温暖和朋友的旅程……旅途中，辛普那些潜在的才华慢慢显露出来，它真的是非常特别的小狗。

这个故事对应的，是孩子的"分离焦虑"。即使生活在最充满爱之空间里的孩子，也需要面对"分离"。爸爸妈妈离开我，是不要我了吗？无论父母怎么解释，孩子仍然会沉浸入毫无拒绝能力、被强行分离的痛苦之中。《丑狗辛普》暗喻的，就是这样一个沉浸在痛苦中的孩子。伯宁罕用幻想的笔触关照着这只"没人爱的孤独小狗"。孩子们会看到，最终扭转小丑狗命运的，并不是"自己变美"，即使"努力去和别人交朋友"也会被拒绝。然而"努力让自己生存下去，并努力去爱人"却最终彻底改变了小狗和小丑的命运。

小丑是小狗辛普的新主人，他是马戏团的小丑，但辛普和主人的关系有了改变。之前，它只是主人的附庸，是因为丑和小而被嫌弃的"宠物";现在,它是主人的战友和同伴。辛普在这段成长经历中完成了自我突破,进入新的层次。

这是安抚孩子"分离焦虑"非常高级和卓越的幻想护佑。不要害怕分离,要努力成长;不要害怕不被爱,要努力去爱。这是每个孩子都能听得懂的故事。

再来看看我和米尼非常喜欢的第二个故事《狐狸阿昆》。故事说的是:阿昆一家住在山顶上,父亲担心遇到狩猎队,要求孩子们不准下山,但是在夜里,当大家都睡着的时候,阿昆总是悄悄地去下面的山谷冒险。狐狸爸爸再三警告它这样很危险,但阿昆从来都不听。终于有一次,阿昆不小心被猎场看守人发现了。当狩猎队直奔山上而来的时候,阿昆全家陷入了绝望。阿昆决意自己面对狩猎队,把他们引向沼泽地。

对年幼的孩子来说,这是一个惊心动魄的史诗级故事。即使伯宁罕处理得格外温柔,充满无关现实的幻想色彩,却也足够让孩子屏息不动,驻足聆听。

这是一个关于"边界"的故事,与"如何面对分离焦虑"不同,孩子还有"挑衅边界,不安现状"的一面。"爸爸妈妈总叫我不要那样做,如果那样做了,会怎么样呢?"在孩子的脑袋里,充满了这类不守陈规的想象。

《狐狸阿昆》的故事,就是在幻想中对突破规则,而后看见后果、感受后果的演练。首先,伯宁罕告诉孩子们,后果很严重,甚至全家都沉浸在灭顶之灾的恐惧中——这是符合孩子幻想气质的答案。在孩子的幻想中，许多突破都会与无法收拾的后果挂钩。他们是一会儿沉浸在兴致勃勃的"突破"，一会儿沉浸在战战兢兢的"不可挽回"中的人。接着，伯宁罕告诉孩子只有充满勇气地承担和担当，才能突破自己。

在这个故事的末了，阿昆叼着狩猎队乡绅的帽子凯旋，山上恢复宁静。最后，它也成了爸爸，抱着孩子们讲述它过去的故事。"一个儿子觉得很无聊，它想去山谷外面看看。"

故事的开头和结尾交织在一起。孩子总会成长，总会有人想突破陈规。在最后，伯宁罕给孩子和成人都留下握手言和的空间。鼓励他们在彼此的岁月、彼此的立场中，映照出彼此。

同样来自伯宁罕的第三个故事是《好马亨伯特》。尽管亨伯特很喜欢和废铁商弗金先生一起工作，但是它仍然会忍不住羡慕啤酒厂那些马的生活，因为它们有机会为市长大人拉那辆金色的四轮大马车。又到了市长大人就职巡游的日子，亨伯特看着啤酒厂的马拉着市长大人的马车走过，觉得自己渺小而寒酸。突然，一场突如其来的事故，让亨伯特登上了市长巡游的舞台……

被同伴排挤的亨伯特，感受到了妒忌、不满和痛苦——这些情绪，在孩子独力社交的过程中，无法被忽视。然而，亨伯特并没有一味放任自己在负面情绪中滞留。而是在关键时刻、勇敢地挺身而出，去完成自己的夙愿。

在这里，伯宁罕讲了一个非常高级的故事。亨伯特并不是抛弃和它一起生活的铁匠，去担任"专门负责市长巡游"的马，而是在完成一次挺身而出之后，继续过它与铁匠相依相伴的日子。这隐喻了，孩子真正的成长，并不是哭闹着要父母改变环境，让他们追随锦衣玉食的生活，而是靠自己一次勇敢的出列完成的。

让正面的行动，去抵御负面的情绪——这是故事给予孩子的引导。

我在挑选绘本的过程中，会遇到很多"规劝型"的说道理绘本，也会碰到很多大投孩子所好的"调皮捣蛋"绘本。但是，真正卓越且高级的绘本，既不是前者，也不是后者。

卓越的绘本，就像伯宁罕这三本小书，既不说教，也不奉承。它们蕴含深刻的、对童心世界的理解，也能带着成人的祝福，潜入孩子内心深处，抚慰他们，与这样不断长大的心灵做伴。卓越的绘本，是与孩子如影随形的命运隐喻。

一直声称自己"心理年龄只有五岁"的伯宁罕提起孩子和父母的相处之道，说："父母与孩子处于不同的发展阶段，尽管父母或许不喜欢（孩子气的东西），你必须容忍。要是你容忍他、帮助他，反而有可能让他表现得与有理智的大人一样。"

我喜欢这样永远怀着信任和期待，勇于跨越成人和孩童之间巨大沟壑的童书作家。

《丑狗辛普》《狐狸阿昆》《好马亨伯特》
3—6岁 男女通读

勇敢的孩子绝非无所畏惧

安住黑暗，
才能看见真正的光明。

"一个勇敢的孩子绝对不是无所畏惧、什么都不怕的"——这句话,是我和米尼之间许多句魔法咒语之中的一句。我们俩都理解这句话确切指的是什么,相信无论什么时候提起它,双方都是真诚的;相信即使此时此刻不行,这句话也终将把我们引入心灵深处,去看见湛然不动、不屈不挠的心性。

三四岁的孩子,开始陷入某种非常显著的情绪之中——恐惧,它好像生命光耀之华的影子,在他们脸上投下痕迹。

我听各种各样、大大小小的孩子跟我提过他们的恐惧。一开始,他们的"害怕"非常奇怪,他们极尽自己的理解,也无法描述内心的暗影。那时候,"害怕"是混沌初开的、无边无际的。

接着,四五岁,"恐惧"一点一点,变得有迹可循。它可能是"妖怪",可能是"陌生人",可能是"巫婆",可能是"空调的声音",可能是"深夜窗外的影子"。它们虽然成了"某个东西",但那个东西通常是无法解决,无法被击败的。因为,孩子恐惧的,远在"这个东西"背后,依然是理性无法到达的广袤荒原。

六七岁后,"恐惧"的具象象征似乎变得更巨大、更狰狞了一些。但这不是坏事,因为孩子心里的力量在增长,他们自树的敌人也获得成长。内心的原动力,对黑暗与光明的滋养是一视同仁的。这时候,虽然"恐惧"的意象更大了,但是,孩子在自主游戏中开始一次又一次地与它缠斗(运气好的话,还总是凯旋)。从这个时候起,直到青春期,孩子逐渐疏离幻想中的阴影。

当然，我们可以对自己的幻想说："你是假的，你不存在。"但归根到底，即使是成人，也无法让自己免于恐惧。那是因为，所有个体的恐惧，都源于我们之所以成为人的"死亡焦虑"。

从叙事疗愈角度上说，当一个孩子陷于幻想中的恐惧时，好的方法不是告诉他"不要怕，这没有什么好怕的"（想想你半夜看鬼片吓得半死，打电话给出差的老公，出差的老公用极端理智的不耐烦口吻和你说这些话时，你想杀人的心情吧），而是倾听他、陪伴他、引导他把恐惧的情绪"外物化"，让"恐惧"成为某个具象，就有跨越它、击倒它的可能。

在这个过程中，我遇到几本极其卓越的绘本，襄助我和陷于内心恐惧却口讷无言的幼儿们。除了我经常提及（却早已绝版）的《我的壁橱里有个大噩梦》外，《黑暗》《胡萝卜怪》也是我们大爱的绘本。

《黑暗》，一个看似简单的故事，是大部分成长中的孩子都会遇到的问题——怕黑。

一个名叫拉兹罗的小男孩，在他所住的房子里，总有一些黑暗的角落，让他既害怕，又很好奇。他最常去窥探的地方就是家里的地下室，但他从不敢走下去。他时常想，如果他主动去拜访黑暗，那么也许黑暗就不会来找他了。结果有一天，小男孩屋子里的灯泡坏了，黑暗顿时弥散在整个房间。一个声音循循引导着小男孩走进地下室——"黑暗"送给了拉兹罗一份礼物：一个灯泡放在地下室的一个抽屉里。

这是一个帮助孩子克服恐惧、战胜黑暗的故事。但面对这样的故事,我不愿意说它能"解决孩子怕黑"的问题。"心理问题靠某一本书得到解决"的事情有没有?有。可是,如果成人过多地寄希望于某一种方法"解决"孩子的负面情绪,那是对心灵的轻慢。万事没有不变的解决之道,只有某一刹那,心灵为自我解脱所做下的勇猛决定。

米尼是个怕黑的孩子。确切地说,是时而怕,时而不怕,怕的时候居多。他非常喜欢这个故事。"三五锄"幼儿园的所有孩子都喜欢这个故事,因为在这个故事里,有男孩的勇气,有未知世界的善意,有一个心灵的象征——"灯泡",照耀所有势必存在的阴影。

应该说,这是一本引导孩子安住于内心黑暗的书。安住黑暗,才能看见真正的光明。这是《黑暗》这本书隐藏最深,却最容易被童心领悟的秘密咒语。

共读《黑暗》之后,我在网上买了一个可穿墙遥控的小夜灯,放在卫生间里。因为米尼是一个害怕夜里自己上厕所的孩子呀。这一天,我让他"像拉兹罗一样走进夜里的卫生间,听听黑暗说什么"。他磨磨蹭蹭、叽叽歪歪地在卫生间门口独自探头探脑。我在卧室里按动按钮,举室大亮。

"黑暗的礼物!"我听见孩子在卫生间欢欣鼓舞。

没错,米尼,唯黑暗,生光明。畏惧并不可怕,可怕的是放弃希望,放弃相信——相信在内心深处,在深深的黑暗里,我们都会遇到光明的馈赠。

另一本讲述"恐惧"非常好的书,是"三五锄"幼儿园鼎鼎大名的《胡萝卜怪》。这本书,如果让"三五锄"幼儿园"幼幼理事会"投票的话,绝对在园里书单的前三名。

围绕《胡萝卜怪》,孩子们玩了很多很多游戏,做了大量各种材质的手工,自发编了无数歌谣和口头禅,而且,还真的一起吃了胡萝卜。

凯迪克银奖作品《胡萝卜怪》,说的是在山中一个叫跳跳沟的地方,长满了胡萝卜。一只兔子,每次路过的时候,都会随意拔出好多的胡萝卜来吃。这个事情让胡萝卜们很生气,于是它们想出了一个主意。从这个主意诞生时开始,兔子就觉得有长得像胡萝卜的胡萝卜怪跟在自己后面或者在夜间出现在它的房间里。这让兔子害怕得不得了,它担心,它恐惧,然而这一切,它的爸爸妈妈都不相信。于是,它想出了一个办法……自从有了这个办法之后,胡萝卜怪消失了,它觉得终于不用害怕了。而胡萝卜们呢,那可再开心不过了。这到底是怎么回事呢?

是什么护佑我们自身走出"恐惧",最大的匡助,莫过于三:其一,自我调侃的幽默感,让恐惧不那么质地纯粹;其二,超脱于当下感受的"外视觉",使恐惧不再那么有切肤之痛、如影随形;其三,约束"恐惧意象"的某种方法或念头。

© "三五锄"幼儿园

对因为分不清现实和幻想，因而沉入恐惧之中的孩子，学会运用"想象之物"最终打败"想象之物"是非常重要的"得解脱"。但在幻想之中陪伴你，匡助你，和你一起杀怪除妖的意象来源何方，这力量因何集结——我们需要给孩子非常非常长的自我时间。

《胡萝卜怪》就是一个讲述孩子战胜恐惧，充满幽默、充满执行力的史诗。它对孩子们的吸引力，就是孩子们对自我心灵的殷殷呼唤。

《我一直一直朝前走》，究其根源，也是一本孩子战胜恐惧的心灵演练书。一个独自出门的孩子，自己走向外面的世界，有那么多行差踏错，依然一往无前。他走了许多歧路，却终究找到外婆家（安全的心灵所在）。这个故事，在这样高楼林立的城市里，是许多学龄前孩子的心灵演习。

林明子用非常客观，却非常温情的角度，描写了一个一往无前、一片童稚的孩子。在画面上，无论走在正道，抑或身陷歧途，孩子总是全神贯注地进入这个世界。没有批判，没有渲染，只有长情而无声的目送。这是一本让我非常感动的绘本。读过这本绘本的孩子，在自己走路时，我经常听到他们喃喃自语起来："一直一直朝前走，一直一直朝前走"。

《森林里的躲猫猫大王》是林明子的另一部作品。小女孩寻找哥哥，却进入陌生森林（暗喻成长中的潜意识）。在那里，她和碰到的小动物们、躲猫猫大王一起玩捉迷藏，最后又安然回来。

这是一本非常小，极具明朗气息，蕴含童话母题雏形的绘本。女孩脱离父母兄弟的庇护，深入自己内心，发现广阔的、从未被自己发现的心灵之所，发现了自己与大自然，与他人深深联结的渴望。这个故事，和之前那几个故事一样，是极其卓越、智慧的祝福。

在这个故事里，躲猫猫大开页的场景，很像我和孩子们经常玩的"寻找动物"游戏。林明子以高超的技法，卓绝的耐心，将所有动物隐身在森林之中，在视觉上和孩子们玩了一次真正的"躲猫猫"游戏。

对孩子而言，到森林里演读"躲猫猫大王"和翻动书页找小动物，都是这本书的巨大魅力所在。

《黑暗》《胡萝卜怪》《我一直一直朝前走》《森林里的躲猫猫大王》
3—6岁 男女通读

与生俱来的七情

心如野马,学会接纳自己,
驾驭自己——是亲子之爱震撼心灵的、
最深远的馈赠,最有力的示现。

所有的情绪都是丰富个人的礼物,都可以是人生的阻力,或者最大的推动力。

许多次个案访谈,最后都只留下我和父母们面对那些让人忧心忡忡的问题:"为什么我孩子那么胆小?""为什么我孩子有强烈的嫉妒心?""为什么我的孩子会说谎话(骂粗话)?""为什么别的孩子可以,我的孩子一刻都坐不住?""我的孩子会偷东西!""我的孩子身体太弱了,我怀疑他/她故意让自己生病。""我的孩子总是爱恶作剧!"……

我们在这些问题上花费了那么多担忧和讨论的时间,以至于我总是觉得,我们最需要的不是讨论孩子,而是回溯我们自身,在我们所经历的过往中,接纳我们与生俱来的七情。

只有我们不再为我们曾激烈的、动荡的、负面的情绪感到不安与愧疚,才不会为孩子们间或出现的所谓激烈的、动荡的、不从众的、被称为负面的情绪感到不安,感到痛苦。

1872年,查尔斯·达尔文提出"BIG SIX",即六大情绪:喜悦、惊讶、悲伤、恐惧、厌恶、愤怒。保罗·艾克曼则将之扩展到十六种情绪:愉悦、鄙视、高兴、困窘、激动、负罪感、骄傲、满意、感官愉悦、羞耻……

无论对基本情绪有何划分与认定,它们就像色彩之于光线一样,与生俱来,众生皆有。我们无法否认情绪的力量,也无法否认它们对我们和孩子的选择、我们和孩子的人际关系,乃至对我们和孩子的健康所产生的影响。

　　因此，从成为父母的那一刻起，亲子之爱呼唤我们所做的，不是因为我们曾经历的过往，更怯懦、更自私、更封闭，乃至更歇斯底里地去阻碍孩子和自己种种光明的、甚至阴暗的情绪相遇；不是因为恐惧孩子"误入迷途"，而悍然剥夺他们在世间任性行走的权利，而是学着承担起作为父母自己的担忧和错误，和孩子一起，用更正面、更公开、更健康的方式去讨论所有的情绪和所有驾驭情绪的有效方式。

　　心如野马，学会接纳自己，驾驭自己——是亲子之爱震撼心灵的、最深远的馈赠，最有力的示现。

　　人心是孤独的，人心需要理解。我们都体验过：独处在幽暗情绪中无法超脱，然后，有人来接你，你知道这样的"罪"实际上在每个人心底，你知道自己被接纳，被爱，你的心灵就得救了。

　　孩子的心灵，也有无数个呼喊着需要获救的瞬间。在引导孩子看见这个世界的漫长路上，需要我们如金刚怒目一般照见心性的勇气。

　　也正因此，在"勇读者"或者我和孩子亲子共读的书榻上，那些充满"勇气"与普世同理心，和人性携手直入"幽暗深处"的书，一直被我们奉为上宾。

　　"卡斯波和丽莎的故事"系列源自法国，在世界范围内得到童心的热烈欢迎与快速传播，迄今为止已经出版超过180万册。

我在推荐书时，不大爱引用"这套书已经出版XXX册"的广告词，因为归根到底，我不认为书的畅销和书中所蕴含的智慧有必要且充分的联系。然而，我喜欢"卡斯波和丽莎的故事"卖出180万册这个数据。这意味着180万个孩子曾和"卡斯波和丽莎"一起，自然且坦率地面对着书里小动物的嫉妒、偷窃、谎言、恶作剧、打架、恐惧……他们和父母一起，如实地面对过童年困扰过他们的"心性噩梦"。

这就是我喜欢"卡斯波和丽莎"的原因。最简单的绘本，却为孩子那些"负面心性"释负，和所有年龄层读者一起挖掘出人之七情背后深层次的内心需求，它蕴含着高级的智慧与慈悲。

我喜欢这像朝阳一样的好故事，因为人性本无是无非，说着这样的故事，会觉得整颗心都被慈悲和理解的光照耀着，每个人都得以自由。

"卡斯波和丽莎的故事"系列(全八册)
3—6岁 男女通读

童心世界里的「弗洛格」

有些绘本,将如重锚一般,沉入孩子意识深处,成为他们的「命定之书」。

在国内社交网络上,曾有过一次关于"青蛙弗洛格适读年龄"的争论。很多共读妈妈表示,自己的孩子在两三岁时就非常非常喜爱弗洛格这套书了。但这让大多数幼儿共读研究者大惑不解,他们从儿童认知进程和自己的经验出发,认定"两三岁的孩子读不懂弗洛格"。

米尼就是在两岁半时突然迷上弗洛格的。毫无预兆地,他就从逻辑情节简单、只有一两个主要人物的绘本群里跳脱出来,一头扎进对"弗洛格"的深深痴迷之中。足足有两三个月,在他的要求下,我每天翻来覆去讲这12册小书,到最后都可以倒背如流。他总是坐得笔直,瞪大眼睛看着书页。那时的情景,一直印刻在我的脑海里。

等到他四岁,拥有几千本绘本时,每隔一段时间,还是要从对他小身板儿而言堪称"浩如烟海"的书架上把这套书找出来,要求我读。后来,在"三五锄"幼儿园的书架上,我也添置了《青蛙弗洛格的成长故事》这套书。没错,在这个同时拥有两岁半到四岁半孩子的混龄园里,"弗洛格"仍然是上座率超高、人气鼎盛的绘本之一。

说这些,并不是要反驳"幼儿读不懂弗洛格"的说法。至今我也很好奇,两三岁的幼儿,能从这样人物繁多、性格形象突出、多情节线索的绘本里发现什么,理解多少?这套书里,究竟有什么与他们的成长之力息息相关?

作为和许多孩子共读过"弗洛格"的资浅妈妈,我试着从他们给予我的呼应中一窥真相。

首先,这套书吸引孩子目光的是"情绪"。我经常把《弗洛格吓坏了》这个故事作为这套书的开篇第一本。"弗洛格被吓坏了。他躺在床上,听到从四周传来阵阵的怪声。"这个以强烈情绪开篇的经典开头,足以让所有孩子屏住呼吸。"恐惧"是极富冲击力、极容易共情的。对幼小的孩子而言,谁没有因为偌大世界、未闻之声而心怀忧惧的时候呢?当他们追随着弗洛格,一次次发抖地穿过黑夜森林,并肩作战式的亲切感已油然而生。接下来,在与亲友分离的"心碎"中(《找到一个好朋友》),在被朋友们肯定的"骄傲"中(《弗洛格是个英雄》),在说不出缘由的"难过"中(《难过的弗洛格》),在长途跋涉回到家的"快乐"中(《弗洛格去旅行》),在对陌生人的"敌意"与"接纳"中(《弗洛格和陌生人》)……在一波又一波似曾相识的感触中,孩子们将"弗洛格"引为知音。

至今我也认为,两三岁的孩子无法完全理解《青蛙弗洛格的成长故事》,也并不罔顾兴趣和理解力推荐孩子们读超龄图书。但孩子蓬勃的好奇心与强大的共情能力需要被看见。因为怀抱对自我情绪强烈的求知欲望,他们打开了自己的心。而"弗洛格"正借由此,一步步走进他们心里。

诚然,我和孩子们还接触过许多"幼儿情绪绘本"。那些绘本致力于条分缕析地将分门别类的情绪描述给孩子听:什么会让人"生气",什么会让人"嫉妒",什么会让人"难过"。但"弗洛格"

却有着超越"传统情绪绘本"的另一层魔法能力。这是这套绘本第二个卓越之处。我称之为"还原现场的能力"。

当别的"情绪绘本"还陷于讲述某个主要人物的某个情绪片段时,《青蛙弗洛格的成长故事》走得更远。"弗洛格"的每个小故事往往涉及五六个动物(人物):有像智者一般冷静的老鼠,娇气却热心可爱的小鸭,热衷厨艺且有"妈妈味"的小猪,略显沉默的小熊,热衷书本知识的野兔以及宽厚活泼的青蛙弗洛格。因为人物角色极其鲜明,在每个故事场景里,某一个情绪也在社群关系中被拉扯、被凸显、被体恤、被接纳——对孩子来说,这样蕴含学习指向,又全然放之于情节场景、人物表现中的呈现,力量是非常惊人的。"弗洛格"所塑造的"情绪现场感"暗合于孩子每天面对的情绪环境。现实中,孩子们也像弗洛格一样,在和不同人的交往之中,感受不同性格和情绪。因此,虽然"弗洛格"绘本所展示的情节更复杂,但对孩子而言,这正像是现实生活一帧一帧画面缓缓慢进。回归现实生活本身,他们更愿意在其中有所习得。

第三点卓越之处是,《青蛙弗洛格的成长故事》作者马克斯·维尔修思被认为是荷兰最伟大的儿童绘本创作人之一,而"弗洛格"系列图书更被视为"绝唱式的杰作"。享此美誉并非毫无原因,这套书在缓慢的节奏、童稚的叙述里,蕴藏了很多生命里最高级的东西:对生死的理解(《鸟儿在歌唱》),对爱的体悟(《爱的奇妙滋味》),对坚持与放弃的看法(《弗洛格去旅行》),对自己的坚信(《我就是喜欢我》),乃至对誓言、种族、负面情绪的等待与接纳,对怯懦的自我幽默等。这毫无一页闲笔的系列故事,可以说是一个老智者,终其一生智慧与功力,为童心世界所创作的至深至简、勇敢真诚之颂歌。

每个幸福的共读孩子,在他们成长过程中都会遇到很多很多美好的绘本。有些夜晚,有些绘本,将如重锚一般,沉入他们意识深处,成为他们的"命定之书",成为影响其一生的基石。我经常在想,《青蛙弗洛格的成长故事》就是这样一套书啊!

《青蛙弗洛格的成长故事》(全十二册)
3—6岁 男女通读

一生千百万次之爱的演练

我非常庆幸自己没有因为育儿问题指责和抱怨过爸爸妈妈。否则，我会内疚一辈子。

米尼生活在三代同堂的家庭里，我们都很爱外公外婆，但再怎么融洽相爱，隔代教养方式不同的情况依然存在。也许因为我非常爱我爸爸妈妈的缘故，每当教养方式产生分歧时，我的感受不是愤怒，而是难过。

老人对孙辈的爱，是晚霞对朝阳的恋慕，是站在生命末了，对生机勃勃之初现的眺望。他们穿过无常，却知道自己即将被无常击垮。对生命产生的怯意和留恋，是他们无法自控之"溺爱"背后的隐言。

米尼两岁多时，我给爸妈写过一封信，信的最后，作为女儿，我鼓励他们为了更好的时代，为了我们曾经经历过，却不再想让后代经历的阻隔，为了米尼，为了他们自己，勇敢冲破心防，去面对更为无畏的自我，去践行"一生一次之爱，一生千百万次之爱的演练。"

写这封信后的第二年，爸爸突发急病。我回头来看这封信，觉得非常庆幸，自己没有因为育儿问题指责和抱怨过爸爸妈妈，否则，我会内疚一辈子。

站在泥沙俱下、一地鸡毛的家庭生活中，我们究竟要和彼此说些什么？

在口不择言的懊恼中，在常有挫败感的痛苦中，我所能做的，唯有望向岁月的深处，并相信，在所有裹挟着情绪的对谈中，唯有爱，唯有表达爱，是屹立于时间之中，永远不会后悔的事。

从米尼两岁多开始，我们就共读过很多表达隔代情感的绘本。《先左脚,再右脚》《楼上的外婆和楼下的外婆》《魔奇魔奇树》……我至今仍纤毫不爽地记得,看完《魔奇魔奇树》后,喊着"保护爷爷,保护爷爷"跑去给我爸打针的小小的米尼。

虽然我爸很多记忆都失去了,但他还是那么爱米尼。我想这样美好的爱的瞬间早已稳稳地沉入他的潜意识里,永不消退。没错!永不消退。被爱过的瞬间是不可摧毁,永不消退的。在神经内科病房里看过那么多完全失去记忆的病人,时至今日,我仍然深深相信这个。

我这次要说的是这套"小熊小猴"系列绘本。一套四册,分别讲述小动物和爸爸、妈妈、爷爷、奶奶之间的脉脉深情。

和一味只讴歌爱的绘本不同,这套绘本巧妙引导年幼的孩子做深入思考。家庭里每一个人对待孩子的方式截然不同:妈妈细心和温暖;爸爸看似粗犷,与孩子若即若离,却总能在最需要的时刻出现;奶奶则总能耐心倾听小孙子的好奇和唠叨,不厌其烦;爷爷则能跟孙子一起玩各种游戏,还一直在想办法教会孙子很多生存技能。爱无定法,却总相随。这是这套绘本对孩子的祝福与启迪。

对经常会面临"你家谁最爱你"这样突兀问题的中国孩子而言,这套温柔的绘本以另一种方式,为他们真正的内心感受做支撑。而和家里所有人都说过"我最爱你"的孩子,终有一天,会明白"最爱"的真正含义。"最爱"不是指向有尽头、有界限、有取舍的爱,而是通向广阔无垠的别人、广阔无垠的自己。

我愿意为这套特别温柔的书站台。在三代同堂的家庭,每个人都读一遍这套书,去体会爱的不同、爱的一致。这样殊胜的感受,给一个孩子童年带来的影响无可估量。

去感受一生一次之爱,去践行一生千百万次的爱的演练。

"小熊小猴暖爱绘本"系列(全四册)
3—7岁 亲子共读

呼唤出童话的深层力量

《汉赛尔与格莱特》是孩子开始尝试远离母亲,自性独立的非常重要的一本童话。

之前，我在讲五六岁儿童阅读时提到过童话的巨大力量。五六岁的孩子，随着思维的发展，他们生机勃勃地想在自己的心灵里称王。这个时候，就像盘古开天辟地故事里说的那样，他们的"自我"不再沉睡在一片混沌里，他们的幻想王国也不再是需要溯水而上，去触摸、去窥探、去建构的某个部分。

五六岁的孩子，我们会听到他们胸腔中的暴喝。他们像突然睁开眼的巨人，伸手、蹬腿，于是，沉重的下层为大地，轻盈的上层为苍穹，泾渭分明、条分缕析。理性的第一缕阳光，照耀在幻想王国连绵的山脊之上。

这个时候，在他们的故事里，一些比之前更强烈的"重口味"被他们所渴求。不经由大人指引，他们都会去捕捉"好人"和"坏人"；他们需要一波三折、冲突强烈甚至多线索的情节；他们对意象的捕捉更为迅猛深层；他们与故事角色的对话更深层；他们需要故事里有一些大角色，比如"英雄和公主"——这些角色，折射出他们以自我内心为主体，要求在心灵中确立自己地位的需求；在故事的末了，孩子有时甚至会要求对坏人有最严重的惩罚（比如"杀死他"）——这并不是孩子们心怀恶意，而是他们开始建构自己入世最简单的因果论，并且希望杜绝恶的重复发生。

这时候，童话担纲起最重要的（甚至触碰社会道德）的那部分不言而喻的禁忌责任。在童话里，孩子看到最不幸和最幸运，看到自己想象之中、难以启齿的最恐怖与最美好，他们可以自由地（和任何人）讨论善和恶，释放或安置自己内心成长的压力。

我们曾生活在一个"全然反对"的时代，在行将过去的这个时代里，许多人在抨击童话、寓言的毫无意义，童话故事的非现实和非理性、单纯性长期受到成人沙文主义的诟病。然而，随着新一代父母的成长，心理学的蓬勃发展，随着我们与童心世界握手并肩心愿的与日俱增，我一直相信，且有理由相信，一个维度更广、更深层次的童话心理学应用环境就要来临。

童话复兴的时代正在来临。就像纳尼亚故事所说，在这片心灵的广袤土地上，我和我的孩子们已经听到冰雪消融的声音。

但作为一个痴迷于童话叙事的资浅妈妈，我对童话的引入反倒更为谨慎。在五岁前，米尼没有接触过多少完整的童话（除了《杰克和魔豆》，他非常喜欢这个充满象征与预言的故事）。

所以，五岁一个月，他自己看完《汉赛尔与格莱特》这本绘本，并向我们描绘这个童话的过程，对我们而言，有非常重要的意义。

因为饥荒，哥哥汉赛尔（又翻译做"亨舍尔"）和妹妹格莱特被爸爸和后妈遗弃在森林里。第一次，他们靠哥哥丢石头引路回了家。第二次，指路的面包屑被鸟吃掉，他们迷失在大森林里，遇到了糖果屋里的女巫。巫婆要吃掉哥哥，兄妹合力杀死了巫婆，带着财宝回家了。

在童话多得溢出来的"勇读者"工作室，由这个故事改编而来的鼎鼎大名的绘本，我就收藏着两个版本：一本是荣获1985年凯迪克银奖,由美术大师泽林斯基与诗人赖卡共同创作的;一本是绘本大家安东尼·布朗"臻于成熟"的作品。

同样讲述一个故事,不同作品(即使是顶级作品)的着重点和关注点是不同的。

我们很容易发现两本书不同的侧重,泽版更重视人与环境的联系,孩子进入森林(象征人面对无意识环境)的感受、情绪跃然纸上。泽版还重视以古典手法呈现古典童话的完整性,在"女巫要杀死哥哥""妹妹即将把女巫推进火炉""兄妹拿到财宝"的情节上,进行了如实描绘。

安版则具有更强烈的现代性。安东尼·布朗将其"隐喻大师"的特质发挥得淋漓尽致——这点我非常同意阿甲老师的评论,我一直反感安东尼·布朗绘本中过多的隐喻,但这本绘本里,他的特质与这篇经典童话极其深入地结合起来,反而匡助了幼童的理解力。

安版的故事里,许多大心灵背景的细节被掠过,人类个体面对的问题,人的困顿、枷锁、挣扎与解脱得到强化。这篇童话所蕴含的"孩子与母亲(后母和巫婆所指向的,就是阻碍在孩子内心的坏妈妈形象)"的对抗关系也被进一步彰显出来。在当代场景下绘制的这个古典童话,更有利于幼童的理解。

和泽版"爸爸倒了倒没钱的钱袋"不同,安版呈现的是一家人坐困愁城的局面。"不安,"米尼第一次阅读这本绘本时说,"他们因为桌子上空空的,没东西吃而不安。"——更聚焦的画面呼应了孩子的理解力，也突出了这家人的内中关系。

和泽版故事不同，安版并没有突出孩子啃咬糖果屋的情景。安东尼更多聚焦在孩子与诱惑之间的吸引和对抗力的呈现。而另一页上的"白鸽"则象征着只有直面和冲破诱惑，孩子才能冲过"给你饭吃却要吞噬你个体的成人意象"的阶段，成为完整的自己。

"他们遇到了一个屋子，他们想进去，又不敢。"米尼在讲述时这样说。安东尼刨除了细节，得以让孩子更接近这个故事本身。

安版有两大页，出现了"拒绝之门前的后母面孔"和"接纳之门前的巫婆面孔"，巫婆的面孔就是衰老后的后妈的面孔。"突破某个出现在你生活中的重要人物"而被孩子感受到。

米尼在讲述这本书时，并没有定义出现在孩子家里的"那个女人"是"妈妈"或者"后妈"。他考虑了一会儿，说这个角色是"他家的阿姨"。我被孩子的狡黠给逗笑了。"他家的阿姨"和童话中的"后妈"一样，在孩子心里，在成长中成为他们障碍的"那个妈妈"，和爱他们的"甜蜜妈妈"并不是一个人。所以，巫婆、后妈、"他家的阿姨"成了一个外化意象，去承担孩子试图突破母亲力量的阻碍，成为独立的一个意象。

简而言之，《汉赛尔与格莱特》是孩子开始尝试远离母亲，自性独立的非常重要的一本童话。在安东尼·布朗的匡助下，更年幼的孩子找到了依止于这个童话更方便的途径。

在未来，我们还会把两本童话对照阅读。

《汉赛尔与格莱特》
3—7岁 男女通读

小成长，大力量

小狐狸坤助踏上晃悠悠的吊桥。因为太害怕了，它每天只敢朝前走一步。

米尼两岁七个月左右进了幼儿园,当时他没有朋友,好像也不需要朋友,这样自己晃荡了近半年。

三岁后,他开始看动画片。他看的第一个动画片是《龙猫》,我买了一个龙猫公仔给他,他就要求每天带到幼儿园去。

老师对我说,每天看着很小很小的米尼吃力地抱着大龙猫公仔,到哪里都要带上它,就觉得好可爱好好笑呀。做妈妈的心就"怦"地跳了一下。上学带着的龙猫公仔,就是孩子的心开了个缺口,想要交朋友的愿望吧。

那是很久以前的事了。米尼现在已经有了很多、很多朋友,但我经常想起那时候的他,那时候的我。

按存在主义者的观点,人的一生都陷于生与死的困惑之中。所谓生之困惑,投射在日常生活中,就是对独立自我的要求,对独处的渴求。而死之困惑,则是对孤独感的抵触,对群居的向往。我、米尼、其他人,在我们的成长道路上,时刻受这两股力量的牵扯和制衡。

幼小的孩子,如何冲破层层设障,去结交同伴,且又保有自己?在这样的进退之间的社交习得中,他们迸发出巨大的力量。有幸目睹,我总是被他们打动。在这个过程中,有两套书给了我和孩子们巨大的加持。

这样的加持之力显现在——对孩子所有的内心阻碍,所有缓慢的速度,所有的渴望与退缩,所有的爱和自我否定——深深的理解和接纳之中。

这两套书,一套是"全都是爱·好朋友"系列,一套就是森山京的"黄色小水桶"系列。作者用母性一样细腻的口吻,从孩子的感受入手,描述了孩子寻找朋友、走向外面世界过程中,那么多无法言说的孤独、恐惧、挫败,以及自我鼓励、进取、反省与爱。

和米尼读过几次"黄色小水桶",每读一次,直至哽咽。

小狐狸坤助为了找到山谷那边的朋友,怀着恐惧的心踏上晃悠悠的吊桥。因为太害怕了,它每天只敢朝前走一步,就这样经过了很多时日。《吊桥摇呀摇》说的就是这样一个"没有结果"的故事。小狐狸最后是不是走过吊桥,找到朋友了呢?最重要的是,它每天都朝前走了一步。

小熊和小兔都亮出自己的宝贝,小狐狸坤助害怕自己的宝贝小飞机被朋友们拿去玩,偷偷藏了起来。可是,它的小飞机就这样丢掉了。小狐狸受到内心的煎熬。小飞机什么时候才能重新飞上蓝天?《宝贝飞呀飞》里,有小狐狸昂头期盼的脸。

森林里有一个不知道谁丢下的黄色小水桶,小狐狸非常喜欢它。坤助和伙伴们约好,一星期内没有人来认领小水桶,它就是坤助的了。坤助每天都去看小水桶,安安静静陪着小水桶度过了一星期的时间。在最后一天,小水桶不见了。坤助渴望得到它的想法就此打碎了吗?

《只有我知道》说的是什么字也不认识的小狐狸坤助,被伙伴们无心地嘲笑了。它自己跑进大山里,遇到了暴风雨,也看到了风雨后的彩虹。而这么美丽的彩虹,只有坤助看到了它,只有坤助知道它。

最后一本是《终于见到她》。据森山京本人说,是因为写下《吊桥摇呀摇》后,许多孩子用稚嫩的笔给她写信,要求"请小狐狸坤助快点走到吊桥那边,和女小狐狸见面吧"。为了这样的要求,她写下了续篇,感觉很温柔。

缓慢之极,漫无尽头的自我成长,在所有时间里酝酿着的、突破自我的力量,在这套书里,被淋漓尽致地呈现出来。

我给好几个孩子读过这套书。虽总至哽咽,却还是认认真真,大声读完。孩子们总是屏着气,全神贯注听着,听完却全身轻松、没心没肺地走了。

最好的书往往是护佑着孩子日益茁壮的心灵,却分寸得宜,绝不给孩子的成长累加一分情绪。

"黄色小水桶"系列（全五册）
3岁半—7岁 男女通读

在命运的流离中镌刻生命传记

生命传记扩展了灵魂的维度,使心灵在命运的兜兜转转中得到映照与呼应,免于孤独。

我是一个想太多的妈妈。我常忍不住偷偷想,在全球化时代,我们的孩子会有何等颠沛流离的命运。

那些我所遇到过、倾心爱过的孩子们,他们会在哪里度过他们的青春期?在纽约街头,还是英国小镇,是新西兰郊外,还是非洲草原?

他们会在哪里度过自己飘摇又搏击的中年?在超级城市的写字楼里,或是故乡的灯塔边,是深山的山谷旁,还是……一艘宇宙飞船上?

他们最终会在哪里真正落叶归根?是一座看起来不错的养老院,或是家里的老席梦思床上,是已作故乡的异乡,还是机器人环伺的陌生医院?

在信息爆炸与挖掘机兴盛的时代,我们遥祝孩子越走越远的时代,一方面,他们走进自己更多元、更广阔的未来里;另一方面,他们必须承担起比父辈、祖辈更为颠沛流离的命运。这是我的孩子、我们的孩子们不得不面对的未来。

我说过,七八岁的孩子已经可以开始让他们接触人物传记。延续整个青春期,人物生命传记的阅读引导他们跳出眼下日常,用新角度高屋建瓴地看众生的一生,个体的一生。生命传记扩展了灵魂的维度,使心灵在命运的兜兜转转中得到映照与呼应,免于孤独。

杰出的人物生命传记在这个碎片化阅读时代,已经如手艺人之珍贵技艺一样,渐成绝响。我们很难想象在推特、微博、朋友圈就可以写就每个人一天柴米油盐的写作者,会有多大心力去整饬一个人(或某个人)的一生。可以说,好的生命传记作家,因为这个时代的写作方式而大量流失了。我们只有在茨威格、罗曼·罗兰、井上靖等一众过往的生命传记大师之文字里,寻求真正的、人生来龙去脉的思考与慰藉。

然而,也有例外,像德国童书作家弗里德里希·卡尔·维希特的这本《红狼》和极少数卓越杰出的绘本(如《抵岸》)一样,将儿童生命传记阅读的时间点,提早了起码两三年。

一个寒冷的冬日,一只被遗失的幼小的红狗,在呼吸越来越弱的时候,被一只狼所救。此后,它与它的狼兄弟们一起快乐成长,并逐渐成为狼群中的强者。后来,一次意外,它与母狼遭遇了猎人的捕杀,母狼被铁夹夹住腿无法行走,"红狼"救不了它的生命,却可以把它拖向万丈深渊——那里,是所有狼父狼母最后的归宿,躺着无数狼父和它们的后代。猎人追踪着拖拽的痕迹找来,母狼跃下山谷而死,"红狼"则被人类女孩儿奥尔噶所救,此后与女孩相伴一生,直到生命的最后一刻。它的女主人怀揣着与它的约定,把它送回到了所有狼父狼母所在的山谷。它飞身而下,自己"丰富又美好的一生"在眼前历历而过……

这是一个极其深刻又孤独的高级绘本。作者维希特最伟大的创作,不在于他的文字,不在于他的图画,而在他对创作艺术的最本质把握:他总是能把最深沉的情感,隐藏在最平实的文图之间,用最简洁的形式,去呈现即使孩子也有权领悟的生命的真相。

这是一个冰冷与温暖、善与恶、杀与生交相杂陈的故事。"红狼"在自己颠沛流离的命运中,遇到了所有生命中最险恶的事:遗弃、厮杀、暴风雪、战争、凶残的对手、濒临的绝境、深刻的隔绝与孤独;但相因相生的是,它同样遇到超越种族的爱、深刻的认同、罔顾生死的理解与捍卫,以及最后,因为这一切,它接纳与肯定了自己的一生。

"红狼"这只小狗的一生,是所有颠沛流离生命的温柔注解。无论在何时,无论在何地,拼尽全力地活下去,去寻求与呼应爱和认同。

在未来那个因为交通便捷、信息快速传播,因此地球如村,人如浮萍的时代,在挥别我的、即将长大的孩子们之前,读着《红狼》,我会数度哽咽。

可是,生命之根,我们唯一的安栖之所,的确不是某一个童年的老房子,不是某个血脉相连的种族,不是一场不知道什么时候会被打破的和平,只是理解和等待过你的,那个地方,那些人而已。

这是《红狼》这个故事,和作为妈妈的我,想和你们说的,至关重要的祝语。带着这个故事和这段祝语,去走你们天涯海角的征程吧。没错,即使你们拥有的是颠沛流离的命运,作为妈妈的我也已经做好了准备,准备聆听你们自己的、最有意义的生命传记。

《红狼》
4—7岁 男女通读

鸡飞狗跳的好世界

「孩子总是在大人看不见的地方,以孩子的方式干着坏事成长的。」

和孩子们共读多了，我们会很习以为常地看待某些让大人不尴不尬、又恼又笑的时候。当时是，孩子们看着书页骤然哈哈大笑或尖声狂叫起来，他们又笑又叫，有时还边跳脚边翻跟斗。他们的眼里闪闪发光。

这样的时候，多半因为他们在书上看到他们所心知肚明的那个调皮捣蛋、鸡飞狗跳的世界。这是令大人抓狂的世界，却是孩子心灵的好世界。

河合隼雄曾说过一句非常温柔的话。他说："孩子总是在大人看不见的地方，以孩子的方式干着坏事成长的。"

作为被熊孩子儿子——乃至一大群熊孩子搞得快发了疯（同时又极其幸福）的我看来，的确是这样呀。他们简直就是为了做坏事而快乐地、一往无前地长大着。

共读中，我们和孩子会接触到很多描述"孩子做坏事"的书。有些书正儿八经，处处带着规劝与训导；有些书凑趣嬉闹，模糊边界。这些书，有的让孩子心生不耐，而有一些则让共读的父母疑窦丛生。

只不过，再往深处去，我们和孩子会遇到一些更为高级的书，它们秉具配得上纯净童年的幽默。用真正的温柔笑意，化解孩子无拘无束玩闹时，成人世界所蕴含的不解与怒意。

"熊孩子"系列丛书就是这样一套书。它描述了4、5岁到7岁那些令我们无比气结、无比恼怒的熊孩子的种种"熊症状"：爱胡闹，找借口，离家出走，无事生非……

它用一个个故事告诉我们，这些让父母们困惑、惊慌、踌躇、莫名其妙、惶惶终日，甚至求助无门的"熊孩子症"实际上展露的是孩子的成长契机，是孩子身上珍贵的童年精神之体现。

《珍妮和麻烦制造者》说的是一个每天抱怨自己有很多困扰的孩子，如何经过魔幻对比，发现实际上自己的麻烦是天底下最适合自己的，而别人的麻烦则是生命无法承受之重。这个故事为悲观的孩子跳脱出自己，用更深广的方式考虑"自身和烦恼"提供了开阔思路，是一剂疗愈剂。

《最近谁见过哈利》的主角是，对于任何自己不想做的事，都善于逃脱的高手哈利。他会变成"哈利恐龙"逃避整理房间，变成"哈利鱼"不洗澡，变成哈利狮子半夜不睡觉等。但是有一天，他发现自己做得有点儿过了头：他把自己弄丢了！他到底是谁呢？爸爸妈妈急坏了，哈利自己也急坏了。为了找回真正的自己，他想了好多办法。

孩子总有一个阶段，会呈现出"不想承担自我"的状态。在父母看来，他们把"逃避责任"当作一场追逐游戏。是"帮孩子承担责任"，还是"务必要孩子承担当下的责任"呢？

作者提出了更高明的方法：把寻找孩子的责任，当作孩子另一场"追寻自我"的游戏。而这场全家全力进行的"游戏"，一定会让孩子找到最脚踏实地的"自我责任"本身。

《可怕的星期二》说的是泰瑞无意中听到妈妈说星期二会很可怕,于是他开始想象各种可怕的灾难:被绑架啦,大洪水爆发啦,女巫造访啦,天掉下来啦等。所有的设想都是喜忧参半,既让人害怕,又让人有一点小期待……可是,到底会发生什么呢?和泰瑞一样,我们在幻想的世界里遨游了一番,紧张地期待着星期二的降临。终于到了星期二,原来妈妈嘴里最可怕的事情,竟然是——表弟表妹们来串门儿!

这个故事是写给天生忧虑的孩子们的。作者引导孩子们直视他们内心忧虑的本身——忧虑本身并不仅仅是忧虑,也带着雀跃,带着自己的想象力,以及一点点对未来的盼望。此外,作者鼓励孩子们看到忧虑的实相:你忧虑的,也许仅仅是忧虑本身。

《淘气包奈杰尔》说的是淘气的奈杰尔总是假装耳朵不好捉弄自己的爸爸妈妈:让他去拿帽子,他去给猫画画;让他去刷碗,他去洗金鱼。但是,一个来自夜之国的小人儿给了他一点儿教训——那个小人儿也有一对不那么好用的耳朵。奈杰尔吃尽了苦头,神奇的是,他的耳朵从此变得好用起来……

该书是给那些偏偏反其道而行之的孩子们的故事。还施彼道于彼身,如果别人这样对待你,你有什么感受呢?用幻想的方式提出成人世界的反问,给孩子安全回归秩序空间一条温柔的通道。

《不愿待在水下的鲍里斯》说的是在池塘的底部,生活着小水虫一家:鲍里斯和本一对兄弟,以及他们的妈妈明妮。鲍里斯和本都很向往水上的世界,想看看上面都有什么。有一天,他们不辞而别,离开了自己的家,一直向上,经历了种种奇遇……他们离开家越来越远,当本想要放弃的时候,鲍里斯却依旧坚持自己的选择。最终,他来到了水面上,见到了自己从未见过的世界……

这个故事给那些不受框限的孩子和极其容易故步自封的成人,提供了一个"互相交换"式的视角。勇敢追逐梦想与身后守望式的爱是并存的事物,而成长与守望之间,也有着无法剥离的深切联结。

《爱胡闹的露比》里,爸爸妈妈把小女孩露比视为掌上明珠,呵护备至,并希望她长大后嫁给一个王子。但露比却有她自己的想法,她决定通过胡作非为,来躲过爸爸妈妈为她安排的命运。于是,她变成了爱胡闹的露比……

这个故事,突破了成人"完美梦想"的框定,呈现了在童心世界全然失效的"父母成功守则"。这是我非常喜欢的故事。

这套品相实在不怎么样的书,能被我从一大堆花花绿绿的绘本里挑出来,究其原因,是因为它像电影《头脑特工队》那样,幽默而真诚地为孩子与父母的困境提供幻想拟人式的意味深长又极有裨益的出路。

它带领孩子和父母日渐清晰地意识到:我的行为背后蕴藏着什么动机,我该往何处去,未来给我的成长(或退行)提供了什么可能。

这几个心理成长故事将重塑我们对自己、对童心世界的认识。好故事,是父母和熊孩子最触动人心的解答、最甜蜜的和解剂。

在孩子哈哈大笑后,和他们的熊行为,和他们的好世界握手言和吧。

理解和等待,是放下执见的爱的第一步。

当孩子是「不被接纳」的那一个

想起孩子们未来要面对的汹汹人事，各色眼光，我就会难过。

我身边有个叫"莱莱"的小女孩。有一天,她温柔地躺在我怀里,朝我笑。虽然她还听不懂,但我想送给她一套"说着莱莱故事"的书。

可是,当拿到"鳄鱼莱莱"这套书,却发现和我想的不是一回事。在一个妈妈看来,"鳄鱼莱莱"讲的是悲伤的故事。

"鳄鱼莱莱"系列,伯纳德·韦伯作品。故事说的是一只被破落的舞台明星丢弃的、叫作莱莱的鳄鱼,它成了纽约东街88号房子里的不速之客,它会各种杂耍,用自己的方式赢得了88号家庭的信任,成为这个家的新成员,更受到周围人的喜爱。但莱莱同时也遭遇了邻居的"疏远"和"抵触",小伙伴的"误解"与"仇恨",甚至还有老朋友的"陷害"与"利用"……它迷茫过、郁闷过、伤心过、妥协过,但最终凭借善良的心灵和无比的勇气,积极化解了问题。

莱莱的故事,换成韩剧,也许会叫作《明朗鳄鱼成功记》吧。伯纳德·韦伯的作品,包括他最鼎鼎大名的绘本《勇气》,都有"积极心理学的影子"(《勇气》,美国十佳绘本第一名,入选纽约公共图书馆"每个人都应该知道的100本绘本")。

然而,问题就在这里。我是一个资浅的、率性的、经常陷于执念的妈妈。面对复杂的人际关系,我不想和孩子谈"积极"、谈"勇气"。如果可能,我希望我所遇到的孩子能一直做自己,做自己就好了。

说到这里,我想起我和米尼非常喜欢的另一套绘本《11只猫》。

比起"鳄鱼莱莱",《11只猫》就是我和孩子非常喜欢的故事。11只猫本性纯真,却又贪心,爱耍滑头,经常捣蛋做坏事,他们吃尽苦头,穷得经常连饭也吃不上,最后却也总能和世界达成和解。

如果能选择,我希望孩子们就这样生活在自性酣畅淋漓,没有遮蔽,毫无善恶评判的"11只猫式的童年时代"。但我也知道,这是不可能的。

我和很多妈妈深谈过。孩子过了四五岁,有些妈妈就会忧心忡忡地和我提起孩子们的"小世界"。

有些孩子在班级上受到故意的群体性孤立,有些孩子被同学和同学的家长怒斥过,有些孩子被自己的好朋友背叛了……肆无忌惮的童年结束得太早,孩子被仓促地推到动辄得咎的社会面前。

他们会瞪大眼睛,满脸惶然,扭头转向你问:"为什么他们讨厌我?""为什么他们不和我玩了?""他们为什么这样对我?"

几乎每个孩子,总有那么一瞬间,意识到自己是团队里不被接纳的"那一个",是不受欢迎、被抵制、被疏远的异数,意识到自己就是"鳄鱼莱莱"。

有时候,只要想起这个,想起我爱的孩子们未来要面对的汹汹人事,各色眼光,我就会难过——我依然是那么怯懦的妈妈。我很想跟他们讲:"只要学会'LET IT BE'就好了嘛!"但我知道,这也是不可能的。

孩子匆匆离我们远去,同伴们的评判和认同,越来越比我们的接纳更被他们所急需。当他们敞开心胸，把眼光投向社交群体，就注定要被社交群体改变了，他们注定不再完完全全属于自己。

跟随着"鳄鱼莱莱"这套书，孩子们开始学习：第一，如何融入陌生环境，如何与不喜欢你的人相处；第二，嫉妒别人时怎么办；第三，如何把"敌人"变成朋友；第四，如何把思念化为力量，当惩罚或意外降临时怎么办；第五，如何坚定信念，为捍卫自己的利益而努力；第六，当朋友心情不好时，怎么宽慰他们……生命之舟从恣意汪洋真正拐入漫长、袤远、荣誉与挫折并存的险滩。

也许这正是伯纳德·韦伯创作"鳄鱼莱莱"最大的意义。当软弱的父母还在虚弱地劝说孩子——"别人不理你就不理你""生命不需要什么意义，自己过得开心就好了"之时，他开始带着自己对童年所经历的一切喜悦、不安与惶恐之深刻了解，抚慰每个孩子，呼唤他们从这一刻做起，直面每一个恶意和人际困扰，接受自己的与众不同，为自己争取更舒适的人际环境。

作为妈妈，我读"鳄鱼莱莱"时，想象的结尾是这样的："鳄鱼莱莱才不管那些不喜欢它的人，它自己玩去了。"可书上的莱莱，却坚持下来，爱它爱的人，并被人所爱。

从某种意义上说，我提供的结尾背后，是母亲不为世俗人言所迷障的爱；而伯纳德·韦伯提供的结尾背后，是孩子真真切切，希望获得的，渴求被确认的——整个新世界。对孩子而言，这是非常不容易的事。但所幸有鳄鱼莱莱和他们相伴。

对曾遇见过人际恶意沟通的4-6岁的孩子而言,"鳄鱼莱莱"是一套充满"积极人格特质"的书。读这套书时,多和孩子做讨论,讨论鳄鱼莱莱在人际中的痛苦、窘迫、困惑、悲伤和努力。

无论孩子在哪个阶段,做出什么样的决定,一定记得告诉他"你能这样想,很了不起"以及"妈妈理解你"。因为,面对汹汹人事,他们的每一个立论已是拼尽全力。

"鳄鱼莱莱人际交往绘本"系列(全八册)
4—6岁 亲子共读

魔幻、幽默与无尽温柔

> 想象王国中的老虎,
> 就是孩子内心蛰伏的、
> 如猛虎一般的力量。

米尼是个精力充沛，永远滴溜着眼睛，咧着嘴大笑的调皮捣蛋的孩子。有时候我被他气得快吐血！但更多时候，我在心里千百次庆幸，有机会与这样一个小男孩彼此深爱，让我得以看到这个世界的其他部分。

詹姆斯·马修（《彼得·潘》）、桑达克（《野兽国》）、喜多村惠，这些以深刻的悲悯与共情，刻画男孩无序的、狂欢式的，却又满是孤独心灵世界的绘作者，以前于我如路人。但现在，因为他们那么深刻地理解我的孩子，我对他们充满感激。这次，我想讲讲喜多村惠。

喜多村惠，1956年出生于日本东京，从小就喜欢读卡通漫画，这对他以后的创作产生了很大的影响。他最初是在日本做商业设计，1979年移居英国伦敦之后，从事过圣诞贺卡的设计工作。1981年，他加入英国安徒生出版公司从事插图绘制的工作。

据说，他喜欢长时间默默坐在那里埋头作画、绘制书简，形象上也和霸气外露的桑达克大相径庭。然而，勇敢谈论与直面男孩负面情绪，以幽默、温情、魔幻手法抱持这些"略显不合群的调皮小男孩"——这样的力量，他毫不逊色于马修与桑达克。

第一次和米尼一起读喜多村惠，是那本让他声名鹊起的《生气的亚瑟》。沉浸于情绪中的孩子在意念中摧毁了整个宇宙。而在此之中，画家表现了"生气"这一情绪掩盖之下的多个层次：寂寞、害怕、伤心、失落……到最后，天宇苍穹之内，只留下平静下来的小男孩。而画家的画笔依然温柔地描绘着他，像深切的双眸凝视着他。作为经历过孩子无数次剧烈情绪的妈妈，这样的喜多村惠深深打动了我。

第二次读喜多村惠，就是那本著名的、被河合隼雄与松居直所激赏的《我的秘密阁楼》。我有很多玩具，可还是很无聊。我爬进了阁楼里，在那儿我发现了另一个世界。我找到了一个朋友，与他分享我的发现，可是当我告诉妈妈时，妈妈却说我家没有阁楼。

那次还读了被米尼无比热爱的《我变成了一只猫？》。一个巫婆夜晚溜到了我的卧室，对我施了魔法。结果，第二天早上，我和我们家的猫互换了身体。我经历了猫的一天，见识了猫的生活，理解了猫的喜怒哀乐；而猫也变成了我，闹出了各种笑话。直到夜晚降临，巫婆再次进入我的卧室，解除了咒语。但是第二天来到学校，又发生了一件离奇有趣的事情。

在以上两部作品中，喜多村惠的风格被发挥到极致。孩子在隐蔽的自我探索中，在常人无法发掘与理解的视线中，发现他们心灵的王国，发现他们与现实世界的联结。

这样的发现，对于混沌初开的孩子而言非常奇妙。喜多村惠理解这样的奇妙，并回应之以最有吸引力、最瑰丽的故事。埋伏在阁楼深处、想象王国中的老虎，就是孩子内心里蛰伏的，如猛虎一般的力量；而三更半夜爬进屋来，把小男孩与小猫"兑换灵魂"的巫婆，则象征着孩子"希望融入万物，也希望万物融入自己"的感受。这样的感受,投射在现实世界里,就是他们对共情,对他者理解力的需求。

在《我的秘密阁楼》和《我变成了一只猫?》里,"妈妈"扮演的角色,都是现实世界的代言人,忙碌、武断、不理解孩子。但最后,她们依然会守护在孩子身边。孩子的世界与大人的世界虽然隔绝,没有冲突,但是依然充溢着倾诉与理解的渴求。在这一细节的处理上,也充满了"喜多村惠式"的温柔。

我常常想,这也是在我不理解我的孩子时,陷于孤独的他给予我的无尽温柔呀。在喜多村惠浑不吝的绘画里,这样的想法总是击中我。

另一本喜多村惠非常好玩的绘本是《穿狼外套的羊》。故事是三只羊想在冬天到来之前游最后一次泳,于是来到了海边。当他们上岸后,却发现自己的外套被四只道貌岸然的狼偷走了。三只羊向侦探艾略特·咩寻求帮助,最后夺回了自己的外套。

这是喜多村惠风格老辣的成熟之作,绘本通篇洋溢着孩童式的叙述风格。

大人在读这本绘本时,一开头,会觉得有点怪。它的叙述不是成年人习惯的获取信息的陈述模式,而纯然是一个孩子在兴高采烈地讲述某一趟探险之旅,喜欢的地方多说一点,有些地方交代得又没头没脑的。看起来,就是三只小羊没头没脑,全无心机的一趟旅行。

叙述的陷阱，就在这里展开。一场逻辑完美，要素齐备的"幼儿侦探悬疑大案"拉开序幕。所有孩子都屏住呼吸。

谁偷了羊的外套？羊要怎么办？羊还能找回自己的外套吗？羊怎么能打败狼？

像我们看东野圭吾的小说那样的担心和忧虑，也萦绕在孩子心里，但他们能理解这样游戏式的担心和忧虑。他们乐于在这样的担心中，开动自己的思维，呼唤自己解决问题、处理问题的能力。

我很爱喜多村惠的原因是，作为最具独创性的童书大师之一，他永远在书的结尾张开双臂等待着孩子，准备随时毫不吝啬地塞给他们大彩蛋！

《穿狼外套的羊》也一样。在结尾，羊、狼、猫一片大混战，孩子们看到这里，总是哈哈大笑！然后，故事就在这一片无厘头的欢欣里结束了。一个孩子式悬疑的故事，一个孩子式解决的结尾。

当孩子把手指放在双唇之间，说"嘘"，示意你认认真真、满脸邪气地跟他们去做某件坏事，去围攻某个"坏"人的时候，我就想跟他们说起这个故事，说起喜多村惠的《穿狼外套的羊》。

《我的秘密阁楼》《我变成了一只猫？》《穿狼外套的羊》
4—7岁 男孩更宜

  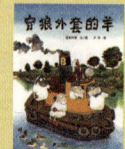

童心是很缓慢的寓言

一些真正讲述成长节奏的故事,将与童心持久呼应。

做共读妈妈久了，我们或多或少会总结出某些"我孩子一定会爱"的绘本类型。那些幽默的、热闹的、角色特点显著（涉及恐龙、小汽车、公主、武士等）的绘本，多半占有先机。然而，越来越多好的，甚至不那么好的著绘者、出版人以"孩子欢迎"为捷径，注重于投之所好。于是，许多浮于表面，仅仅为博取孩子一笑的绘本开始涌现。

孩子们需要热闹幽默的书，好玩的书能让他们觉得"阅读是快乐的事"，但另一方面，儿童阅读并不能仅仅由热闹好玩构成。那些沉静的、重复的、与心灵持久呼应的东西，是生活和阅读最本真的节奏。或者说，它就是我们阅读的目的。只提供幽默喧闹，却不提供心灵对话可能性的书，哪怕是绘本，都是有缺憾的。孩子们终究会知道：读书不是为了读书，或者说，读书甚至不是为了快乐，读书只是为了真实的你自己。

打个比方说，童心是一个很缓慢的寓言。这个寓言里有欢笑，有痛苦，有水波不兴的日常，有脱颖而出的戏剧性，这些是它无穷无尽面向的一种。但是，孩子也是很复杂的。他们的人生不能只是一个味道，一个结论，高明的故事应该是五味杂陈的，有开放性结局的。

别担心，他们一定会爱这样的故事。因为这样的故事，就是他们的忧虑，他们的欢喜，他们的期待，他们的恐惧，他们的热爱……这样的故事，是他们心理的投射。把这样高明的故事呈现在他们面前，就是好礼物。

　　大道至简，衍化至繁，呈现很多面向的那种最高明的绘本故事太少了。在寻找"猴年给孩子们讲述猴故事"的过程中，我看到了这套书。一看惊绝，颤抖着嗓子联系编辑。

　　伊东宽的"小猴子故事"系列看起来平淡无奇，就好像我们讲述自己每天重复的生活一样。在南方的一个小岛上，住着一只小猴子。他和伙伴们过着悠长又缓慢的日子，每天早上起床，先尿尿，再吃饭，再整理身上的毛，一起爬树，丢青蛙玩，一起玩水，到了晚上再睡觉……第二天早上起床先尿尿，再吃饭，再整理身上的毛，一起爬树，丢青蛙玩，一起玩水，到了晚上再睡觉……日子周而复始。这只小猴子常常想些奇怪的问题：大海的那边有什么？被螃蟹钳了会不会变成螃蟹？树林里的这棵树和那棵树一样吗？这些问题的萌生，使个人成长在缓慢的、循序渐进的过程中有所不同。

　　我非常爱这套书，是因为它是我记忆里讲述漫长、琐碎、泯然于众人，却终究脱颖而出的个人成长最为深情生动的一套书。它的故事非常缓慢，就像我们陪伴孩子度过的每一个极其相似的一天。但伊东宽仍旧将我们所知道的真理通过故事呈现出来：成长并不是循环往复、毫不改变的每一天。相反，在所有如如不动的陪伴背后，成长蕴含着巨大的力量，能跨越江海，能直视苦难，能成为他人眼中最令人惊叹的事。

　　"小猴子的故事"系列由四本小书构成。每一本小书的开头，都采用"从前有座山,山上有座庙,庙里有个老和尚,老和尚对小和尚说,从前有一座山,山上有一座庙……"这样的套文形式,来呈现小猴子们水波不兴的日常生活。

第一个故事《猴子的日子》,讲的是在这样日复一日的生活中,每年有一天,老海龟会来到他们小岛上,给他们说故事,而故事却简单得只有一句话。但小猴子们每年都盼望着这一天,因为他们盼望着外面的世界。

这个故事,暗喻着孩子们眼中的戏剧性是——那些"非日常"的时光哪怕短促,都会对他们的心灵产生巨大影响力。他们透过"非日常"去向往溢出他们边界的事物,那些宏大的、突兀的、不符合逻辑的事物。健康成长不是一蹴而就的,而是所有日常铺垫下,安全感的陪伴下,某一次"非日常"的打破。

第二个故事《猴子是猴子》,说的是小猴子在小岛上的生活很开心,因为每天都跟大家在一起。一天,小猴子被一只螃蟹钳住了。螃蟹一直夹住他的耳朵。呀!小猴子会不会变成螃蟹呢?爷爷给他讲了爷爷和爷爷的爷爷的故事……

这个故事,暗喻着个体在成长中的特殊性,孩子在成长中面对两种内心力量的拉扯。一种是"我做和大家一样的人就好,这是最安全的;另一种是我要拥有自己的特殊性。""夹住小猴子,与他如影随形"的螃蟹,就是使孩子不同于别人的某种象征。孩子总会因为"某些身体特征"(普遍性的如月事来临、梦遗、胎记等),突然沉浸在"我跟别人不一样，这很不好"的恐惧中。这时候猴子爷爷出现了，他讲述了一个非常漫长的套文故事，他自己，他的爷爷，他爷爷的爷爷……原来所有人都遭遇过这样的事情。来自生命的讲述陪伴孩子度过来源于自我的焦虑。

第三个故事《猴子出海》讲的是，小岛上的一切对小猴子来说都太熟悉了，哪里有好吃的香蕉？哪里有青蛙在等待……都熟稔于心。但小猴子从来没去过大海的那边，大海到底有多大呢？小猴子决定出海旅行……

伊东宽笔下的小猴子出海日记，和小猴子的平常日子一样，没有狂风巨浪，没有吃人巨兽。小猴子在一望无际的大海上航行，吃了睡，睡了吃。大海一望无际。后来他决定回家了，遇到大海龟，大海龟就驮他回家了。海龟壳太滑，他坐在上面不断打滑，就这样回到岛上。

这个故事，伊东宽依旧打破了"必须要给孩子的跌宕戏剧性"，而致力于展示"真实的个人成长奇迹，实际上来源于很小的变化"，但这样的变化会使孩子深入广阔心灵深处，会让你成为他人眼中"最让人惊讶的人"。这对每个孩子来说，都是一个温柔且巨大的理解与鼓励。

第四个故事《成为猴子的日子》，故事则是猴子妈妈要生小猴子了。这次会生出一个什么样的宝宝呢？会是一个蛇弟弟吗？或者是一个青蛙妹妹？在香蕉树下，看着妈妈的大肚子，小猴子和妈妈

© "三五锄"幼儿园

一起回忆了自己小时候的故事……

　　在这本书里,小猴子和猴子妈妈的对话深深感动了我。在最后,猴妈妈抚着肚子对小猴子说:"所以呢,你要帮我好好记住。宝宝长大了,会问起小时候的事情。宝宝出生时的事呀、吃奶的事呀、第一次吃香蕉、走路的事呀……你帮他好好记住吧。"

　　猴妈妈把养育弟弟妹妹的责任分权给小猴子,小猴子一瞬间意识到自己的责任,因此成长。

　　"小猴子的故事"系列之所以动人,是因为通过这样至简的故事呈现了个体成长,个体与群体之间复杂微妙的关系。而这种关系,对四五岁之后的孩子来说,是最迫切需要的解答之一。《猴子的日子》在表达"日常生活中叫作'故事'的非日常",《猴子是猴子》在表达"时间轴上的自我认识",《猴子出海》在表达"空间轴上的自我认识",而《猴子是猴子》《成为猴子的日子》又体现了家族序列中的自我归宿。

　　浅如清溪的简单故事,稚嫩画作,却映衬出像海一样深切的人生解答,这是这套书最出色的所在。

　　把这样的好书,说给在成长中寻觅自己人生位置,如在大海中孤航的小猴子一般的、所有平凡又了不起的孩子们听。

"小猴子的故事"系列（全四册）
4—7岁 男女通读

在无常中点燃童心之光

所有的失败感和悲伤,都在酝酿属于孩子自己的觉醒体验。

我经常收到的父母询问，大部分是关于："我家小狗死了，我孩子很伤心，该怎么引导他不伤心？""我的孩子很害怕黑夜，该怎么引导？""我的孩子讨厌爬高，不敢爬高，我要怎么做他才会爬高？"

伤心、怯懦、恐惧、孤独……是我们这些年轻父母所不愿意目睹的，发生在如朝阳一般、亲爱的孩子身上的事。然而，对一个人来说，伤心、怯懦、恐惧、孤独永远如影随形。

我说过，孩子破茧而出的童年从来不是"无忧无虑、势如破竹"的。即使有"相对完美的父母及微环境"陪伴，每个人的成长却也都充满了挫败感。伤心、怯弱、恐惧、孤独，人性浸没其中，从一方面说，是不免痛苦的，但从另一方面说，童心在所有的"负面情绪"中不停学习，才能滋生勇气、判断力，才能滋生自己对自己人生的决定。

所有的失败感，所有的悲伤，都在酝酿下一段属于孩子自己的觉醒体验。

作为父母，我们自己亦充满恐惧。我们过多地恐惧孩子不幸福，以至于不敢和孩子谈论"悲伤、孤独、死亡、黑暗"。从这方面说，我们就是担心女儿身中咒语，把全国纺锤全部销毁的——睡美人的父母，就是把悉达多锦衣玉食软禁在深宫的——佛的父母。然而，孩子命定去面对自己的成长、自己的痛苦，并在所有的无常里，成长为他们自己的伟人。

我一直认为,乃至我在《在幼儿园和你一起长:三五锄故事》一书里竭尽所能所要阐述的,即成人给孩子最大的生命祝福,就是真诚。这也是我那么热爱《伤心书》的原因。

这本由迈克尔·罗森撰文、昆廷·布莱克绘图的作品完成于十多年前,是为了纪念罗森的儿子埃迪——一个死于脑膜炎的18岁男孩创作的。不过,它的诞生又和一群普通的英国孩子有关。埃迪去世后,罗森仍旧常去校园,跟孩子们说起儿子的一些小事。孩子们饶有兴致地刨根问底,罗森便把埃迪的死讯告诉他们。结果,孩子们又煞有介事地讨论起这件事。也许,孩子们热切关注他人命运的那份认真激励了罗森。于是,他写下了这篇质朴的文字,既哀悼爱子,又慰藉自身,同时也将它献给所有哀痛过和哀痛着的人们。

在这本《伤心书》中,罗森一改他惯常的搞笑、幽默形象,将一个更加深沉、广阔的自己呈现在了大小读者面前。书中的他像一个虚弱的斗士,即便每一次追忆都意味着再一次直面悲痛、揭开创伤,但他仍旧去做,他要阻止绵亘无边的时空将他的内心风蚀为虚无的荒漠,他要不断与漠视、麻木、遗忘相对抗。这其中有无人可诉的凄凉,有独自无着的彷徨,但更多是解说"悲伤为何物"的个人体会。

在罗森的心目中,悲伤不是纯粹单一的情绪,它意味着愤怒、沮丧、无奈,它是铺天盖地的低气压,它逼人发狂,它可以捕获任何一个人,让人做出不体面的咄咄怪事。但是,罗森又下意识地向读者,特别是孩子们传递一种观念:悲伤不是哪一个人的过错,悲伤的人也绝不是一个坏人!相反,正是这种难以纾解的情绪,把一个喜欢搞怪的、自省自持的罗森,变成了深沉动人的诗人罗森。悲伤在他心中延展,无处不在,无时不在,牵动着追忆亲人的思绪。可即便如此,悲伤也不会彻底麻痹、阻塞人的心灵与感知,它也有清爽明亮的时刻,牵引出一道观照他人的深邃目光。

世事以伤心孤独的无常吻我,我回之珍重悲悯的人性光明。这本以一片至诚之心,向孩子袒露与剖白生命哀伤的书,实际上成了童心与悲伤瑕瑜互见的、世界最大的"安适隧道"——学会安住于痛苦,才会迎来真正的心灵光明。

童话桂冠诗人迈克尔·罗森在中国最为著名的绘本,莫过于令人捧腹大笑的《我们要去捉狗熊》(这也是我和米尼的大爱)。而同样享有"童话桂冠诗人"盛誉的昆廷·布莱克(他最出名的作品当属与罗尔德·达尔合作的一系列童话书插图)同样是享誉世界的幽默大师。这两位惯常为孩子带来最高级诙谐幽默的名家,以智慧之心,用最大的坦诚,向孩子讲述了人人必将面对的生命之无常,以及如何在这样那样的无常之中,重获温暖与力量。

为了更深入和孩子讨论伤心与重生,我选了两本同样极其高明的绘本作为《伤心书》的互文。

《春神跳舞的森林》说的是台湾邹族少年阿地在奶奶去世后,带着奶奶留给他的樱花瓣,和爸爸一起重回故乡阿里山。奇怪的是，那年的阿里山特别冷，本该开放的樱花也迟迟不见踪影。阿地在光秃秃的樱树下思念奶奶，一阵风吹来，手中的樱花瓣飞起来，带领他走进森林的迷雾中。阿地跟着花瓣拨开重重白雾，走过巨大的神木，终于体验到祖先过往的欢笑和悲伤，成为一个真正的邹族少年，并在动物朋友的帮助下，拯救了重病的樱花精灵，让春天回到了阿里山。

儿童成长史诗一样的文本与画面，揭示了个人痛苦与世界的关系。将对个人痛苦的理解，将最大的悲悯与关照，投射于广阔大地。万物回春，春神跳舞的森林意蕴着个体心灵上升到新的层次，孩子从无常、孤独、恐惧、怨恨、担忧中真正地得到自我力量的升腾，找到了对生与死的最好回答。

同样，获得凯迪克大奖的《讨厌黑夜的席奶奶》从另一个角度，用极其巧妙高明的方式，讨论了对待无常与痛苦的方式。

这个故事说的是：居然有人想赶走黑夜，这不是异想天开吗？席奶奶就是这样的人，她想了无数方法想"不要黑夜"，终究徒劳无功，甚至因此在白天累趴，错过了光明。书中巧妙地表现"恐惧和禁忌"的心理，很多孩子和大人都会碰到。在这里，黑夜代表着许多令人心烦、厌恶、害怕的所有所谓"负面事物"，但偏偏这些事物如黑夜一般，是人生必将面对的另一面。

《讨厌黑夜的席奶奶》的故事，是一个蕴含高深智慧的寓言。当人们用全身力气抵抗"恐惧和痛苦之物"，抵抗内心的禁忌，却依旧身处命运之长流,徒劳无功,也可能因此失去沐浴光明的时刻,也正是因此,学会安住在"不喜欢的状态"之中,是非常重要的学习。

如实承担起自己的幸与不幸,是每一个孩子,每一个成人的终身课业,也是人性之光最深层次的来源。

《伤心书》《春神跳舞的森林》《讨厌黑夜的席奶奶》
4—10岁 男女通读

童心与这个并不平静的世界

引导孩子在纷繁的信息与流言中坚持听见自己内心的声音。

早前在为"三五锄"幼儿园预科班准备"主题课程"的时候，我决定为他们开设一堂少有人尝试的课。这堂课的名字是：新闻讨论。

在此之前，我常有困惑：生在信息时代，是什么驱使我们不由自主去捕捉和流传那么多资讯？千百万里之外，一个卧倒在沙滩上，在颠沛流离中惨死的幼儿；几个虐待同伴的青春期少年；一个失败的科学实验……所有这些消息，归根到底和我们有什么关系？又或者，千百年前，一张写满符号的纸条、一个覆灭的王朝、一种灭绝的动物，所有这些，归根到底和我们又有什么关系？

我们这代人，生在静默的权威话语式的时代，等及我们盛年之时，却因由人工智能进入一个飞速迭的信息碎片化时代。我们的孩子，他们则是在信息碎片化、言论多样化时代出生成长的一代人。这个世界纷繁芜杂的信息，对他们到底意味着什么？

我想了很久，怯懦的时候，我也希望我所呈现的教育，是"去信息化的"。让他们一味成长在闭目塞听的所谓"个人性灵"之中，只听见自己，不需要听见世界。

但后来有一天，我翻看灾难纪录片，大量的即时消息、大量的面孔、剧烈的影像冲击了"我"。我突然意识到"信息"之于人心的两股力量——一方面，有些人孜孜以求得到所有的一手资讯，好像知道越多，对世界的了解与控制就越深，但这是个伪命题；另一方面，信息也带来利益，它让"我"和"世界"联结得更紧密，它"训练"了我,使我对世界的其他面向理解得更深切、更多元。

孩子生活在属于他们的时代里。作为引导人,我们要努力的,不是拒绝信息,而是引导他们在纷繁的信息与流言中坚持听见自己内心的声音,体会多层次的、互不遮蔽的感受,以爱和悲悯,去探视他们即将步入的这个世界。

这就是为"三五锄"幼儿园预科班孩子开设"新闻讨论课"的缘由。一开始,对和孩子讨论这个艰深多元的世界这件事,我们也心怀忐忑,但孩子用他们真挚且热烈的心,用他们的好奇和无畏带领着我们,让我们最终一起抵达属于人性的实相面前。

在"新闻讨论课"后,我开始重视那些和孩子讲述"当下世界发生的事情"的卓越绘本。这些绘本应该是真实不虚的、毫不掩饰的,但也需要理解孩童心理,能合理利用新闻分级,有高屋建瓴的感受力,同时开放结论,既洞察世事,又把话语权信任地交给孩子。

这样的绘本,举目四望,非常少,却不乏极其出色的。《烟雾弥漫的夜晚》就是这样一本顶级绘本。

美国当代著名的童书作家伊夫·邦廷(我准备收下她所有作品)根据"洛杉矶暴乱"的真实事件创作了这个故事。故事没有提及暴乱的起因,只是以一个男孩的视角,平静地描绘了暴乱的场面以及暴乱中邻里之间的体谅、宽容与关爱。

深夜里,睡梦中的丹尼尔和妈妈被浓浓的烟味惊醒了,他们逃离了正在他们公寓外进行的暴乱,来到了一个避难所。在避难所里,他们与之前从未交流过的邻居展开了交谈……

　　这个张力十足的故事里，画家的画面带着煽惑的气质，颇具力道。在翻开的对开画面里，背景为各式各样的材质如小布块、火柴、碎石砾等拼贴组合的照片，右页则是一幅幅丙烯颜料的画作，就像是由厚重窗框里所看出去的景物一样，并以霓虹灯般亮丽的色泽，来衬托书中这些多元文化的人物。跟这些画面形成强烈对比的是：整个故事是以相当平静的口吻来述说，纵使相邻的小区已经笼罩在一片恐怖混乱中，说故事的男孩仍在母亲的安全陪伴下，以孩童清澈的眼光注视着这一场暴乱。

　　让暴乱中的人愤怒的是什么？愤怒中还夹杂着他们的什么感受？人和人相处的纾解之道究竟在何处？作者用丰富的同理心与想象力探讨城市暴动的问题。虽然她并没有交代这场暴力事件发生的原因，却简洁地描述了暴民们的心理状态。故事的结局是一个重新的和解：不同族群的人也可以友好共处。

　　一个足以引起所有孩童恐惧的现实问题，被认真却不乏温柔地处理，成为极好的儿童新闻讨论题材。孩子，当这个世界纷纷扰扰，成年人深陷情绪之中时，你要怎么办？你要做什么？无论如何，听见自己，感受他人，坚持用你自己稚嫩却广阔的心看进世界最细微的深处。只有这样，世界的未来才有可能真正被改变。

　　《烟雾弥漫的夜晚》，让我感动至深的现实题材绘本，凯迪克金奖作品，请把它带到愿意和你谈论世界的孩子身边去。

《烟雾弥漫的夜晚》
5—7岁 男女通读

童话是孩童想象力的拐杖

人只有摆脱辅助的力量,才能实现彻底的思想自由。

对成人来说，"三五锄"幼儿园的戏剧课总是触目惊心得惨不忍睹。不是说孩子们不爱演，他们总是非常用力、非常认真地演自己想演的故事，结果就是，所有故事都被折腾得死去活来。

孩子们的戏剧课剧本，就是他们听过的童话和神话。有一回（肯定不是最超现实的一回）戏剧课上，女孩们要演《睡美人》，男孩想演《骑士与龙》。本着少数服从多数的原则，"睡美人"戏剧开场了，女孩们齐刷刷闭目躺在地上，争着演女主角。当老师的旁白说到"王子走向睡着的公主，需要他的一个吻，沉睡百年的咒语才会被破解……"时——男孩还兀自沉浸在"我想演骑士呀，我现在在去杀龙的路上"之幻想里，久久没有照着情感剧的桥段演下去。女孩们等烦了，从昏睡中蹿起来，压住男孩一阵乱亲，怀着"魔法被打破了"的被解救之欢欣，扬长而去上舞蹈课了，只剩下男孩摸索着掉在地上的"杀龙武器"，狼狈地重整兵马，带着一队更小的男孩继续去杀龙。

他们聚在一起，还经常讨论起诸如"长发公主的头发那么长，要怎么洗？""睡美人一百年没刷牙！她会有蛀牙吗？"这样的问题。

那些被成人认为一成不变的童话，在纯儿童的语境中经常被改写——即使不是在游戏语境下、生活细节语境下被改写，也会在与潜意识的自我对话中被改写。这不仅是孩子擅长做的事，实际上，在我们的一生中，我们总是在与过去的自己、过去听闻的故事形成对话。遵循它、反驳它、改写它，最后，形成独一无二的自己。

我们说的童话叙事，就是利用原有已知的故事，重新组合塑造自己生命故事的心理辅助方式。在童话叙事课上，"三五锄"幼儿园的孩子，经由得到，然后打破童话，曾告诉过我许多令我深受感动的生命故事。让我看到，并深深相信，这些灵魂是多么富有想象力，多么自由、善良与真实。

如果我们的孩子对最经典、最源远流长的那些故事，如数家珍、敬如神明——那当然是很好的，他们最初的幻想王国依此而立，但不是最好的事。

智者告诉我们，要达到智慧的彼岸，务必要借助舟楫。可是，舟楫只能让你靠近目标。要实现登岛，最终必须打破舟楫。

要邂逅自由、真实的灵魂，我们和孩子都需要意识到，所有文本都存在一体两面。一方面是已知的、珍贵的智慧财富；另一方面，是未知的，你可以去探索和创造的无尽空间。只有你全面获得智慧的两面性，你才可能得到自如运用智慧的——你自己。

因此，我一直在寻找童话重叙文本，希望通过好的童话重叙故事，开启更多家庭"童话讨论""以童话为基础再度发挥想象"的珍贵之旅。

除了之前说的《爱打岔的小鸡》《走进森林》《三只小猪》等若干经典绘本外，这套"永远永远永远乐观的七只小矮熊"系列故事应该算目前我所见最多元、最丰富的、颠覆经典、重构新式想象的童话绘本之书。

这是一套能让孩子认识经典又开心乐哈哈的爆笑故事，在法国家喻户晓，备受家长和老师推荐。安古兰漫画大奖得主埃米尔·布拉沃先生以"七只小矮熊"为主角，创造了一系列发生在森林深处的神奇"新"故事！之所以说神奇，是因为故事除围绕小矮熊展开外，还有孩子们熟悉的白雪公主、睡美人、灰姑娘、各种王子、三只小猪、蓝胡子、驴皮等等。这些经典形象的陆续到来打乱了小矮熊原本平静的生活：睡美人成了麻烦无比的女巨人，白雪公主也分不清自己是公主还是女佣，还有穿保暖靴的猫、戴保暖帽的小红帽……在故事里，他们统统被赋予了现代特点。埃米尔先生用诙谐幽默的口吻再叙了童话中的经典情节，这些情节与现代社会的冲突，以及别具一格的小矮熊视角，亲切又立体，孩子们一定会享受其中，哈哈大笑。

七只住在森林里、一心想过好小日子的小矮熊，被接踵而至、麻烦多多的公主、王子、巫婆、孩子们、小动物和魔法师们打乱了生活，展开了一段又一段让人爆笑的奇遇。这些小矮熊，正是我们的孩子。这套引导和鼓励他们打破童话之形式边界，深入想象自己与童话人物内在联系的书，和他们所得到的经典童话形成互文，极大地拓宽了他们对故事的感知和理解能力，给予他们想象力更深层次的自由度。

我们和孩子一样需要这样的幻想精绝的绘本，去打破成见，去遇见自己。

"永远永远永远乐观的七只小矮熊"系列(全四册)
5—7岁 男女通读

打开幻想王国的涂鸦大片

所有「对外界的拯救」归根到底,都是一场长途跋涉的「自我救赎」。

四五岁后,很多孩子沉浸于涂鸦叙事之中,他们花大段大段的时间画画,并急切地想告诉你他们画的是什么,并且这些画能改变世界。有一些非常顶级的童书在呼应他们这样一种"沉醉"其中的阶段性爱好,如约翰逊的"阿罗有支彩色笔"系列,安东尼·布朗的"捉小熊"系列,以及卡尔维诺的"生气的画画"系列。

这些绘本中,孩子(或指代孩子的"小熊")手持画笔,面对困难、挫折和疑问,不断涂鸦出一幅又一幅图案的形象令人印象深刻,而这就是奋勇朝向世界与人生的"童心精神"最好的折射。

这一主题系列童书里,有一本特别亮眼的绘本。这本凯迪克大奖作品引进版在国内同样好评如潮,一举拿下当年最美童书、大众喜爱的50种图书等多项大奖,并一度跃居童书榜榜首。

《不可思议的旅程》讲述了一个拿着红色画笔的小女孩的精神之旅。在无所事事的现实生活中,借由涂鸦,她挺进想象王国,在幻想的"拯救行动"里寻找自我存在的意义与力量。

和米尼读了这个故事后,他仿效书里的内容,找了一只红色的水彩笔,欢快地在我们床头画了个门,导致我家进行二手房交易时房价下挫几个百分点——在写这段话时我含泪微笑着,听到自己内心滴血的声音。

后来,《不可思议的旅程》出了续集——《不可思议的旅程彩虹国度》,整个故事架构更丰满、更多元,有更多冲突,同时也包含更多的隐喻。不可思议的旅程还在继续,拿红色画笔的女孩和拿紫色画笔的男孩在桥洞下躲雨,一位国王突然从开启的神秘之门出现,匆匆递给他们一支画笔和一张地图后便被一队士兵抓走。女孩和男孩重返神奇的国度,揭开地图的秘密,营救了国王……

神秘的魔法门,精巧的城堡,士兵的迷你战船,海底文明和脆弱摇摆的吊桥,国王与神秘飞鸟……作者艾伦·贝克尔以其精湛的电影动画设计功底,站在前辈肩膀上,为孩子们缔造了一个前所未有的充满细节和悬念、恢宏广大、无远弗届的想象力王国。

几乎每个沉浸于涂鸦叙事的孩子都能感受到这套书强大的视觉语言魔力。但在我看来,这不是最重要的,最重要的是,在这样一个顶级绘者一手创立的想象王国里,孩子并非无所作为的看客。他们同样可以拿起画笔,学习用创造性解决问题的方式,参与这整个心灵世界的蝶变。

"拯救"是这场"不可思议旅程"的主题,而所有"对外界的拯救"归根到底,都是一场长途跋涉的"自我救赎"。孩子在拼图式的、移步换景的历险中看见自己在想象世界无限的能力,最后,国王授予他们的王冠,也暗喻了他们已经成长为自己的"心灵之王"。

和孩子一起共读这套书,让他们拿着画笔,画出面对横亘在他们面前每一个危险的答案,是这套书令人惊喜的馈赠。

《不可思议的旅程》《不可思议的旅程 彩虹国度》
5—7岁 男女通读

让无数人生投射于己身

我们听闻苦难是为了在无常面前,珍惜自己所有。

当代儿童心理学的推广让父母们充分认识到,幼童在三岁之前,由于大脑神经元尚未充分发展,他们多半只能从自己的感受出发,理解整个世界。也就是说,人之初,都只是"利己主义者"。也正因此,持续引导孩子,以正向方式感受他者,是引导他们怀抱更健康、更积极的态度进入世界的能源箱。

以我之见,与0-6岁幼童谈论他人,有两个很好的契机点。3岁前后,孩子步入社交期,又被自己情绪大量梗阻时,与他们大量共情"你的感受""别人的感受",是拓宽他们情绪观照的好办法。而5岁之后,当孩子们开始萌生"我为什么是我,而不是别人"这样富有哲学意味的个体意识时,与他们讲述"他人的人生""他人的经历",是对幼童而言极好的心性修习。在人生起源之时,听取各式各样他人的故事,使他们更多元地完成自我选择,自我确立,也会对各种各样人之一生投射更多层次的理解、悲悯与同情。

是的,遑论幼童,一个人对人生的思考,如果不是由自己的经历出发,就一定基于所目睹、所听闻的各种人之经历。在黑塞的《悉达多》里,佛(自觉自悟的人)就是因为看到他人的生老病死,而走上证悟之路。

我非常赞同人在童年、青少年时期,应该多读人物传记的说法。在"三五锄"幼儿园预科班历史课里,我的历史讨论课里,我们也从历史人物命运开始,挨个带领5-7岁的孩子去拜访千万年以来英雄帝王、平凡百姓的命运。把千百年的时间,无数人的命运和思索投射于己身，去成为他们，去感受他们，去承认或者否认他们。孩子们会在这个过程中，完成对自己未来极有助力的思考。

但是，我们也必须看到，针对儿童的好的传记文字、传记绘本并不多。在介绍《我有一个梦想》时我说过，现在市面上流行的所谓"儿童人物传记绘本"多半秉承某些可笑的定律：首先，人物人生要足够悲惨（似乎悲惨就是伟大的逆袭词）；其次，他们做出的选择要足够惊世骇俗、灭人伦存天理（比如，一家人全得了重病，留下一个孩子放弃自己学业每天打工赚钱养家）；再次，这样悲剧性的故事必须有一个更为悲剧性的后果（比如，这个孩子后来遇到车祸）。结论是大家必须学习这样的人生。

一路"撒狗血"的，充满教育意味的"人物传记"暗含着重大的危险：它们让涉世未深的孩子感受不到人生的尊严和希望，而错以为人生是充满恐怖危险的。它们充溢着"童年无法承受之重"，孩子们往往评判自己"不可能成为故事里的人"，因此更轻易，甚至更叛逆地放弃自己朝向臻美的努力。

虽然不是每个人都有望成为茨威格、毛姆、罗曼·罗兰诸如此类最顶级、最卓越的传记大师。但是，我们必须深深地知道，好的人物传记故事，必须是平等的，是充满希望的，是在任何时候都让你有所得的，是让每个人因为生而为人会心微笑或感动流泪的故事，是一曲由个体写出的生命乐章。而且没有那些恐怖的、恶心的、令人畏惧、充满市侩博弈意味的气息。这样专门针对幼童的传记故事很好，但要有非常卓越的故事存在。

一年初秋，我们全家坐了很远的车，一起去泡温泉。在路上爸爸很随便地对我说："哎呀，我的眼睛都看不清了。"据说，之前他也漫不经心地对妈妈说过这样的话，但因为他的态度太不在意了，平时状态一直都自理得非常好，家人都没往心里去。

那天我很认真地给他做了点简单的视力检测，发现他的左眼视力的确很糟糕。爸爸已经听力全无，短时记忆一直没有完全恢复，如果眼睛再看不见该怎么办呢？一时之间，我沉浸在非常大的痛苦与自责之中，全身发抖。反而是爸爸一直用他平素开朗平常的态度安慰我，说："没关系啦，又不是什么大事。"

那次全家出游，像每一次全家出游一样，我们玩得非常开心。在爸爸和大家一起开心嬉水玩闹，一起哈哈大笑着大吃大喝时，我总是看着他，惊异地想：原来岁月和无常可以夺走一个人那么多东西，夺走年纪、夺走容貌、夺走记忆、夺走感觉，最后全部夺走。可是，也总有什么，固若金汤，永不丧失。

在让我们恐惧的未来里，爱与尊严深深慰藉了我。

因为怕爸爸失聪后又失明，第二天我便联系医院带爸爸去做深入的眼部检查，最终发现是拖延了许久的白内障。所幸经过手术，很快痊愈。

在"三五锄"预科班"为什么要成为大自然的孩子"讨论课的

最后,我以个人经历的方式跟孩子们分享了"我爸爸的故事"。

当时,为了说明电脑智能全然无法代替人的真实感受,我们先展示了电脑上的鲜花、贝壳、水果与风铃,再把真实的、带着自然气息的鲜花、贝壳、水果和风铃带到孩子面前。

当孩子们听着微风吹响的风铃,嗅着海洋味道的贝壳,咬开鲜嫩的果子,沉浸在花香里时,我和他们说了"带着耳蜗的我爸爸的故事"。

"我非常感谢科学智能时代。这个时代,一个身有残疾的人,会通过人工智能得到很好的身体补偿。"我向他们详细解释这些事的同时,也引导孩子们捂着耳朵或蒙着眼睛,感受身体功能缺失的感觉。

"我爸爸后来装了人工耳蜗,开始学习让耳朵不再完全安静。"我停了停。孩子们看着我,教室里非常、非常安静。我尽力用最平静的语气并微笑着说完下面的话,我说:"可是,我想,他愿意付出所有代价,亲耳听见米尼喊他一声'爷爷'。"

孩子们非常非常安静,用黑澄澄的眼睛看着我。那堂课下来,没有孩子为"手机阿姨""IPAD 保姆"投上一票,大自然和真实感受获得百分之一百的支持率。也就是在那一天,我看到了《海伦的大世界》。我坐在楼梯上,一大堆书里,打开它,流下眼泪。

过去的、崭新的、我所经历和听闻的人生,所有死去的、不死的、刚萌发的人生都覆盖在我身上,给我勇气。

说这些，我的意思并不是说，经过我家这件事我更理解海伦·凯勒，而是说"强烈的代入感"是每个孩子与生俱来的魔法，而"代入感"通向的，就是"理解力、共情力"。充分的理解与共情能力，就是我们所说的"高感知，高情商"。

在人生启蒙之初，蛰伏在那些漫长的、永不停息思考的卓越人生中去选择和听闻，是他们喜爱又有力的修习。这一次，我不仅选择了海伦·凯勒，还选择了狄更斯。

我十岁开始读狄更斯。在"勇读者"的书架上，也有狄更斯的小说。狄更斯是一个受童年影响至深的作家。然而，我总是在想，这个时代，还有孩子愿意读狄更斯吗？还有孩子愿意听闻，在童工市场上苦苦挣扎，在狰狞际遇中望向自己"远大前程"的童年故事吗？

毕竟，我们听闻苦难，并不是为了让自己显得高高在上，而是为了在无常面前，珍惜自己所有。

《海伦的大世界》《查尔斯·狄更斯：追逐梦想的男孩》
5—8岁 男女通读

好桥梁会通向自己的路

好的桥梁书是孩子自主阅读能力重要的通关训练。

做家庭阅读跟踪非常有意思的一件事,是孩子们一刻不停地反驳我、打破我。他们是我的对手和同伴。

在我的孩子进入认字狂热期之前,桥梁书对我们的意义不大。我和所有人对"桥梁书"的认识并无二致——桥梁书,"亲子共读"转入"独立阅读"的过渡读物。它们的共同特点是:文字都在1万字以内,页数不超过100页,文图比例约为1:1或者1:2,文字浅显易懂,句型简短简单,故事兼具趣味性和文学性,又能深入孩子心里,很容易一口气读完。

理论如上,看起来很简单,以至于我也一度认为桥梁书的选择很简单。

最近两年,以"桥梁书"为标签的读物在图书市场上多了起来。我的孩子进入认字敏感期后,我们一本一本读过去,以耳鬓厮磨的方式读,以日日夜夜的方式读,以妈妈和孩子最贴身的交流读,开始读出一些额外的门道。

5-7岁,共读与自读频率几乎相等(或者共读频率高于自读)的孩子,他们把关注点从图画中抽离出来,一点一点过渡到"读字",这个过程,就好像带着他们看"字幕组电影"。每一格定帧,孩子需要花很多时间去消磨图像和文字——然后,他们还要做一个非常重要的工作,即将两者融会贯通。

在这种情况下,好的桥梁书必须学会讲非常好的、情节较少突进、细腻平和的故事。因为:第一,就像好的电视节目才有高点击率一样，只有优秀的故事能留住孩子自己翻阅。第二，孩子们在图文的转换之中捉襟见肘，太过跳跃的情节会耗费他们的精力，容易使其受挫。第三，细节丰富的故事，用每一句话把孩子留在图文的当下（这点非常重要，在我看来，是判断好的桥梁书极其重要的标准）。充分运用这一点优势的好桥梁书，哪怕孩子一开始不能一次性阅读完，每一次阅读，每一页阅读，每一段阅读都是他们非常有益的习得。第四，好的桥梁书重视小段落故事，也重视良好的系统和框架。它必定有简单又凝练的主要人物、主要场景，又有非常开放的衍生情节。孩子们像在看让他们熟悉的多幕剧一样。阅读的孩子们可以把他们一次一次练习的收益投入到下次练习之中，在"我认得这个故事"的安全感里，一点一点地"蚕食"整个故事系统，最终得到最重要的胜利。

一套好的桥梁书，就是孩子们自主阅读能力一次非常重要的通关训练。

以上是我们说的桥梁书的系统结构。在遣词造句上，桥梁书也有非常细腻地指引孩子并避免孩子行差踏错的方法，节奏上多有重复，语句上多有重复词语，句式短小，文图相交。这样的文本，也在推动孩子朝"我能自己阅读"的路上前进。

在我看来，"老鼠和鼹鼠"就是一套颇为出色的桥梁书。一对可爱的邻居——老鼠和鼹鼠，一个住楼上，一个住楼下，它们成天待在一起，来来往往，热热闹闹。都在干什么呢？其实，什么也没干啊。因为,无非是些"毫无意义"的事情,各种玩耍而已。

于是,孩子们面前展开了老鼠和鼹鼠生活的"3D场景"。它们一起画画,一起买衣服缝衣服,一起打扫房间做家务,一起去看表演,一起在冬天里滑雪。作为"男孩"的老鼠和作为"女孩"的鼹鼠有不同的习性和想法,这样在日常琐事中呈现和演变的友谊,就这样不完美地、磕磕绊绊地,却又令人会心微笑地朝未来走去。

该系列作品曾获得美国苏斯博士奖银奖、美国欧本汉玩具系列金奖。一地鸡毛又有趣可爱的老鼠与鼹鼠之一天,温柔光明的好桥梁书。

"老鼠和鼹鼠"系列(全五册)
5—8岁 男女通读

爱是有边界之物

把痛苦的真相包裹在爱的温柔里，讲述给孩子听。

我说过,在"勇读者"的选书中,那些勇于用最高级智慧,引导孩子看到世间真相的书,无论多么曲高和寡,都会在这里受到最高的礼遇。

孩子需要爱,需要美,需要体恤,需要知识的引导,需要丰富且优雅的幽默——但光有这些还不够,生而为人,他们有权去关照、去理解世间真相。

时移事易,即使作为资浅父母,我们都早已知道"世间真相"蕴含着多少无常与惊怖。所以那些筚路蓝缕、开启孩子们的勇气,却同时源源不断馈赠于爱的加持——这样的书、最好的书是我最乐于谈论的。

这次,我们要说的,就是这样的两套书。

在我看来,《女王吉瑟拉》不啻孩童版的《少年 Pi 的奇幻漂流》。虽然是绘本,但它所呈现的,是一个复杂的,角度极其独特、叙事巧夺天工的文本故事。

这是一个"中国套娃式"的故事。爸爸带"我"去海边度假,在那里,爸爸给"我"讲了一个故事,一连讲了七个晚上。

这个故事说的是:从前,有一个名叫吉瑟拉的小姑娘。在一次海难中,她侥幸生还,漂流到了一个小岛上,在那里遇见一群会说话的灰沼狸。友善的灰沼狸为吉瑟拉准备美食和房子,陪她玩耍,尽力满足她所有的要求。可吉瑟拉并不满意,她懒惰、任性,她的要求越来越无理,甚至当起了灰沼狸家族的女王,向灰沼狸索要它们的毛皮。最后,灰沼狸忍无可忍,设计集体放逐了她……

整本绘本像一个悠远、神秘、充满矛盾的,儿童版的人性大片。显然,这个故事可以理解为写给现实中那些贪爱的、任性的"小皇帝""小女王"们的警示故事。但这本书是温暖有爱的,它没有把"女王吉瑟拉被灰沼狸集体放逐,永远漂泊在大海上"作为结尾。这个结尾对孩子来说太毛骨悚然,太有教导意味了。作者的结尾是,听了这个故事的女孩度过了她有生以来最美好的假期,她回了家(而且显得更懂感恩与尊重了)。这样的结尾,把"女王吉瑟拉"和"我"拉开距离,把对"女王吉瑟拉"的评论权还给了孩子自己。

从更深层次来说,《女王吉瑟拉》和孩子讨论了永恒的人性,讨论了人与自然、种族与种族之间的界限和索取。这是一本越读越宽阔的、极其高级的绘本。从某个角度上说,《少年 Pi 的奇幻漂流》《鲁滨逊漂流记》《蝇王》《女王吉瑟拉》是我读过并愿意推荐给孩子的,最好的荒岛求生之书。

很多孩子,或者说我们大部分人都认为,最幸福的事,就是他人无限制的爱。《女王吉瑟拉》之中蕴含着对我们每个人而言堪称警示的"真相",即爱是有边界之物。

这样温柔而深沉的警示,是沉溺于爱中的每个孩子所需要的醍醐灌顶。

与《女王吉瑟拉》同样赞誉等身的《布罗卡街童话故事集》,是我近年来最爱的童话故事书之一。

© "三五锄"幼儿园

作者皮埃尔·格里帕里的妈妈是个理发师兼通灵师（太酷了！不是吗？），爸爸是个工程师，父母均在"二战"时过世。可以想见，皮埃尔的童年，充满了市井琐碎、神幻想象，充满了哀伤与热烈。他早年坎坷，却终因卓越的文学才华而享誉法国文坛，其作品风格独特，被认为是"法国新童话的崛起"。

我非常非常爱《布罗卡街童话故事集》，经常翻看。这个童话集有五六岁孩子就可以轻易捕捉到的，非常现代同时非常传统的叙事节奏。叙事线索紧张奇趣，即使是被"电视图像叙事"娇宠过的新一代，也会被紧锣密鼓、跌宕起伏、开阔细密的情节深深吸引。

皮埃尔在这本故事集的开篇说，这本童话集是在他和孩子讲故事的过程中产生的。很多伟大且温柔的灵感来自于孩子的贡献。也许正因为此，我们读这部童话时，可以交汇感受到作者"正在讲述"的节奏和魅力。那些让孩子"瞪大眼睛""屏住呼吸""松一口气""手舞足蹈""哈哈大笑"的节奏，在故事被创作与故事被流传的当下并行着。

在《布罗卡街童话故事集》里，每一个故事都蕴含极其高深的幽默、最坦诚的真相，以及痛苦。然而，这样的痛苦，对孩子来说，就好像包裹在香喷喷的面包里的那一点肉松馅。孩子们品尝到它，知道生死无常，知道颠沛流离，知道孤独隔绝，知道分离与邪恶，知道这些事在世间是的的确确存在的。

但他们仅仅通过高妙的故事浅尝了这些痛苦，这些故事里的爱与想象包裹着他们,使他们不失于惊悸,使他们安然着陆于光明的想象之中;使他们经此一世的勇气,都得以在幼年时,通过爱与自信,通过无边的想象力得以集结。

《女王吉瑟拉》《布罗卡街童话故事集》
5—12岁 男女通读

童话的背后是北风的背后

童年一样有悲观失望、愤怒、恐惧,一样有秘密,有作恶的快感。

我非常非常喜欢童话。然而,在成长的某一段时间,我和童话之间产生了巨大的沟壑。我误认为哪怕最智慧的童话,都埋藏着恶意的吓唬、无端的恐惧,埋藏着诱人走向歧途的血腥和犯罪。

那段时日,我不得不在心里嗤笑着童年的我,和那段如传说故事一般万物有灵的岁月告别。有幸跟随孩子,并逐渐深入了解叙事疗愈与童话结构后,我回到最初的"相信"里,聆听到童话与心灵深处最隐秘却最协调的和弦。

这次我们要说的,是各时代最有智慧的心灵为孩子们写就的那些美妙童话。从表层意义上看,它们同样涉及幽冥恐怖、调皮捣蛋、黑暗和诱惑、血腥和威胁、孩子的恶意。然而,从深层次看,智者呼唤与指引孩子走向另一条隐藏之路,在那条路上,孩子被鼓舞着面对心灵与人生的真相,面对那些潜伏在童心之中,被隐隐忧惧着,被潜意识无限放大着,被囫囵吞枣地理解着,被自己和他人规避着,却又因生而为人,必定随身携带的负面情绪。

孩子同样在面对这些问题,面对自己是善是恶的界定,面对自己负面情绪的压力,面对生与死的困惑……童话故事是他们内心的投射,是他们演练面对恐惧、面对嫉妒、面对自我的恶、面对所有"不符合社会规范的自我",接纳自己,接纳错误,理解他人,并始终相信万物有灵、世界有光的一条最重要的出路。

幻想世界,蕴藏着一个人(无论他有多大,什么背景,来自哪里)内心的自我救赎,内心那一点生生不息的希望。童话是一个人最初的幻想王国的不动基石。

"为什么要在童年期,就给孩子们读这些'蕴藏黑暗'的故事呢?"有些人依然会尖利地问。"给他们读充满阳光、温暖、爱和文明礼仪的故事不好吗?"我还遇到过这样的问题。"估计你的孩子是因为读了太多黑暗,才会有负面情绪吧!"还有这样的揣测。

然而当代快速发展的儿童心理学已经让我们知道,即使是孩子,内心都不是扁平化的。或者说,童年并非无忧无虑、充满快乐的。成长力量下,一样有悲观失望、愤怒、恐惧,一样有秘密,有作恶的快感。

不接纳"我和我的孩子都有完整的心灵,有正常人的七情六欲",一味要求"光明勇敢的孩子",是带着强烈的精英偏执,去要求自然而然的人性。

没有寒冬的掩埋,没有黑暗的挤压,没有春雨中的破土,花草和树木就没有力量朝向蓝天。陪伴和等待孩子生命中"令大人恐惧、不安、焦灼的负面情绪期",是学习理解人、接纳人,理解自己,接纳自己重要的部分。

小时候,我很幸运地"得到"一个童话,这个童话是"苏格兰童话之王"麦克唐纳写就的,它叫《北风的背后》。

这个童话,历经岁月,它的枝繁叶茂已被我遗忘,唯一记得那一点情节主干,却像种子一样,深深根植于我的心灵——小钻石生活在一个现实与幻想交织在一起的世界,北风对别人来说冷酷而威严、无形无声，可在小钻石眼中北风却是一个温柔如母亲，善良而博大的女性。夜晚，北风有时会来看望小钻石，带它去各处旅行，最远甚至差点到达北风的背后。北风的背后宁静、美丽而神奇，那里的人们互相理解，和平相处。小钻石在与北风的对话中，思考着许多人生的哲理。它逐渐明白：美是相对的，两种相反的禀性也许存在于同一个人身上，对美的东西不要盲目追随。比如：在咒骂小孩的保姆眼中，北风是一只凶恶的狼；对于沉船上的人而言，北风意味着巨大的灾难；可在小钻石眼中，北风一直是一个亲切的、可信的朋友，甚至最后它终于去了北风的背后，不再回到人世。

我非常非常爱这个故事。直到现在，当在做个案访谈的时候，我还经常引用这个故事。我用这个故事，去告诉目睹过孩子"负面情绪"因而焦灼失望、忧惧不安的父母。

不要害怕，要看到"北风背后"的东西，要去理解呼啸磅礴、令人担忧的心性迷障背后，湛蓝而慈悲的、人人皆有的宁静。相信北风背后的世界，就是相信如天地初开一般的童心世界。

《北风的背后》
5—99 岁 男女通读

对人性与童心的最大祝福

最高明的童话都蕴含着坦率的痛苦和失去,而不仅仅是苍白的欢笑。

很多年后，我才明白我对童话念念不忘的原因。那些故事里，潜藏着另一个我。我说的，不是某个脱离现实、只着迷于梦幻、唯我独尊的"公主王子病幻想症"，而是生机勃勃的、毫不掩饰内心搏杀之声的、勇敢向灵魂腹地挺进、百折不挠，在广袤的幻想王国自立为王，充溢着人性自豪之光的我。

或者说，我所知道的，最猛烈的、最凶险的、最孤独的，也是最得到天启，赢得普天祝愿的冒险之旅——已经在童年之时，经由童话，在幻想之中被我自己经历过了。

卓越的童话，是埋藏在时光里，对人性与童心最大的祝福。我有幸看过许多现存于世最高明的童话——当我的孩子们问我的时候，我总是这样说。这样的语调，让我看起来有点像苍老（却依然美貌）的巫婆。我挺愿意他日孩子们回忆起我，想起的形象是这个样子。

不讳言地说，在这样的工业化时代，会生产"高明童话"的驻世魔法师已经不多了。绝大部分生产出震撼人心之童话的魔法师，因其作品得窥人性，从此驾鹤西去，再也不愿回来。留下来的所谓蹩脚的、令人恼怒的"假魔法师"们，用媚俗的形象、边角料来填充和堆积"童话"，维系表面上歌舞升平的世界。由浅薄心灵锻造出来的"童话"失去真正的魔力，只是像糖果一样的安慰剂。想到这个，就让人既恶心又痛苦。

那些最高明的童话，它们本身对孩子而言，就是殊胜的心灵疗愈过程。它们都蕴含着坦率的痛苦和失去,而不仅仅是苍白的欢笑;它们是多元的世界之门,而不是言论的狭窄入口;它们蕴藏着"你可以决定你自己"的温柔哲理,而不是"你必须听我的"的武断道理;它们是身经百战的智慧桂冠,而不是工业流水线的急就章。

这次要跟大家说的,就是这样两本非常静默,又非常惊艳的童话书。

《银色的独角兽》是我们记忆里那种薄薄的、平装的、短促又寓意绵长的童话书,很便宜,我把它从一大堆倨傲且昂贵的童书堆里捞出来时,它一副单薄且可怜兮兮的样子。

它照旧是从童话母题入手展开的现代童话故事:国王为初生的公主大摆庆典,却忘记请某位法力高强的仙女。仙女来到宴会现场,诅咒国王的王国会倾颓,除非小公主他日长大,带着一只银色独角兽到她的仙岛,咒语才会解除。

这个故事的开头,暗喻着整个世界的内心失衡。"国王"(过去心灵世界的主宰者)迷恋于物质世界,迷恋声名、权势、吃喝,使整个世界远离了幻想与精神(法力高强的仙女)。失衡的内心失去了快乐,甚至痛失所爱(朋友离散、妻子死亡),内心失衡带来形单影只的痛苦,物质世界也随之倾覆。

童话故事继续下去,国王日复一日派人寻找银色独角兽,仙兽渺无影踪,王国几近覆灭。公主在这样的情况下独自生长着,她的朋友是城堡外的磨坊主儿子。因为友情，她给了男孩一个代表誓言的石头，于是银色独角兽自己出现，走到了公主面前。

在这里，是什么让故事有了推进下去的力量？"银色的独角兽"所暗喻着的"如神迹一般的希望"是因为有"爱和承诺"才出现的。心灵自发拯救的希望，在于感受到爱。

公主和磨坊主的儿子带着银色独角兽，经历千难万险，去往仙女的仙岛。在寻找仙女的路上，他们遇到巨人和野兽、骑士和强盗、星象师和魔术师……一系列希望控制心灵和希望解放心灵的象征物络绎出现，"自我"在漫长的征途成长，直到抵达阶段性的目的地。

公主、男孩和银色独角兽在仙岛上和仙女的对话与选择是全书的最高潮。仙女想留下银色独角兽，她对公主和男孩许下重重诺言，并在他们最后拒绝时把他们变成别的动物。

这样激烈的交锋恰恰说明了"爱与承诺"的根本性质。它们与心灵世界休戚相关，却又不脱离现实世界，它们是一颗心不能封锁的普世之物。只有遵循这一真理，现实世界与心灵世界才能重新合二为一，失衡状态重新回到平衡之中，人们才能找到真正的、属于自己的幸福和快乐。

《银色的独角兽》是一部蕴含哲理，满篇锦翠名言的童话。非常简单，却充满了德国式寓言的深厚之美。我被它深深打动。

第二本书《被遗忘的公主》，是极其别出心裁的故事。

我和孩子们曾经讨论过莴苣公主，讨论高塔上的她，头发那么长，怎么洗头，头发会不会很脏，巫婆和王子攀着她的头发朝上爬的时候，她会不会疼……虽然这样的讨论挺费脑细胞，但我们都会因为这样脑洞大开的讨论哈哈大笑。

诚然，"公主王子"是孩子心灵向往美、向往勇气和独立的意象。然而，美、勇气、独立并不需要永久地依附于某一些意象之上，才能在你内心扎根开花。用你的幻想，也用你现实的眼睛去看你的心灵，你的心灵就永不失衡。

你听说过白雪公主、睡美人或长发公主的故事，但还有许许多多公主的奇妙故事，藏在这里。你见过最美丽的马杜芙公主吗？你有幸碰见过中国蜉蝣公主吗？你经历过话多要死公主的说话轰炸吗？也许你曾经在暗夜里与夜公主擦身而过？还有四分之一月亮公主、多雷米公主、青蛙公主、逢啪塌碰公主……许许多多公主，隐身在深宫高塔之中，因为藏得隐秘，就逐渐被人们遗忘了……你知道亲吻青蛙的诀窍吗？你知道如何让公主闭嘴吗？你知道如何分辨真正的公主和瓜地马拉山猫吗？哪些宠物最适合公主的身份？公主为什么需要扇子、石头、高塔、赌气小客厅？这些重要的知识和信息，都随着被遗忘的公主们而隐没……

现在，这本书能重新打开故事的大门，把有关公主被遗忘的一切全部唤醒，让我们随时随地都能欣赏公主、与公主共舞。还有，最重要的一点——做一个真正的公主。

这本书还含有以下内容：

实用指南：关于分辨公主、让公主闭嘴……的技巧与诀窍等实用信息。

公主心理测验：专为真正的公主设计的测验，请小心使用，可能有引发不快事件的风险。

主题词：为了避免误会，了解公主常用的字眼或表达词汇是必要的。

我喜欢这本古灵精怪、妙趣横生、精美无比的书，喜欢书里讲述的35个"奇形怪状"公主的故事。这些故事并非仅仅为女孩而设，也为观察着女孩的男孩而设。一起读它，一起讨论你们认识的女孩（或你们自己），讨论梦想与现实，会是非常奇妙的体验。

《银色的独角兽》《被遗忘的公主》
5—99岁 男女通读

孩子的天与地、人与神

世界是有待于用爱去接触、面对、学习和战斗的对象。

我小时候非常爱听神话故事,当时我相信所有神灵都是存在的,只要他们在故事里流传过,我就相信他们法力无边。

我还记得一件小事。不知道谁,和我说起盘古开天辟地。那人说:"盘古本来睡在一片混沌中。""混沌是什么样子呢?"非常非常小的我不停地问。人家就告诉我:"就是没打破的鸡蛋那样!"

之后很多年,我一直觉得生鸡蛋里住着一个没穿衣服的男人(至于"没穿衣服"这事不知道是别人告诉我的,还是我自己想象的)。每次打破鸡蛋,都会听到脑袋里有个地方如释重负地松了一口气,提醒自己说:"啊!没有人。"

从什么时候开始,我开始不相信神话呢?只记得离开学校那会儿,我还是相信这些的。坐在北京的公交车上看《牧羊少年奇幻之旅》,穷得口袋里只剩几块钱。但看到书上说"当你找到自己的天命,整个宇宙都会协力使你实现自己的愿望""畏惧忍受痛苦比忍受痛苦本身更加糟糕,没有一个心灵在追寻它的梦想时会忍受痛苦"时,就擦着眼泪笑起来。那时候的我深深地、毫无畏惧地相信着神话世界和魔法王国。

米尼很小的时候,有一次我们全家去爬山,路遇小庙,留待吃斋菜。大人在走来走去端碗倒水,米尼在大殿里探头探脑,兀自嘻嘻嘻嘻地笑。我走到他身边。他拉了拉我,指了指神像问:"妈妈,这是谁呀?""哦,"我说,"这是韦陀。"他捧着肚子笑,说:"刚才我和韦陀玩捉迷藏呢。""啊?"我指了指蒲团,说,"捉迷藏很好玩,不过你也可以像那边的大人那样,跪在蒲团上,和神佛说说你的心愿呀。"他看了看四周,眼里闪着雀跃的光,然后像大家一样跪下去,双手合十,对着佛像大声唱了首歌。

三岁出头,米尼第一次看动画片《龙猫》。一天夜里,我们沿着路朝海边走去。星月璀璨,波涛明亮。他突然松开我的手,朝路边的树走过去,哼着歌,像《龙猫》里的孩子一样,给树跳"长高舞"。他一棵树一棵树跳下去,花了很长时间,直到我们到了沙滩上。他松了口气,认真地对我说:"妈妈,这些树明天就都长高了。"

每个孩子都有过这样"干傻事"的时候吧?我们如此有幸,能见证这些新生命的"奇迹时光",见证无数来人,像我们曾经那样,深深地、毫无畏惧地相信着神话世界和魔法王国。我和很多人讨论过这个问题,讨论孩子们沉浸于神话之中到底好不好。

我不认为所谓"公主病""王子病"是神话故事的"熏染"结果。恰恰相反,我觉得许多人正是在需要伟大神话的年纪,被流俗的因果故事、蹩脚的畅销感情小说占用了时间。

那些暗喻着"你从哪里来""你会走向何方""你的欲望是什么",支撑几千年来人类生活与历史的神话被丢弃了,指向集体潜意识的、由古老母题串联起来的人生指引被漠视,快销品时代的人们就需要自己建立一套"情感依赖来源与指标"。因此,速成的、令人啼笑皆非的各种"玛丽苏"才会出现。

远古时代的神话是非常有力量的。它们的全部力量蕴含于时间之中，蕴含于每一个人、每一个种族、每一个初始之内。这些力量，是我们自己秉持的。它与我们的理性之光交相辉映，并没有因科学日新月异而减退。因为，神性就在我们每个自我之中。

所有孩子，在他们相信神话的年纪，就需要神话。

就像坎贝尔说的，很多人认为人类追求的一切就是生命的意义。但人们追求的到底是什么呢？归根到底，是一种存在体验。只有我们的肉体与现实感、存在感产生共鸣，与天与地、与自我产生共鸣，生命才是有意义的。而神话，就是人追求存在意义的答卷。

之所以推荐这套"希腊神话"绘本，是因为它有一个非常好的著绘者。希腊神话篇幅浩大，涉及几百个神祇。面对孩子的版本要么太过潦草，要么太过敷衍，要么失之于勇气，要么画蛇添足。

如何让孩子一窥希腊神话原貌，有重点，又有框架系统，甚至有相对一致的价值观，坦诚、没有遮蔽，"但不是毫无方法"地去呈现古希腊神话整体脉络，这套书在这方面极其卓越。

希腊神话的禁忌与反叛、命运与不屈，甚至乱伦与极端，都被这套书里几个故事不动声色、又蕴含大力地展开。同样委婉又极富力度的绘画，将作者对童心界限的理解，与神话的理解完美地杂糅在一起。

我说过，我给米尼说的第一个希腊神话故事，是《忒修斯和牛头人身怪》的故事。他觉得"是大海的孩子，又爱走迷宫，勇敢杀死强盗和怪兽"的忒修斯就是自己。

《特洛伊之战》里,他被刀枪不入、总不参加战斗的阿喀琉斯迷倒;到了奥德修斯的故事里,他看着在海妖歌声中奋力渡海的奥德修斯航船,瞠目结舌。

不朽的英雄并非战与不战那么简单,他们都是与自己命运进行艰苦卓绝搏斗的人。四岁多的孩子,在这样磅礴的故事里,似有似无地理解着宏伟史诗与人生。

给四岁多的米尼读这套绘本,全仗着他的鞍武之气。把绘图故事全读了一遍后,主人公的故事主线拿来说了又说,我们就这样囫囵吞枣地一遍一遍翻看着这些故事。

这套书,我认为延展性很强,对九岁之后的孩子是最适宜的神话入门。绘本之后的词条索引,引导孩子更深入地进入希腊神话全貌。

让他们在生命始发时就发现,世界是有待于用爱去接触、面对、学习和战斗的对象。你有力量,它就是你自己的神话。

"希腊神话"系列（全五册）
7—9岁 男女通读

看见童话的真正力量

我们每个人都还是不断成长、不断受挫、屡败屡战的孩子。

几年前一个晚上,我翻看一位当时在中国还籍籍无名的童话作家的书(那本小说自然获得了许多奖项,可是,现在国内出版的国外童书,有哪个不是赞誉等身呢)。本来那只是无数被童话慰藉着、普普通通的夜晚中的一晚,但却因为那本书而不同。

我为那个故事哭了又哭,不停地哭,一个很久、很久没有为"骗人的童话"号啕大哭过的大人,深夜12点上厕所,站在镜子前看自己通红的眼睛,就像走进了奇幻世界。

这本书叫《爱德华的奇妙之旅》。后来,这本书出现在一部韩剧中,某位外星球寂寞来客的书架上。因为那个外星来客很帅,那韩剧演绎的爱情很美妙,大家记住了这本童话小书。嗯,这出韩剧叫《来自星星的你》。这让我很开心,却又有点愤愤不平。我觉得这本书应该因为它是它自己,而被深切记得。

《爱德华的奇妙之旅》的作者凯特·迪卡米洛,长着我很喜欢的样子。她在大学时主修英美文学,在成为作家之前,做过很多奇怪且"不务正业"的职业:迪斯尼乐园做过小工,马戏团门口卖过票,野营地给顾客端过酒,温室里给别人种过植物。这些经历统统都出现在她的童话里,有时候像日常生活的背景,有时候如奇幻世界之幕布。她的文字里,还有她家乡阳光普照的味道。

说这些,其实是说,在她为孩子们创作童话之前,一直过着一种看似不认真,实则非常认真的生活。而这件事情,只有你真正读到她的故事,才会知道。

我一直想说说《爱德华的奇妙之旅》，但一看到网络上它的标签是"都教授的爱书"之类，就有点意兴阑珊了。这样说，并没有看不起通俗畅销媒体的意思，而是说，我觉得这个童话也许已经耳熟能详，而妄自喋喋不休地评论一个"大家都觉得自己已经理解"的文本，是非常不谨慎的。在好童话面前，最好的行为是沉默和回忆。

除了《爱德华的奇妙之旅》一书，凯特·迪卡米洛的其他五本小说里，我印象最深的，是《浪漫鼠德佩罗》和《高飞》。《高飞》说的是一个失去母亲的孩子，和爸爸一起离开家乡迁移。在客居之地，他在森林里遇到一只被囚禁的老虎。他拿到钥匙，偷偷打开笼子，想放老虎自由，没想到跑出牢笼的老虎反而被担心孩子受伤的父亲开枪打死。在巨大的痛苦中，孩子和父亲反而有了剖心交谈的机会。

我想说说这本小说。这本小说在凯特·迪卡米洛众多奖项叠加的小说里，并不算独特。我第一次看它的时候，虽然也感动，却不觉得非常出挑。

"心有猛虎"的自由意象和亲人死亡离去的成长焦虑交织在孩子身上。那时候，我还不懂得这种痛苦。我爸爸病后，短时记忆一直没有很好恢复，很多嘱咐过的事过五分钟就在他脑海中烟消云散。我尽力控制自己，不悲观失望地想这件事。但是，"如果过去的爸爸知道自己变成这样，该会难过吧"这样的想法还是会时常浮上心头。

有一段时间,因为太难过了,我有了一个想象。我想象过去的爸爸就藏在家里的弥勒佛身体里,带着笑眯眯的眼睛从那么平静又隐秘的空间看着我们。每天晚上洗过澡,我总会给弥勒佛点一柱线香,问候它说:"你好,爸爸。"因为这个秘密,那段时间,我心里好过很多。但日子这样一天天过去,我开始对那尊佛产生一种愤恨,愤恨岁月消逝,却没有任何改变。

在这样的心情下,有一天,我又翻阅了《高飞》这篇小说。看到爸爸把孩子一心保护着,希望它扬长而去、脱离命运囚笼的老虎射杀时,眼泪就流了下来。

说这些家事,其实是想说凯特·迪卡米洛的写作秘密。她是一个天生有震撼人心力量的写作者,这种力量来源于"了知"。

看凯特·迪卡米洛的作品,无论是前期稚嫩之作,还是后期成熟作品,有时候,你会觉得很"失重":在《浪漫鼠德佩罗》里,最后的善恶对决在一碗美味的汤面前握手言和;在《魔术师的小象》里,一个城市故事的开始是一段神神叨叨令人讨厌的预言;《爱德华的奇妙之旅》说穿了,也不过是讲一个瓷兔子形象的玩具几经易手。凯特·迪卡米洛很喜欢莎士比亚。我们总认为,童话是不可能像莎翁戏剧那样,欢喜到癫狂、悲怆到尸床——可是,凯特·迪卡米洛一往无前地向童话最后的真相走去。

是的,我喜欢有最真挚真相的童话。这就是我会在很多凯特·

迪卡米洛的童话里掉眼泪的原因。那里面有真正的、地狱般的黑暗、毁灭和破碎。一切都破碎了，最高级的爱和信念却因此被呈现和确认。

我把《爱德华的奇妙之旅》当作礼物，送给很多孩子、父母，推荐给很多朋友读。很多人告诉我，他们哭了。我在这里说了那么多"读哭"，但"眼泪"不是阅读的指征，"光明"才是。凯特·迪卡米洛说，故事就是光明。

她还引用 E.B. 怀特的话说过："所有我想要在书里表达的，甚至所有我这辈子所要表达的就是，我真的喜欢我们的世界。"

我也一样。我深爱着爸爸，深爱着妈妈，爱着我的家，深深爱着这个世界。谢谢你，弥勒佛，谢谢你无声地保留过我的秘密。我们每个人都还是不断成长、不断受挫、屡败屡战的孩子。也因为这个，我要把凯特·迪卡米洛的童话推荐给大家。

凯特·迪卡米洛作品典藏（全六册）
7—99岁 男女通读

伟大故事即伟大心灵

给孩子呈现这个世界真实的、成人却拙于与之相谈的那些部分。

我们能为孩子留下什么？除了房子、车子，还有这个世界曾经伟大过的痕迹。

有一段时间，我带着"三五锄"幼儿园四个小老师做预科班古历史课课题。他们每星期必须啃读大部头、成套成套的书。20出头的小老师略带沮丧地告诉我，这让人很有压力，有抵触情绪。

如果稍加留意，我们的确会发现仅仅十年之间，普罗大众的阅读习惯已昨是今非。今天我们说起的"故事"，多半是段子，是一个抓人眼球的情节，一个有头无尾的风闻，而与当初必须顿足改容，竖耳倾听，与彼此心灵和情感紧密联系的，如惊涛骇浪一般的生命传奇再无关系。

我就这样连拖带拉地带着这几个"还是觉得一直看书有点难，缺乏代入感"的小老师们朝前走。有时候像递糖式地塞给他们一些秘本和杀人小说，有时候正色要求他们"就是得啃完这几本书"。我跟他们说，浏览朋友圈当然是阅读，但你看到的，只是每天生活的只鳞片羽，而那些高迈的智慧、伟大的故事，却能引导你在人生发轫时阅尽人生百态，促成自我的更新换代。好的阅读，不是在润泽旁人，而是在润泽你自己。

有时候，我也深深知道，很多伟大故事都不适应当下这个时代了。英国曾有一个著名文学批评家，专门写了一本著作，把莎士比亚、雨果、大仲马、陀思妥耶夫斯基等举世最优秀的作家骂得体无完肤，贬斥他们的巨著废话连篇，不堪赘读。

一个时代有一个时代的表达,在信息爆炸式更迭的当代,过去繁复、意义模糊的表达被抛弃了。

可是,我多么想告诉小老师们,告诉我见过的所有孩子,我的阅读经历——12岁,看《李尔王》,决定永远不让爸爸伤心;13岁,看《新月集》,抬头看着天上月亮微笑;14岁,看《太阳下的罪恶》,每天都幻想杀死同桌;15岁,看《堂吉诃德》,看到老人呐喊着冲向风车,吓得把眼睛捂起来;16岁,看《牧羊少年奇幻之旅》,决定远走天涯;17岁,看《被侮辱和被损害的人》,看到前二十页,趴在栏杆上哭……我想告诉你们这些,告诉你们在最伟大的故事里,人的确可以和天地、和广阔人心同频。

故事像一条河流,把我们隔开,分别在阅历的这边和阅历的那边。正是因为怀着这样的孤独与悲哀,当发现这套"留住故事"系列时,我如获至宝。

"留住故事"(Save The Story)的创想来自于意大利最受欢迎的作家,《海上钢琴师》的作者巴里科。他是这样描述自己的构想的:"当今有许多作家都有能力重述经典故事,他们可以用当今的语言,以自己独特的方式讲述故事。(在这个系列里)他们所选的故事都是自己的最爱,在写作时,他们想象正在给自己的孩子或孙子讲述故事。'留住故事'系列的讲述者忠实原著,目的是让孩子们在聆听睡前故事的时候,通过父母的朗读和与他们的眼神交流感受到故事的神奇。"

基于这个美丽的想法,"留住故事"系列被制作成为一套汇集了全世界最受欢迎的经典故事的文库,所选故事由当代最优秀的小说家为孩子重新讲述,辅之以美丽插图和讲述故事起源的编后记。"留住故事"系列有适合孩子和父母共同阅读(或孩子自读)的精美开本、美丽插画,但是最引人注目的是它汇集了横跨欧亚,体裁从史诗直到经典科幻的一流名著(如第一辑的《唐璜》《李尔王》《大鼻子情圣的故事》《鼻子的故事》《罪与罚》与第二辑的《约婚夫妇的故事》《海底两万里》《格列佛游记》《吉尔伽美什》《安提戈涅的故事》),以及一流改编小说家:艾柯、巴里科、阿莉·史密斯、李翊云、戴夫·艾格斯……

就像举世顶尖高手才有资格聚集在一起,研习举世最厉害的武林秘籍一样,在"留住故事"系列中,受邀为过去伟大的故事进行改编和插图的,都是一等一的好作家、好画家。他们都是怀着"要与儿孙辈共享这些故事"的心愿,以"讲述"的方式,拨开时代与心灵的层层迷障,使经典与童稚相遇。

然而,我最爱的还不仅仅是这套书的论著与图绘,作家们所选择的"整旧如旧"的老故事们,也篇篇极入我心。

回看国内"青少年版名著改编",所选的那些千篇一律的"名著"(我不是说那些名著不好,而是看多了实在坏胃口),改编过程中所做的那些画蛇添足的删减说明,这样的名著改编,实在和某些国产动画片一样,低廉快捷。真正震撼心灵的力量与美感被剔除了,留下的，仅仅是类似国人"到此一游"的"我读过这本书"的肤浅体验。

而"留住故事"系列，给孩子呈现了这个世界那些真实的，成人却拙于与之相谈的那些部分。突发的罪恶、惩罚、欲念、贪爱、傲慢……那些并不光明正大，却蛰伏在所有心灵（甚至伟大心灵）之内的情绪，通过故事，以适龄的方式适度呈现，被聆听、被安住、被审视、被孩子思考。

当我们被一个真正伟大的故事感动时，我们希望它如星辰一样永恒不灭。但我们面对的现实是，也许我们再也不会遇上这样的书，愿意用这个时代的思考，愿意以最严肃、谨慎的态度，爱和最广大的包容，来给我们和孩子讲述这些故事了。

"留住故事"系列（第一辑）（全五册）
8—99岁 男女通读

©"三五锄"幼儿园

索引

小熊宝宝系列	连环画出版社	〔日〕佐佐木洋子	p29
《哇！》	二十一世纪出版社	〔日〕松冈达英	p29
《蹦！》	二十一世纪出版社	〔日〕松冈达英	p29
《好疼呀！好疼呀！》	连环画出版社	〔日〕松冈达英	p29
皮特猫系列	北京联合出版公司	〔美〕詹姆斯·迪安 图 〔美〕艾瑞克·利温 文	p35
可爱的咕噜汪系列	中信出版集团	〔日〕间所寿子 文 〔日〕黑井健 图	p40
淘气小鸽子系列	新星出版社	〔日〕莫·威廉斯	p44
宫西达也恐龙系列	二十一世纪出版社	〔日〕宫西达也	p49
小熊乌夫系列	连环画出版社	〔日〕神泽利子 文 〔日〕井上洋介 图	p55
《杰瑞的冷静太空》	北京联合出版公司	〔美〕简·尼尔森 文 〔美〕阿什莉·威尔金 文 〔美〕比尔·肖尔 图	p60
《别说你快点快点》	北京联合出版公司	〔日〕益田米莉 文 〔日〕平泽一平 图	p60
《我妈妈上班去了》	北京联合出版公司	〔英〕凯斯·格雷 文 〔英〕大卫·米尔格姆 图	p60
小人儿帮手系列	二十一世纪出版社	〔日〕中川千寻 文 〔日〕古寄纯嗣 图	p64
《暖房子·简单爱：无论何时都能相见》	北京联合出版公司	〔日〕菊田真理子	p71
《大鲸鱼玛丽莲》	宁波出版社	〔法〕大卫·卡里 文 〔法〕松加·布加伊娃 图	p76
《哭了》	连环画出版社	〔日〕中川宏贵 文 〔日〕长新太 图	p76
《萝斯勇闯尖叫屋》	二十一世纪出版社	〔德〕菲利普·韦希特	p76
《坐巴士》	北京联合出版公司	〔日〕荒井良二	p80
《云朵面包》	接力出版社	〔韩〕白希娜 文/图 〔韩〕金向寿 摄影	p88
《月亮冰激凌》	接力出版社	〔韩〕白希娜	p88
《一本关于颜色的黑书》	接力出版社	〔委〕梅米娜·哥登 文 〔委〕露莎娜·法利亚 图	p88
《眼》	接力出版社	〔波〕伊娃娜·奇米勒斯卡	p88
嘟嘟和巴豆系列	二十一世纪出版社	〔美〕雷利·霍比	p93
《走进森林》	北京联合出版公司	〔英〕安东尼·布朗	p100
《爱打岔的小鸡》	北京联合出版公司	〔美〕大卫·埃兹拉·斯坦	p100
《小企鹅》	北京联合出版公司	〔英〕波莉·邓巴	p100
《大熊博士布鲁姆》	新星出版社	〔德〕达尼尔·纳波	p106
《丑狗辛普》	北京联合出版公司	〔英〕约翰·伯宁罕	p114
《狐狸阿昆》	北京联合出版公司	〔英〕约翰·伯宁罕	p114
《好马亨伯特》	北京联合出版公司	〔英〕约翰·伯宁罕	p114
《黑暗》	贵州人民出版社	〔美〕雷蒙·斯尼奇 文 〔加〕乔恩·克拉森 图	p124
《胡萝卜怪》	贵州人民出版社	〔美〕阿伦·雷诺兹 文 〔美〕彼得·布朗 图	p124
《我一直一直朝前走》	贵州人民出版社	〔美〕玛格利特·怀兹·布朗 文 〔日〕坪井郁美文 〔日〕林明子 图	p124
《森林里的躲猫猫大王》	贵州人民出版社	〔日〕末吉晓子 文 〔日〕林明子 图	p124
卡斯波和丽莎的故事系列	二十一世纪出版社	〔法〕安·居特曼 文 〔法〕乔治·哈朗斯勒本 图	p129

书名	出版社	作者	页码
《青蛙弗洛格的成长故事》	湖南少年儿童出版社	〔荷〕维尔修思	p135
小熊小猴暖爱绘本系列	中国农业大学出版社	〔英〕格蕾丝·斯万顿 文 〔英〕迪莉娅·切卡莱丽 图	p140
《汉赛尔与格莱特》	二十一世纪出版社	〔英〕安东尼·布朗	p146
黄色小水桶系列	贵州人民出版社	〔日〕森山京 文 〔日〕土田义晴 图	p151
《红狼》	二十一世纪出版社	〔德〕弗里德里希·卡尔·维希特	p157
熊孩子系列	重庆出版社	〔英〕海文·欧瑞 文 〔英〕托尼·罗斯 图	p164
鳄鱼莱莱人际交往绘本系列	新星出版社	〔美〕伯纳德–韦伯	p169
《我的秘密阁楼》	二十一世纪出版社	〔英〕海文·欧瑞 文 〔日〕喜多村惠 图	p176
《我变成了一只猫？》	二十一世纪出版社	〔日〕喜多村惠	p176
《穿狼外套的羊》	二十一世纪出版社	〔日〕喜多村惠	p176
小猴子的故事系列	二十一世纪出版社	〔日〕伊东宽	p185
《伤心书》	北京联合出版公司	〔美〕迈克尔·罗森 文 〔英〕昆廷·布莱克 图	p192
《春神跳舞的森林》	河北教育出版社	严淑女 文 张又然 图	p192
《讨厌黑夜的席奶奶》	河北教育出版社	〔美〕凯利·杜兰·安 文 〔美〕阿诺德·洛贝尔 图	p192
《烟雾弥漫的夜晚》	希望出版社	〔美〕伊夫·邦廷 文 〔美〕大卫·迪亚兹 图	p197
永远永远永远乐观的七只小矮熊系列	北京联合出版公司	〔法〕埃米尔·布拉沃	p203
《不可思议的旅程》	新星出版社	〔美〕艾伦·贝克尔	p208
《不可思议的旅程 彩虹国度》	新星出版社	〔美〕艾伦·贝克尔	p208
《海伦的大世界》	北京联合出版公司	〔美〕多琳·拉帕波特 文 〔美〕马特·塔瓦雷斯 图	p215
《查尔斯·狄更斯：追逐梦想的男孩》	北京联合出版公司	〔美〕黛布拉·霍普金森 文 〔美〕约翰·亨德里克斯 图	p215
老鼠和鼹鼠系列	连环画出版社	〔美〕黄河强	p220
《女王吉瑟拉》	新星出版社	〔德〕尼古劳斯·海德尔巴赫 文	p227
《布罗卡街童话故事集》	南海出版公司	〔法〕皮埃尔·格里帕里	p227
《北风的背后》	少年儿童出版社	〔英〕乔治·麦克唐纳	p233
《银色的独角兽》	浙江少年儿童出版社	〔德〕马克斯·克鲁塞	p240
《被遗忘的公主》	山东文艺出版社	〔美〕菲利普·勒榭米耶 文 〔法〕海贝卡·朵特梅 图	p240
希腊神话系列	广西师范大学出版社	〔法〕伊万·波墨	p246
凯特·迪卡米洛作品典藏	新蕾出版社	〔美〕凯特·迪卡米洛	p252
留住故事系列	上海人民出版社	〔以〕亚伯拉罕·B.约书亚 等	p257

孩子们可以经由幻想进入远方,当然也可以经由和大人共读或自我阅读时,纸上的远眺进入远方。

像抛物线一样,朝远方丢去一个锚,孩子们的船晃晃悠悠、慢慢地驶啊驶,有一天就会到达那里。

——粲然

沿虚线裁下来的纸张正面图。

对折一下，

图中这两个地方用小刀裁开，但裁到底部留一部分不要裁断。

就完成啦！

扫描二维码，
关注蒲蒲兰官方微信

✳ 来一起动手做一本属于你和宝宝记忆的小书，看了这套书后，把你的感受写下来。也期待你拍照发给蒲蒲兰微信公众号。

洗好了吗？

抛向远方的锚

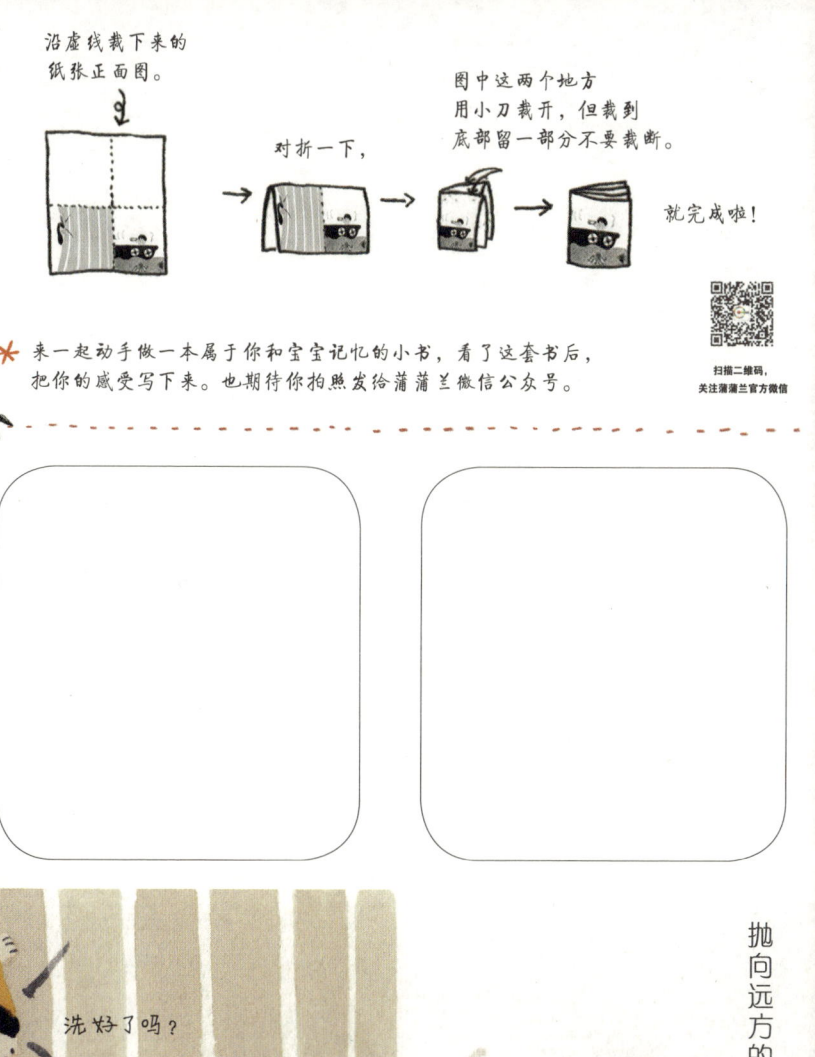

粲然 著

抛向远方的锚

下册

驶向浩瀚无边的世界　　13

无处不在的心灵音乐　　17

此生最殊胜的那一天　　23

掉进闪烁深眸里　　29

面对身体的积极演练　　35

细听小娃话家常　　41

无畏的模仿源于我深爱你　　47

孩子的需要与必要　　51

世界和我们都源远流长　　59

童心世界与沉重肉身　　67

认识家，认识情绪　　71

孩子的不羁与孤寂　　77

恐龙史，儿童力量积蓄史　　83

我的天赋是大自然　　89

在万物中你脱颖而出　　95

在对世界的解释中取得理解　　101

与童心一步之隔的有灵万物　　105

儿童自由解构主义　　109

化解孩子面对肉身的困惑　　117

后现代世界的童心魔法　　121

哈哈大笑、大自然和自己　　127

孩子眼中的第一个小社会　　133

所有的爱中最重要的爱　*137*

故事如诉，耳边空无一人　*143*

故事：音乐的快捷打开方式　*149*

艺术源于童心之眼　*155*

作为孩子，望进远方　*161*

一场上天入地的畅游　*167*

让孩提的叙述弥散进广袤世界　*173*

春天时和有灵万物交朋友　*179*

爱是通向世界的每一步　*183*

看见植物魔幻之美　*189*

手绘，直到世界的褶皱里　*195*

童年的凝视是一生驻世之光　*201*

千里迢迢，终于相会　*207*

知识信息之外更高迈的智慧　*211*

为普罗大众写就的人性故事　*217*

儿童社会启蒙意识　*223*

震响童心的大自然　*229*

"家"：我们的慰藉与业力　*237*

童年就是无尽的嬉游　*245*

没遗落的多元通识教育　*251*

后记　*256*

索引　*260*

© "三五锄"幼儿园

驶向浩瀚无边的世界

孩子认识爱的第一步、认识自己的第一步,也正是认识世界、认识他人的第一步。

米尼三岁出头的时候，得到一套书，叫《小小自然图书馆》。全书40册，介绍40种代表性动植物。米尼很爱那套书。

有段时间，我觉得奇怪。按儿童心理认知发展规律来看，米尼还没到"自然敏感期"。当时走在路上，花花草草他都视而不见，即使看到令人惊艳的蝴蝶和小鸟，也只有一两分钟热度。实在不明白他为什么那么喜欢看这套动植物启蒙书。

日久天长，我渐渐明白个中缘由。那套书里讲述了许多"来源"和"母爱"——青蛙怎么生出来的，母狼怎么保护小狼，袋鼠宝宝如何躲在妈妈袋子里，母狮子怎么给小狮子喂食。

那段日子，他经常对我说："妈妈，我们来玩游戏吧。你是动物妈妈，我是动物宝宝。"然后我们嘻嘻哈哈滚成一团。

婴幼儿面对地球上另一物种时，并不觉得与自己有多大差异，而是因为它小、它需要保护，将自己投身其中。动物宝宝就是自己，动物妈妈就是有爱的守护人。这些孩子，在人生发轫之时，是因为这样浓烈的、理所当然的爱的感受在体会世界呢。

从这个角度上说，《抱抱》《谢谢你来做妈妈的宝贝》《逃家小兔》《猜猜我有多爱你》这样的书，之所以被一代又一代婴幼儿所深爱，长久不衰，答案就在这里：孩子们也许什么都不懂，但他们深谙爱，深刻地理解母爱，因此他们能理解感激、理解温情、理解幽默。

当时我想，如果对0-3岁的孩子，有一个低幼版的《小小自然图书馆》该有多好啊。拿到《动物宝宝和妈妈》的一瞬间,我认为这套书是因此乘愿来到我们家的。不,比这还要好。

　　《动物宝宝和妈妈》是日本"绘本之父"松居直一手打造的。恕我直言,不知就里地粗粗一看,哇,会觉得这套书好像摄影识图卡片啊。

　　但一页页翻下去,著绘者的温情,他们牵动孩子心灵地描述动物世界——乃至呼应婴幼儿内心疑问的方式,就如滴进大海的雨,随着波涛,慢慢弥散在你的心里。

　　这是谁的宝宝?这个宝宝和妈妈在一起的时候玩什么呢?这个宝宝怎么保护自己?这个宝宝怎么睡觉?这个宝宝留下了什么?这些实则关系着婴幼儿自我认定的重大哲学母题,被作者推广至自然范畴。至情至性至简,因此渐露出巨大的推动力与祝福:孩子,你认识爱的第一步、认识自己的第一步,也正是认识世界、认识他人的第一步。

　　我喜欢这套书,它让我回忆起孩子很小时,那些耳鬓厮磨的共读夜晚。怀抱很小,但我们驶向的世界浩瀚无边。有一瞬间,希望回到那时候去,和米尼一起玩"动物宝宝和妈妈"的游戏。以这套书,祝福那些与小宝宝们的共读夜。

《动物宝宝和妈妈》（全七册）
0—3岁 亲子共读

无处不在的心灵音乐

没有什么能比与家人一起倾听和哼唱一首歌，更能让我们洞悉音乐的意义。

我二十出头那会儿，刚工作，有一天，采访一位旅居国外多年、极负盛名的艺术家。工作完昂头喝尽茶碗里的茶，正要收拾东西回家。老人突然说："小姑娘，你问了我那么多问题。我也问你一个问题好了。"

赶紧正襟危坐，竖着耳朵听。他笑眯眯地看着我，然后问："你自己一个人待着时，脑袋里经常听到的是什么歌？"

我愣了愣，问："您是问我，经常听什么歌吗？"

"不是。"他慢条斯理地纠正我，"我的意思是，什么音乐总是在你心里不断地倒带、播出，倒带、播出。"

我想了想，觍着脸老老实实回答："我能说是TVB电视剧的音乐吗？是不是太不高级了？"

他哈哈大笑，说："不会不会。证明这些歌是你们这个时代、这个环境的音乐。"

接着他说："我自己待着的时候，思考、发呆、做事情，耳朵里就是二胡、唢呐、琵琶。哪怕在交响乐音乐会里听着音乐，转身出来，听到自己脑袋里，还是'大珠小珠落玉盘'。所以民乐是我的音乐。"

在后来的日子里，我经常想起老人的这个问题。想起一个住在遥远的、远离二胡、唢呐、琵琶国度的老人，发现即使在民乐诞生之地，也甚少有年轻人理解和接受这样的艺术形式。他是怎样的心情呢？如今已不得而知了。

我也经常拿这样的问题去问别人:"盘旋在你心里的那首歌是什么?"有人回答是德彪西和马勒;有人回答是披头士;有人回答是《两只蝴蝶》和《小苹果》;有的人,像我爸爸,他的回答是李谷一和宋祖英。

我发现,很多事情都类似,"喜欢什么音乐"蕴含在"是否认同这个表达方式"里,牵涉到你对"某人的认同"。

好几年前,我爸爸每天都要戴着我送他的IPOD晨跑。他要求我在他的IPOD里灌进足足的老歌。"董文华、李谷一、宋祖英、阎维文、郁钧剑。"他说。我腻烦这些歌,总是拖着不给他换曲子。拖了一天又一天,一个月又一个月……后来,爸爸失聪了。

对浩瀚而复杂的人生来说,这是一件很小很小的事。我们总认为,对生命而言,音乐并不是不可或缺的。

但对生命的意义来说,传承、表达、倾听与理解,却是如此珍贵。手拉着手共同听音乐的每个当下,就是传承、表达、倾听与理解。

我想,这也许就是这套《永远的儿歌:米米听民乐》足以震响童书世界,睽违多年,都被人念念不忘的原因。它不仅延续传统,以十年为期,精心打造了25首韵文精炼、全方位呈现民族乐器的经典童谣,填补了中国民族音乐童书这一方面的空白。它更以国宝级演播家曹灿与北京小朋友祖孙对话的形式,凸显了民乐传承真正的意义。它蕴含在岁月时光之中,蕴含在生活之内,包裹着老迈与童稚所有共同与不同的人生理解。无论欢欣、悲伤、痛苦、欢乐,音乐都如喷涌之水,持续不断润泽心灵。

没有什么比与心爱的家人并肩坐着,一起倾听和哼唱一首歌,更能让我们洞悉音乐的意义。音乐,就是无处不在的心灵回响。

《永远的儿歌:米米听民乐》是曾荣获"金曲奖儿童音乐金奖专辑""冰心儿童文学奖"等诸多赞誉奖项的《小球听民乐》之新版。在原版基础上,新版做了许多令人惊喜的改变。以《永远的儿歌:米米听民乐》《亲子游戏与乐谱》加上儿童音乐 CD 的"饕餮大餐"形式,将视觉与听觉完美融合。为不同的民乐器"量身打造"全新、多样的乐曲。令人惊叹的优秀民乐作品俯拾即是,深深掳获幼儿的心,被孩子们热烈追捧。

新增的《亲子游戏与乐谱》一书对相应的民乐器做了更深入的诠释;充满巧思创意的亲子互动游戏,非常适合亲子、师生同乐;民乐大师陈中申亲自整理校对的儿歌简谱也收录其中。整套书自设了极好的音乐进阶,0-10 岁的孩子都能和爸爸妈妈、爷爷奶奶一起,进入贴近集体记忆的民乐之中。

从这个角度上说,《永远的儿歌:米米听民乐》是给这一代"失去民族声音"的"全球化"孩子,极其珍贵的礼物。

除此之外,还有一本我们都大爱的音乐绘本《踢踢踏》。诗文由余光中写就。全诗描写了小女儿夏天穿着木屐,在巷子里走来走去的情景,童心拳拳,令人听之随舞。曲乐由台湾音乐大师李泰祥撰写。这首歌与《橄榄树》《春天的故事》一样,成为李泰祥笔下脍炙人口的清新之曲。绘者则是以清新生动,自然描摹见长的徐素霞教授。强大的阵容,使之成为继《永远的儿歌:米米听民乐》之后,又一场音乐、图画、美术的盛宴。

《嘉贝拉的歌》则是以故事阐述音乐之美的绘本。小女孩嘉贝拉行走在威尼斯大街小巷中,深入她耳朵的每一个声音都恍如天籁。她哼起自己的歌,人们驻足聆听、传唱,最后这首歌被大师在音乐殿堂上演绎而出……

这个故事文字清新如诗如歌,朴拙童趣的画风独创一格、韵味十足,精彩诠释音乐之美。音乐并不是某些人的专属之物,而是每个人、每个当下对这个世界的反哺与馈赠。

这个自然而然却讳莫如深的秘密,在孩子深入音乐之途时,就需要被知悉。

《永远的儿歌：米米听民乐》《踢踢踏》《嘉贝拉的歌》
0—10岁 男女通读

此生最殊胜的那一天

这个宝贝经过了无量无数尘劫,在空中飞来飞去,他决定留下。

想不起来是怎么起的头,米尼一岁后,我和他玩起了一个游戏。这个游戏叫"我出生的那一天"。

"米尼出生的那一天……"每当我这样说,他就会尽力蜷缩自己,缩起来,回到我肚子上。玩游戏时,我特地穿上大大的罩裙,用裙子包裹着他,他的心跳从我的肚皮上传了过来。我和他又连在一起了。"米尼出生的那一天,妈妈事先没有准备。那天天气很好,太阳照到妈妈脸上,妈妈睁开眼就跳下床,摇醒爸爸,说:'我们去逛书店吧!'这时候,消息传来,说'鉴于球拍状胎盘生产的危险性,今天要给你安排手术'。妈妈心里一激灵,赶紧给爷爷阿嬷打电话,说:'妈,爸,你们快来医院。我早上要生了!'阿嬷慢腾腾地说:'要生了?安排手术了?哎呀,我们早上都还没大便呢。'爷爷接过电话说:'要生多久呀?''一个小时吧。'妈妈说。'哦,这么快,那还好啦。'电话那头的人好像松了一口气。"我隔着罩裙抚着孩子的头,轻轻地说。

就算那么小,他也安安静静待在罩裙里,好像又变回小胎儿,等着自己出生的信号。

我一点一点往下说。他很小的时候,我说得简略了些,他再大一点,所有细节就络绎浮现上来。怎么进行备皮,我爸我妈怎么争着跟大肚子的我"再合影纪念一次",躺在手术床上被推去手术时天是什么颜色的,打麻醉针时如何把身体用力弓起来,手术时医生们怎么讨论着午饭,一个医生怎么惊慌地叫起来,说:"哎呀,不行。"

另一个医生怎么和缓地说:"别急,我来,这是典型的球拍状胎盘。但你要这样……"我怎么听到第一声孩子哭,于是我用什么声调小声地,循着他的哭声喊道:"米尼,米尼,妈妈在这里。"

每次说到这里,罩裙下就露出他笑吟吟、红扑扑的小脸。我看着他,他看着我,那种神奇的、初见的感觉像一道光,再次投射到我们身上。

"可是,我没有看到你的脸。"我依然用平稳的口吻说,"医生把你的屁股举到我面前说:'男孩'。我不知道要说什么,我就说:'谢谢。'手术台上的人都笑起来。我尽力听着,你不哭了。他们好像把你抱到旁边,对你做些什么事。"

"妈妈没有和我在一起吗?"当他会说话时,每次讲到这里,他都会这样追问。

"没有。"我说,"妈妈还得躺在手术台上,医生们需要处理妈妈的肚子。"我说。

"爸爸呢?爷爷阿嬷呢?"他瞪着黑漆漆的眼睛,这样问。

"爸爸在手术室门口等着呢。爷爷好像去买吃的和用的去了。阿嬷应该是在大便。"我笑哈哈地说,"现在,让他们自己跟你说。"

于是,家里人轮番出场。猴子又成了那个"翘首盼望"的准爸爸。听到护士叫,迎了上去,正对上米尼的眼睛。"你一直一直盯着我看,米尼,你还记得你一直盯着爸爸看吗?"猴子问孩子。米尼只是笑。我妈又变成了那个既肩负使命,又忙得团团转的"准阿嬷"。"阿嬷那天肚子痛,跑去上厕所。可想着就要见到米尼了,就慌慌张张的,阿嬷那天要做很多事。虽然尿布、被子事先就买好了,但还要清点,还要张罗中午吃什么喝什么。护士把米尼从手术室抱下来,阿嬷跟在旁边,一步也不离开,就守着你。在电梯里你就四处看来看去。很多人说'这个孩子几天了?'阿嬷大声回答说'什么呀,我们才刚出生呢!'大家都大吃一惊!"

我爸憨憨地笑着(但这已经是他生病以前的事了)说:"爷爷被你阿嬷叫着,跑到医院外面买东西,回来就看到你了。你已经出生了。"再问,他也不肯说什么,就俯下脸,"啪"地亲了米尼一口。

孩子总是痴痴地听着。我们全家都沉浸在此生的那一天里。那一天,真是人仰马翻、疼痛难忍、屁滚尿流、琐碎忙碌、紧张冲动,又闪耀着无尽光辉的一天呀。

"最后,"我缓缓地总结说,"妈妈最后一个才回到病房里。等了一会儿,米尼被抱进来。人们把米尼放在妈妈怀里。妈妈躺着,还不能动,但终于能抱到自己的宝贝了。"

说到这里,他会爬到我怀里。直到现在,他非常大了,说到这里,他还会像婴儿一样,缩在我臂弯里,哇哇地叫两声,眯缝着眼睛。

"嗯,"我笑起来,像那天一样,拥抱着他,说,"妈妈终于抱到自己此生最大、最好的宝贝,这个宝贝经过了无量无数尘劫,在空中飞来飞去,他决定留下。然后,他在那一天降生了。他照亮了爸爸、妈妈、爷爷、阿嬷、奶奶……照亮了我们的人生。从那一天起,我们的生命彻底不一样了,世界也彻底不一样了。"

就这样,他抱着我,我抱着他。有时候,当其他家人也在的时候,他会爬过去,轮番抱抱每一个人。

于是我会说出这个故事的结尾——后来,因为说过千百遍了,米尼也会跟我一起说:"在此后的每一天,我都想跟那一天——米尼出生的那一天——说,谢谢你,让我的孩子成为我的孩子,让我成为妈妈。谢谢你,米尼,谢谢你勇敢地来到这个世界。"

这个游戏,我们玩了千百遍。在我被他气得死去活来的时候玩;在家里发生大变故的时候玩;在我觉得没有力气;不知道怎么应对生活的时候玩;在无所事事的夜晚玩……每一次玩,我都看见孩子身上闪耀着真正的、初生的光辉。

你有没有和自己的孩子玩过这个游戏?不仅为了告诉他——你是怎么来的?你是怎么成为你自己的?也认认真真地告诉他,哪怕仅仅是你到来,都彻底改变了这个世界。

有两本非常非常好的书,它们是为这一天的游戏,为这一天动情的讲述而著的。看到它们,我非常感动。

这两本书,可以解决一个重要的难题。孩子会问我们:"妈妈爸爸,我是怎么来的呀?"这个时候,这两本书就起作用了。我们就可以为他好好读一读这套书,告诉他,他没出生之前待在哪里,而他出生的那一天,在妈妈爸爸身上发生了一些什么事。不仅如此,这套书还是我们这些成为爸爸妈妈的成人的纪念手册。

这套书里,有我们的痛苦和坚韧、琐碎和期待、平凡和不凡。而所有的情绪,都来源于我们对孩子的爱和联结,对人之繁衍的敬意和尊重。

从这个方面说,这套书对父母的意义,比对孩子的意义还深刻得多。

《妈妈成为妈妈的那一天》《爸爸成为爸爸的那一天》
1—5 岁 亲子共读

掉进闪烁深眸里

在人生的初始阶段,
一本卓越的绘本,
不仅是一个得以联结的好游戏,
更是一段爱的絮语。

《骑鲸之旅》里我说过，如果一岁前和孩子开始游戏式演读、共读，18个月左右就会进入共读的第一个"变化期"。相较于之前如老农般默默埋首的、守护式的耕种，现在孩子会给出越来越多、越来越精准的回应，他们会从灵魂里开出朝向你的第一朵花。

我一直记得搂着一两岁的孩子共读时，他们那闪烁的深眸。那种"彼此映照朝前走"的感受，就此扎根在唇齿之间。

在"勇读者"线上活动开展之初，我说过，越是低龄孩子的绘本我会越慎重，因为我们必须承担一种危险的可能性，即父母第一次把所推荐的绘本带到孩子面前，因为年幼的孩子缺乏"成人想象式的"回应，会轻易得到"我孩子不喜欢读书"的轻易判断。

在人生的初始阶段，一本卓越的绘本，不仅是一个得以联结的好游戏，更是一段爱的絮语。从这个角度入手我向一岁半到两岁半的孩子父母推荐这四本绘本。

第一本是《火车快跑》。之所以先说这本绘本，是因为它是最容易被忽略的。习惯影像的成人会觉得这本书"没什么特别的"。然而，对一两岁的孩子，他们的体动能正飞快地发展着，喜欢运动中的物体，用抛掷、丢砸等方式体验空间感。对这时候的孩子而言，以图像的方式描绘出来的"动"是非常石破天惊的感受。

不仅是爱车的小男孩，对形状、色彩、动感敏感的孩子都能捕捉到这本绘本的奇妙之处。和他们共读这本绘本，抱起他们玩飞速奔跑和抛掷的游戏，让他们拿起水彩笔快速飞舞出线条，以及陪他们去看飞跑的物事。这一定是一场奇妙的旅行。

第二本是《爱睡觉的鲸鱼》，这是大师五味太郎的小作。对于写过《时时少年时》的五味太郎而言，幼儿的视线就是世界静谧、深奥，又极其简单的纹理。和我一起读书的婴幼儿，都是在两岁前后就疯狂爱上五味太郎的（说实话，我自己并不是那么爱）。我一直在想，他一定有与婴幼儿一起看见相同事物的特殊能力。

《爱睡觉的鲸鱼》描述了在外界震荡变化中，依然故我、兀自沉浸在梦乡中的鲸鱼。"梦中的深海"实际上象征了人类广袤的潜意识。每个婴幼儿都是在潜意识中慢慢成长，看见理性之光的。这本极其简单的绘本，却神奇地描绘出了婴幼儿的"当下"。

"这只小鲸鱼就是我呀"——虽然不能这样表达，却像找到了同伴一样欣喜，这会是婴幼儿看完这本书的感受吧。

它是非常好的入睡绘本，更是非常好的、守护孩子在自己心灵里潜行的图文书。

接下来两本是《山猫服饰店》和《加油！熊医生》，是有关"动物村"的两本性价比非常高的翻翻书。

一两岁的孩子，有一段时间会非常迷恋翻翻书。一来，那是他们的手指灵巧性游戏；二来，是因为他们正在整合"有和无""改变与不变"的逻辑体验。

"动物村"这两本书介绍了两种职业，并提供了很好的情境，在《加油！熊医生》里，孩子可以尽情地扮演医生或护士，轧型翻

© "三五锄"幼儿园

过来，熊医生正准备替小猴子打针："要打啰！"轧型翻过去，熊医生的针筒已经打下去了："嗞——好了，回去以后一定要常洗手噢！"虽然孩子对看医生有恐惧，但他们最喜迫不及待地"假装"是那个很厉害、可以替每个病人都打上一针的熊医生。

在《山猫服饰店》里，看着一个个上门来买衣服的客人，替他们换上有珍珠项链的连衣裙、适合做木工的工作服、可以上台表演的舞台装等，不但可以满足孩子搭配各种服装的乐趣，无形中也让他们了解在不同场合有不同打扮的原则。

诊所和服装店是婴幼儿最爱的"过家家扮演游戏"。这两本书提供了两种职业的情境，让孩子可以演个够，在"假装"的过程中完成面对外界的勇气演练，也完成自己的美感成长。

《火车快跑》《爱睡觉的鲸鱼》《山猫服饰店》《加油！熊医生》
1岁半—2岁半 男女通读

面对身体的积极演练

世界上有千百万人和你一样曾身处窘境。哪怕身处窘境，你也可以哈哈大笑。

两岁出头的孩子，他们对于"如何对待世界""如何解决问题"最大的着眼点，就在于"如何对待我自己的身体""如何解决我身体的问题"，或者说，对这些问题的思考，构成了低幼阶段最基础的世界观。

这时候，用一些特定绘本去告诉他们"身体会发生什么事情""为什么会发生这样的事""你可以用怎样的态度去面对"，对父母和孩子而言，都是非常积极的演练。这是作为人，在与沉重肉身缠斗的漫长岁月里，所获得的一份爱的礼物。

米尼两岁时，很爱一套绘本，叫《可爱的身体》。一套数本，题目有《拉便便，真舒服》《打预防针，我不怕》《眼泪小精灵，谢谢你》《听听身体怎么说》等，对让幼儿觉得困惑难忍，甚至恐惧害怕的事情，如上厕所、打针、体检、蛀牙等，用温柔且日常的图文进行注解。那套绘本我们读了上千次，大便前读大便的，刷牙前读刷牙的，体检前读体检的……这样的共读，襄助了孩子与自己孤身作战的路。

如今，这类"面对我的身体"的绘本分类更细致深入，比如让我和孩子们印象非常深刻的绘本——《陷入困境的克莱奥》和《骑士胡比：喷火龙的好朋友》。

《陷入困境的克莱奥》说的是一个孩子独自便便后发现没有厕纸，而后引发的一系列联想。

我看完这本绘本，就带着它飞奔到"三五锄"幼儿园，在几个小小孩面前打开了它。我读了一遍,然后,他们屏着呼吸,又让我读了一遍,又读了一遍,又读了一遍,又读了一遍……读到我后悔死了,后悔到不该把这本绘本带来为止。

只有小小孩和他们的父母才能够体会,对那么小的孩子来说,独力上厕所如独赴险境。他们要面对身体和幻想中那么多的危险,放下自己,然后再安然回来。

《陷入困境的克莱奥》最高妙之处,并不在于"在令小小孩有点担心、有点孤独的坐便器上"做出"一定会有人拿厕纸给你"的安全允诺,而在于引导孩子们习得某种高超的幽默和确信,即这个世界上有千百万人和你一样曾身处窘境。哪怕身处窘境,你也可以哈哈大笑。

这是非常有爱的护持。也正因为此,这本绘本在无数"身体绘本"中脱颖而出,令我念念不忘,愿意把它带给所有和我、和米尼一样,曾有"厕所恐惧症"的孩子们。

《骑士胡比:喷火龙的好朋友》是一本独特的"身体按摩绘本"。作者旨在推广一种理念,即抚摸对于安全感的建立至关重要,并贯穿生命的始终。以抚摸来安慰孩子,其实是在传递这样的信息:你很安全,我爱你,一切安然无恙。即便孩子长大了,已经不能像小宝宝那样坐在你腿上了,他们也依然需要爱抚。事实上,每个人都需要被爱抚。在母乳喂养、拥抱、打闹游戏以及性爱的过程中,身体会释放出一种叫催产素的物质,它被称为"爱的荷尔蒙"。我喜欢这个说法。

我不是一个小儿推拿手法的执着学习者，但抚触、捏脊、按肚子，这些身体按摩接触方式，从米尼出生至今，在我们家一直延续。哪怕带他出门旅行，我们早起时，也会互相做些捶背、捏脊的工作。我把这些接触，看作动作式的表达——我爱你，以及祝你平安。

《骑士胡比：喷火龙的好朋友》全书贯穿了这个理念，甚至作者在述说自己创作思路时也说，他的想法是让孩子们互相按摩，因此，建议把这本书放在幼儿园的一角，或者鼓励家里兄弟姐妹互相进行。

这是一个很棒的提议。之前我说过，"三五锄"幼儿园也准备开设孩子们的"身体按摩课"。因为，孩子们有权知道：我熟悉自己的身体，我爱自己的身体，我能对自己的身体负责。

此外，我喜欢《骑士胡比：喷火龙的好朋友》这本绘本的原因还有，它并不是一本徒有噱头的书。我接触过很多打着各式各样新奇特概念，故事图画却乏善可陈的绘本。《骑士胡比：喷火龙的好朋友》不是这样的，它有非常棒的故事，把"英勇向前"（骑士胡比的形象）和"回归母体"（喷火龙的故事）的相互背反又高度一致的身体暗喻发挥得淋漓尽致。"骑士帮喷火龙妈妈找回宝宝"的故事切中孩子。米尼听得如醉如痴，哪怕是我把手伸到他腋窝下按摩，这么怕痒的孩子也全身放松，安然享受。

我很喜欢钟煜为《骑士胡比：喷火龙的好朋友》写的《按摩

绘本,最容易对孩子说爱的方式》一文。依稀记得,她家小游五六岁时,还经常说着"妈妈,给我把《骑士胡比:喷火龙的好朋友》按一遍"。这本以肢体接触演读的绘本,有那么长的保质期,是爸爸妈妈爱的功效。

在钟煜的文章里,她谈到《骑士胡比:喷火龙的好朋友》这本书的资深共读秘籍,转录在此,以供偷师:

第一,最好你提前读一遍故事,同时自己大致演练一下按摩动作。动作都超简单,一遍就熟了。

第二,放松点,不要太刻板。讲故事嘛,我还是喜欢以顺畅不打断为主。不要让按摩干扰情节,或者打断你们共读的感觉。按摩呢,我建议以舒服为主。最重要的是小朋友的感觉,倒不必强求一定要按照书上的规定动作来。

第三,找到合适的姿势。我们是这样做的:我盘腿坐在床上,小游坐在我的腿前面,绘本放在她腿上,或者她前面。我负责讲故事和按摩,她负责翻页,这样就不至于忙乱了。

《陷入困境的克莱奥》《骑士胡比：喷火龙的好朋友》
2—4岁 亲子共读

细听小娃话家常

默不作声地听着孩子们细细稚稚的碎碎念,才深谙「小儿无赖」的乐趣。

"三五锄"幼儿园的小老师们像看顾着一个麻雀窝一样,总是无可奈何地叹气说:"这群孩子总是说呀说,都不知道为什么每天见面话还那么多。"

孩子们总在不停地、煞有介事地互相聊天。有时候他们的话题是单向的,明明鸡同鸭讲了半天,还相视哈哈大笑,引为知己。这样的事,任我想破脑袋也想不出为什么。还有时候,他们会谈起"坏爸爸妈妈"。有孩子说:"我被我爸爸吊起来打过!"其他孩子可羡慕坏了。他们一再确认:"是真的吊起来打吗?不是开玩笑吗?"然后就艳羡地惊呼起来。有的孩子会说:"我妈妈涂过黑黑的面膜!"别的孩子就赶着说:"我妈妈还涂过像血一样的嘴唇!""我妈妈有全部都是白色的眼影!""我妈妈有很香的香水!"一顿声嘶力竭地攀比下来,好像是"我妈妈每天都要用针扎自己肚子"的说法,最屌炸天。他们还会谈论怎么杀死老师们,是"放在马桶里冲走"好呢,还是"用绳子挂在楼梯上"。都是这么有趣的选择,真是颇费思虑。还有一次,一个孩子昂然宣布:"我爸爸已经带我去看过我家楼下幼儿园了,我要去那里上学了。"不过他说这是秘密,叫我不要告诉大家。一群孩子抢着问"那你家楼下幼儿园有什么玩具",几乎一瞬间都做好一起出走的准备……

每一天,"厮磨"在孩子的甜香里,默不作声竖着耳朵听他们细细稚稚、一派天真地闲话家常,常会有"呀,原来是这个样子"的恍然感。

从孩子对事物的描摹中，这个虚映在争强好胜和无意义的语词讨论之中，却无限新奇，无论如何总有欣喜的世界，像亘古葱绿的群山，袒露在我们的视线之内。

"可爱的一家人"系列就是这样一套从孩子视角出发，如童稚之声闲话家常里短的可爱的书。它出自《999个青蛙兄弟》作者、日本绘本大师村上康成之手，是我所读过的绘本之中，堪称"小小孩家庭绘本"令人过目难忘的代表作。

《变，变，变!》讲述了孩子眼里家人"变身"的主题。妈妈发怒的脸像狐狸，爸爸喝醉后的脸红得像章鱼，奶奶布满皱纹的脸看上去像梅干……在孩子饶有趣味的比喻式描摹中，实际上蕴含着他对家人各种状态的理解与接纳。再不足为外人道的脸，在孩子看来，都可以哈哈大笑地接受，这就是他们对家人的爱。

《这是我妈妈哦》是一个孩子郑重其事地向大家介绍他/她的妈妈。全然童稚的白描，让所有孩子的"不完美好妈妈"跃然纸上。虽然你不是没有缺点的妈妈，但请平安无事地照顾我，爱我，骂我，和我一起生活下去吧——这是每个孩子未向妈妈吐露的真实心声。

《爷爷有辆老爷车》则从孩子的视角，逐渐呈现一个家庭的长久回忆。作为新生力量的孩子如何体会和感受一个家庭漫长的历史？从老人对旧物的眷念中，过去时光犹如落下的手帕一角，温柔地进入孩子对生命的体悟之中。

《天啊,家里有怪物》的故事是:妈妈房间传来声响,偷偷一看,原来是只白脸怪物(妈妈做面膜);姐姐房间传来声响,偷偷一看,原来是只披头散发的怪物(姐姐用吹风机吹头发)……孩子总是发挥着想象力,虚张声势地作怪,虚张声势地吓唬别人。这样玩闹式的生活幽默,会引得每个孩子促狭地哈哈大笑起来。

《我变金鱼啦》讲的是一觉醒来,我发现自己竟然和金鱼一起在鱼缸里游泳,和它度过了愉快的一天,可最后才发现……这个故事讲述的是孩子尿床的经历。对孩子来说,尿床也是险象环生、波澜起伏的一次失败冒险呢。在这个故事里,尿床和孩子潜意识中的孤独、隔绝似有似无地联系在一起。在梦醒之后,一切又恢复正常。因为并没有引起爸爸妈妈的责怪,孩子安然着陆在正常的生活里。

《土豆饼大作战》讲述的是全家一起做"土豆饼大餐"的全过程,忙碌之中不乏幽默和搞笑情节,体现了家人齐心协力的和谐氛围。在这个充满生活细节的故事里,全家人对生活孜孜不倦的热爱如热气腾腾的土豆饼,永远留在孩子的记忆深处。

我喜欢这套与稚龄孩子视线齐平,和他们一样,怀抱对世界的新鲜感、对家庭的眷念与爱,唠唠叨叨着家长里短的绘本。喜欢它如真实生活一般的琐碎、无常,时常令人焦虑受挫、却又那么紧密的爱,那么漫长的回忆,那么虚张声势的惊恐,以及那么潜滋暗长的幽默。每个孩子都带着他们的微笑,领悟这些有爱的"碎碎念"。

"可爱的一家人"系列（全六册）
2—6岁 男女通读

无畏的模仿源于我深爱你

孩子总是毫不羞愧、一片至诚地模仿着他们深深热爱的你啊!

我是哈哈大笑着看完《小乳房》这本绘本的。合上书，我却流下了眼泪。它让我想起童年的我、现在的米尼，还有许许多多我见过的孩子。

我小的时候，看《白娘子》，看美丽的女人挽着好看的发髻，穿着素白哀婉的长裙，一手护着肚子，一手拿着宝剑，振奋身姿，在狂风暴雨里对抗法海的法力，就被深深打动了。于是我也系了两条长带子在头上，往上衣里塞了个小枕头，在家门口走来走去，觉得自己很美。大人们被逗得哈哈大笑，也有大人边笑边说："免见笑！（闽南语'不害臊'的意思）"

想做一个美丽的女人，肚子里有个宝宝——这样的事为什么会"不害臊"呢？小时候的我不明白，不明白那是我作为女人，对母性之向往与渴望的表达，也不明白这样的事由于与"性"攸关，被孩子堂而皇之招摇过市，总让某些成人觉得惶惑恐惧。

我的孩子也遇到过这样的困惑。他是个爱摸妈妈"咪咪"的孩子。直到现在，有时遇到难以纾解的事，还会蹭进我怀里，习惯性地把手覆在我的胸上，像婴儿期那样，长叹一口气，然后"满血复活"，绝尘而去。

也曾有远方来的亲人看到他这样做，大叫起来，说："多不害臊呀！"他满脸不解地问我："妈妈，为什么不让摸妈妈的咪咪？为什么这样就不害臊？"

性启蒙是个深入而敏感的话题。它是一代人和另一代人之间务必授受却又总是言至于此的互动。哪怕是很小的孩子,也总会从他／她所生长的微环境中领悟到——**性与身体意义复杂:代表着权力、馈赠、成熟、区隔;代表着禁忌,也代表着爱;代表着联结,也代表着分离。**

"我儿子总喜欢摸我的'咪咪',我该怎么办?""我女儿看见爸爸洗澡,也想给自己装个'大鸡鸡',我怎么引导?""我儿子学他爸爸,在自己身上画腿毛,被人笑死了!""我女儿每天都躲在娃娃屋里生孩子,我很着急!"

我们总被这样的问题困扰着。性和身体对孩子究竟意味着什么,它潜藏着多少危险和社会禁忌?在这样的成人困扰中,《小乳房》这本书,是一个一往情深的回答。

小女孩小奈特别喜欢自己的弟弟悠太,可悠太一哭起来她就束手无策,有时会急得也跟着放声大哭。可有一天,她发现了一个秘密:弟弟一含上妈妈的乳房就不哭了。从此,小奈对乳房着了迷,整天想着自己什么时候也能有妈妈那样的乳房。为此,她想了许多办法——把皮球塞进上衣,用红豆面包代替,捏一对黏土乳房试试;又深得爷爷食补的教诲,没想到只是吃撑了肚皮……一连串稚趣可爱的行为逗人发笑,最后虽然没有获得像妈妈一样的乳房,却拥有了"小乳房"这个可爱的称呼。

每个妈妈,每个吮吸过妈妈的乳房、被丰盛又无偿的爱深深润泽过的孩子(无论是男孩还是女孩)都会爱上这本书。这本书没有直面回答成人的"幼儿性焦虑",而是把孩子一片至诚地对身体的理解敞开给"忧虑着的爸爸妈妈"看。

成人们呀,我们对性的恐惧、对身体的焦虑,究竟是来源于我们自身,抑或真正来源于我们的孩子?

孩子们对身体的探索与好奇,其内在动力缘由何方?"想拥有像妈妈/爸爸一样身体"的孩子,他们崇拜和追随的,他们毫不介意、一派稚气所突破的社会禁忌,最根本的原因是他/她深爱着你。孩子们就是这样,毫不羞愧、理直气壮地模仿着他们深爱的我们呀!

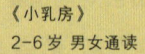
《小乳房》
2-6岁 男女通读

孩子的需要与必要

孩子的社交活动，潜藏着无数人性的小成功、小挫败、小欣喜、小失意……

一次在南宁的讲座上,我遇到一个很简单却很好的问题。有个妈妈问我:"我孩子两岁半了,不爱刷牙,晚上很晚睡。我和他说道理,也等待他,但好像什么方法都不那么管用。我要怎么办?"

我能理解这样的焦灼。对于我们这一代资浅妈妈来说,教育新理论那么多,那么美好凛然,但日常与孩子"耳鬓厮磨"的每一天,依然都有"怎么让孩子从沉浸其中的自我需要"向"对你更好的生活方式之必要"转化的疑问与痛苦。

孩子老挖鼻孔怎么办?孩子拉耳垂怎么办?孩子不刷牙怎么办?孩子老吃手指怎么办?孩子爱摸小鸡鸡怎么办?孩子老抠肚脐眼儿怎么办?孩子踢玩具怎么办?

……

诚然,新兴的儿童心理学谆谆教导父母:不要对孩子口唇期的这些行为太过焦虑和压制,否则,他们可能会进入下一个情绪和行为的怪圈。然而,就这样放任不管吗?怎么可以在父母的"我有责任为了你好而引导你"的情绪与孩子无意识的动作之间达成某种充分和微妙的平衡?

一本我非常喜欢的绘本也用让孩子们哈哈大笑的幽默方式,护佑大人和孩子一起走出各自的执念。

《如果常常这样的话……》这本绘本乍一看和传统"吓唬小孩不要有坏习惯"的成人伎俩并无多大差别。

如果经常挖鼻子,鼻子会变得好大!经常拉耳垂,耳垂会变得像大象那么大。如果不经常刷牙,牙齿蛀光了,嘴巴会变成老奶奶的嘴巴。

……

但是,这本绘本却独具匠心。首先,它并非只是高踞于"如果经常这样做,你就会(得到恶果)"这样传统的成人立场。

从环衬开始,作者一直在做承认孩子感受与想象的铺垫。"如果挖鼻孔,能有钻石出来——该有多好""挖出鼻屎也好舒畅呀""如果不刷牙,就能发射细菌电波该多好""刷牙的时候也会感觉不舒服"……每一个对孩子感受和想象的确认,都是成人世界"我理解你"的信号释放。在这样平和、充满共情的、可抱持的环境下,和孩子自由讨论行为的界限成为可能。

其次,它为孩子提供了一些"如果不这样做,你还可以怎么做"的选择项。比如"不要用手挖鼻孔,可以用纸巾擤""想摸耳垂时,可以拉拉袜子""想吸手指时,不如吃点糖果"……不囿于禁止,而是提供更广泛的行为选择,使孩子有路可走。

最重要的是,这本书最高明之处在于,全书运用的是黏土艺术绘制。所有大人和孩子都可以看出,所谓"如果经常挖鼻子,鼻子会变得好大""经常拉耳垂,耳垂会变得像大象那么大""如果不经常刷牙,牙齿蛀光了,嘴巴会变成老奶奶的嘴巴"这样警告式、预言式的说辞针对的并不是现实中某一个孩子,而是书中的黏土小孩。

作者在"成人的担心"和"肉体的惩戒"之间拉开一段微妙的（但对孩子和父母而言极其重要的）幻想与现实的距离。而这种带着夸张、戏谑的说法和图像，往往使孩子们哈哈大笑起来，且过后心有所得（而不会让他们沉浸在身体的惩罚感与未来的恐惧中）。通过建立外化对象，以谈论外化对象的方式进行关键问题的讨论这种方式，成人释放了自己的担忧，却获得了更幽默、更自由地和孩子谈论身体的权利。

也只有这样，"让我们一起好好爱惜身体吧"的温柔倡议，才成为永久的、真正的可能。

第二本书是折射孩子社交中重要问题的《大象吸水》。在一个炎热的南国之夏，大象邀请伙伴们去池塘玩水。狮子、斑马、猴子提出要大象驮它们去，好心的大象满足了大家的要求，驮它们到了池塘。大家跳到了池塘里，玩得好开心啊。当大象也扑通一声跳进池塘后，池塘俨然发生了海啸一样。于是，狮子、斑马、猴子让大象离开池塘，委屈的大象会怎么做呢……

如果我们潜心观察孩子的自行社交活动，会发现其中暗涛汹涌，蕴藏着无数人性的小成功、小挫败、小欣喜、小失意……我们的孩子就经由这条路，趔趔趄趄走向仆仆红尘之中。

在这本绘本里，小动物们暗喻着外部的社交集体，大象则是"自我"。按陀思妥耶夫斯基的说法——他们是一个集体，而我只有自己。

自我在社交中，无数次萌发"期待被接纳，努力被接纳，继续充满背叛感，感到被孤立、愤怒，继而与集体握手言和"的桥段。

这样的过程，和奉献、分享、平等接纳相关，与对社群和自我的洞见相关。在孩子极其幼小的时候，把这样的社交模式呈现在他们面前，多加讨论，会使他们他日投入社群关系之中时，更明晰其中的脉络，更清楚地知道，所有被拒绝、被排斥、被背叛的感觉，并不只是你有。它们是与社群如影随形的另一种语言，弥散在每一个人心中。而我们要走的，始终是一条保持自我、联结他人的路。

《大象戏水》就是这样一个极其卓越的，针对幼儿的社群关系案例。

在大象带着大家长途跋涉而至，却被拒绝进入的池塘边，大象终于找到一个既安抚了自己的失败感，又让自己安然进入社群的方式。这本书，是对进入社交期孩子的一个祝福。

这次要谈到的最后一本书，同样是一本蕴藏哲思、极其精妙的绘本。一只尖牙狮子为了爱，为了确认爱，走了很多路，问了很多动物，去学习数到"3"的故事。

从书的表面功用来看，这是一本用故事化和形象化方式，教孩子们学会"1—9"个位自然数的绘本。但如果我们抵达这本书的深处，就会发现这本书要说的，绝不止于此。

狮子走了很多路，他得到了很多关于数字、答非所问的答案。但所有动物的答案都仅限于自身的理解：天鹅戏水，成双成对；传说中的独角兽，昂首独立；数不清的萤火虫，像天上的繁星，把夜晚装扮得分外美丽；警觉的猫鼬；手臂又多又长的章鱼；善于角斗的牛鹿……如果仅仅从自身出发，得到的数字就只有一个。但尖牙狮子要进行的，是对世界和自己更多元、更辽远的理解。它要数到"3"。而"3"这个数字，恰恰意味着多种多样，超越自己。

在这本书最后，有如豁然贯通了一样，尖牙狮子在和母狮子的跳舞中随着节奏，轻声说出了"1、2、3，1、2、3"。它得到的不是一个数列，而是因为感情，而萌生的对他人、对世界的理解。

看到这本温情的、充满韵味和数字趣味小谜语的书，无论孩子还是大人，都会带着理解笑起来。

这样的微笑，蕴含着对数字之美的认同，蕴含着对这个世界的秩序，和超越秩序的温情理解。

《如果常常这样的话……》《大象戏水》《不能数到3的狮子》
2岁半—5岁 爆笑共读

共读，归根到底
是怀着温柔的心共同寻找和经历
你和孩子真正需要的此生、此世界。

世界和我们都源远流长

在追溯我们家的共读历程时，我曾说过，有一本书曾改变了我们全家对共读的理解。

《楼上的外婆和楼下的外婆》是一本沉浸于回忆外婆、曾外婆的书。在与米尼共读过这本书以后，我带着他和我妈妈去了我外婆（也就是米尼曾外婆）的老宅。老宅已经被改建成大排档，但我和妈妈的童年记忆仍在。在那里，米尼听我们讲了自己小时候的故事。

这段历时只有小半天的短途出游，一点点地改变了我们家——最主要是我和妈妈——对共读绘本的看法。在此之前，给孩子读绘本多多少少有些"单向输入"的味道，告诉孩子怎么去爱，怎么得到知识，怎么去看世界。

但站在老宅子前，站在自己的回忆之前，我和妈妈慢慢意识到——共读，归根到底不在"读"，而是怀着温柔的心共同寻找和经历，寻找和经历你和孩子真正需要的此生、此世界。

从这个角度上看，我读到过一本非常好的"家族源流绘本"——《这是我们的家》。

这部美国新生代童书作家、博洛尼亚国际童书展荣誉奖得主廉惠媛的绘本作品，记录了一家三代人的共同生活记忆，完美呈现了一座房子变成一个家的过程：外公和外婆从很远的地方搬来这所房子，妈妈和她的兄弟姐妹在这里出生，在门外的街上学走路，在门前的台阶上玩耍，在厨房吃美味的饭菜……而我也在这所房子里出生，在同一条街上学走路。现在，我们一家人仍然住在这所房子里，这是我们的家。

我曾说过，我们这一代人，我们的下一代，都生活在挖掘机与全球化的时代。不断地迁移，不断地沿革，不断地拆迁，不断地买房和换房，使我们即使近在咫尺也"故土难回"。

用什么来留住我们和孩子的记忆？"家族相册"与"家族绘本"是其中某一条路。

孩子需要慢慢感知，每个人的生命，不是由生到死的一个简单片段。一代又一代人留下了什么，馈赠了什么，给予了什么——家族让世界和我们都源远流长。

廉惠媛是一个以细腻把握情绪见长的童书作者。在她的绘本中，孩子始终是一往无前的一抹亮色。因此，读她的绘本，妈妈们总会产生巨大的共鸣，觉得育儿是穿越岁月，穿越所有琐碎和一地鸡毛，最后落到心底的那一瞬温暖。因此，她的每一本绘本，最后都有一个让人百感交集的结尾。

《双胞胎的小被子》通过两个五岁孩子的视角，风趣俏皮地展现了兄弟姐妹之间的口角和深情。

绘本讲的是一对双胞胎姐妹，她们什么都一起用：玩具啦，衣服啦，房间啦，床啦。从出生那天起，她们就共用一条小被子。但是，当她们慢慢长大，小被子已经盖不住她俩了。妈妈决定是时候做新被子、买新床了。可是，这也带来了新的争吵：一旦不再共用

© "三五锄"幼儿园

同一件东西,双胞胎姐妹就不知道该怎么办了。当晚上关了灯后,她们在黑暗中握住了对方的手。

共同体验分享的甜蜜负担,携手迈向独立成长之路。这样的书,不仅适合二胎家庭共读,也适合在幼儿园里共读。接纳彼此竞争的生活状态,也感受唇齿相依的感情。这就是一群孩子纷纷扰扰的生活。

每年的暑假,很多孩子开始为新学年做准备。很多父母也开始陷入分离焦虑中——我的孩子要进幼儿园了,真的很担心。

在我们的观察里,关于入园所引发的焦虑,父母的隐忧远比孩子大得多。在绘本里,作者也用一系列风趣的手法来表现这个问题。

孩子生机勃勃,即使他们不掩饰情绪地放声哭泣,依然一步一步、一天一天,朝向成长发足狂奔。而父母却是担心的、碎碎念的、拖拖拉拉的。

对我而言,这本绘本最好的地方,就是坦率、毫无掩饰地告诉孩子父母的怯弱和担心,并让孩子知道,这是我们大人的情绪,与你无关,你可以轻松地进入你的新生活。

把自己的情绪与孩子的情绪做有效切割,鼓励孩子大胆承担自己,大胆管理自己,是非常好的安抚分离焦虑的绘本。

《楼上的外婆和楼下的外婆》《这是我们的家》《双胞胎的小被子》
2岁半—5岁 男女通读

童心世界与沉重肉身

「妈妈奶」代表着温暖的庇护、爱的供给,代表我为另一个生命源源不断地付出我自己。

有一年出了一则新闻，截头去尾地说幼儿园要求给孩子读"讲'妈妈奶（乳房）'的绘本"，图画尺度之大让成人脸红。

我是"母乳妈妈"，米尼第一次吮吸我的乳房，是我回到产房十几分钟后。人们把小小的婴儿放进我怀里，一张小嘴含住了我。突然之间，疼痛平息，我也安静了下来。人们告诉我，我一会儿就睡着了，还打起鼾来。

喂奶，是无法言说的美妙事情。婴儿那么小，吃起奶的时候，我们就很自然地跟他们说起话来。我们会说："别急，别急。"还会说："哎呀，别边吃边睡呀。"还会说："专心点专心点，不要四处看。"这样甜蜜又秘密的"喂奶嗔怒"，现在想来，我还会温柔地笑起来。

断奶时，我大哭了一场。米尼好像毫不在意。他毫无阻碍地吃起奶瓶，依然保持吃货做派。可从那时候开始，特别悲伤或特别喜悦时，他都会把头埋进我怀里，轻轻掐我的乳房。

"妈妈，我不喜欢吃奶瓶。"快三岁时的一个晚上，他仍旧把头埋在我怀里，突然说。

"少来。"我说，"你吃得可欢啦！"

"可是，奶瓶是铁钢的，"他非常认真地看着我，解释说，"妈妈的'咪咪'很温柔。"

我亲了亲他，他亲了亲我的乳房，像吃夜奶的小婴儿那样，长长地、满足地松了口气。

说这些事，是要说，我对几本讲述"妈妈奶"和身体器官秘密的绘本，充满感激。

"妈妈奶"是天下所有孩子和母亲的秘密语言。孩子和妈妈知道，它隐秘又美好地藏在心里、身体里某个地方，代表着温暖的庇护、爱的供给，代表着我为另一个生命源源不断地付出我自己。

但有一些肉身的秘密，不该由"他／她"自己独自承载。随着孩子的成长，这些秘密需要被自然而然地叙述和讨论。这种混杂着占有欲、口舌贪欲，甚至微弱性冲动的身体感情，是否被正视与接纳，是否被光明正大地理解，极大程度影响着孩子对自己、对他人的认知。

性是自然而然的事，是天赋人权。它不该被亵渎、被轻侮、被取笑、被掩盖、被歪曲、被窃窃私语。只有从小明白这一点的孩子，才有可能不会受困于沉重肉身，才有可能顺理成章地爱自己、爱别人。

用科学理智、温暖有爱、符合儿童心理认知的方式，和孩子谈论身体，谈论"为什么你喜欢妈妈奶""为什么男孩和女孩不一样""为什么小弟弟／小妹妹吃奶你不能吃奶——而这并不代表妈妈不爱你"……这些重大议题，是绘本巨大的馈赠。

在这个过程中，童心世界完成了更深层次地认知与自我接受，而对大人而言，这是一场沉重肉身的纯净救赎。从这一代开始，从现在开始，让他们对自己的身体问心无愧。这是为人父母的责任。

《我为什么讨厌吃奶》《乳房的故事》《小鸡鸡的故事》
2岁半-5岁 亲子共读

 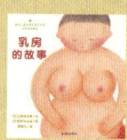 

认识家，认识情绪

只有视之为平等的、自然而然的家庭，才有平等的、自然而然的社会，以及一视同仁的各种人生。

"幸福的家庭都是相似的,不幸的家庭各有各的不幸。"托尔斯泰在《安娜·卡列尼娜》开篇石破天惊的一句话,让无数文青交口传颂多年。

人们之所以视之为警句,我想,正是因为这句话呈现了家庭生活失意的概率,也说明"不圆满人生"无处遁逃。作为一个当年文青,当我拿到《各种各样的家——超级家庭大书》时,老托的这句话袭上我的心头。

孩子五岁后,社会性开始萌芽,他们最先感受到的是自己和别人的不同,家庭和家庭的差别。这些差别,一开始,是一个疑问:"为什么XXX长得比我高?""为什么他有这个玩具我却没有?""那个孩子没有爸爸,好奇怪,对不对?"

当大人遇到孩子这样稚嫩的问题时,却如镜像一般,会照见自己的内心。有的大人第一反应是尴尬:"那么小的孩子,怎么就学会比较?"有的大人第一反应是愧疚:"因为爸爸妈妈做不到,孩子才会提出这样的问题,我们给了孩子一个有缺憾的人生。"有的大人第一反应是自傲:"幸亏我们家样样齐全,怎么比都是我家第一。孩子生在我们家真是太幸福了。"

大人内心的感受投射在孩子的提问上,成了某个回答,像根一样扎在孩子的心里。但实际上,孩子最开始关于"为什么不同"的提问,并不是要父母做出"我究竟做得好不好"的总结,而仅仅是迷惑于这个世界的不同。

这个时候，最好的回答是坦然告诉他们："对啊，世界就是这么不一样"就好了。剥离成人内在的"分别心"，坦然地和孩子接受和讨论真实，就是家庭型公平原则最好的体现。

这是我非常喜欢《各种各样的家——超级家庭大书》的原因。它以巨大的勇气，和孩子们讨论各种各样家庭的不同，以直视"无常"来暗喻恒远，以揭示"变化"来启迪不变。从这个角度上说，这本书对所有对"家"的结构有困惑的孩子而言，都是巨大的福音。

无可逃遁的是我们生活在社会里。随着社会的变迁，家的形式在日益变化，家庭的观念也在改变，有时候这种变化的速度已经超乎我们的想象。对于孩子来说，家的瞬息变幻，有时候并不是那么易于接受和理解，包括父母离异、家庭纷争、同性家庭等。

这部作品穿过家庭——家族形式感的迷雾，回到"家"的本源，回到家庭里每一个人的感觉，来回答孩子们对"为什么有那么多不一样的家庭"的疑问，再通过家庭树的制作，带我们认识不同的家庭，了解不同的生活。最后还告诉我们：家庭有大的、小的、快乐的和悲伤的……社会本是多元化的，综合世界和民族的不同，家的形式、观念和感觉就更是不一样了。

以上所有的回答，对拥有圆满的原生家庭，以及拥有缺失的原生家庭的孩子而言，同等重要。因为，只有视之为平等的、自然而然的家庭，才有平等的、自然而然的社会，以及一视同仁的各种人生。

对孩子而言，见微知著，《各种各样的家——超级家庭大书》是当之无愧的、最具包容性的全新家庭概念和多元文化的最佳启蒙书。

同套系另一本书《各种各样的感觉——超级感觉大书》也让我和米尼受惠极多。在许多讲座中我都说过，帮助孩子涤清"当下情绪"，让他们能为自己的情绪命名，就是"情绪管理"非常好的第一步。

"遇到这件事，你的感受是什么（定义情绪）？从脚到头，这个情绪现在在你身上哪个位置（说明程度）？你想怎么面对自己这个情绪（解决方式）？"这样的讨论，从三岁开始，每一天都在我家进行。

在一开始，无论陷于负面情绪，抑或被正面情绪包裹，孩子们的感受都是一团混沌。高兴时大喊大叫，伤心时号啕大哭，气愤时挥舞手脚，兴奋时根本停不下来——成人所能给予的最有力支撑，并不是告诉他们"你不能这样做"，而是和他们一起讨论，引导他们思考：在什么感受之中，我会做什么，我能做什么，做什么能让我安然地和自我相处。

《各种各样的家——超级感觉大书》用纷繁复杂的细节展示了孩子非常重要且常见的几大情绪：快乐、兴奋、无聊／感兴趣、生气、耍宝、不开心／平静、寂寞、害怕／安全、尴尬、害羞／自信、担心、嫉妒、满足……致力于和孩子讨论"怎样才能让你感觉好过一点"。

我非常喜欢这本书,是因为它是孩子情绪汪洋中的一艘小船,泅渡陷于过盛情绪中的孩子。

在我身上,无论好的、坏的情绪都被理解,被看见,被讨论和接纳——幼小的孩子将这看作是"百分之一百无条件之爱"。

《各种各样的感觉——超级感觉大书》和《各种各样的家——超级家庭大书》是两本充溢着无数细节,背后有大量社会伦理学、幼儿心理学知识体系支撑的绘本书。以此为本,不停观察、讨论、演绎和理解,在亲子共读中可以用很多年。

同样向大家推荐的,是走同一路线的《大狗医生》。"大狗先生"既是甘家的宠物,也是甘家的私人医生。它总是能对甘家人的病情做出准确的诊断,并根据每个人的发病原因进行治疗。吃大拇指,吃多了肚子胀;下雨天外出不穿雨衣,头发长虱子……这些行为在孩子的日常生活中并不少见,有些大人却似极了故事里的甘爸爸和甘妈妈,总是摆出一副不以为然的样子。有时候大人要是强行干预,还容易引起孩子的负面情绪。《大狗医生》却有极其巧妙的切入点:让孩子保重自己身体最好的方式,莫过于让他们成为看守全家健康的"家庭医生"。《大狗医生》正是以孩子的视角看病症,也让孩子在这些病症中看到自己。

孩子的身体,孩子细微的感受,孩子望向的世界——这是三本用平和开放的方式与他们讨论这一切的卓越绘本。

《各种各样的家——超级家庭大书》《各种各样的感觉——超级感觉大书》《大狗医生》

3—6岁 男女通读

孩子的不羁与孤寂

> 究竟要我等你多久,
> 十个春天够不够?

在《呀！屁股》的书评中，我曾讲过孩子缘何对"屎尿屁"情有独钟。童心世界由来便是超然禁忌之外的。正因为如此自由，更显得刺目、不可理喻，甚至于在大人眼中充满反叛意味。

孩子们总爱无意义地边说着"放屁、尿尿、大便"，边哈哈大笑。哪怕大人说："真没礼貌，不许再说这些词！"孩子却依然用促狭的表情一而再再而三地谈着——这样的情形，总让父母们觉得窘迫和担忧。

在做出"我的孩子不讲文明""我的孩子总要挑衅规则""我的孩子总要和我作对"这些评判之前，我们需要明白的是，孩子明知不可为而戏谑地说着"屎尿屁"的心情，和成年人明知不可为而说着"shit""碧池"的心情是完全不同的。

孩子对禁忌的突破，通常是玩笑式的，自由自在的。他们的示现，更多在于呈现边界与禁忌的"无意义"，而不是对社会规则的愤怒与宣泄。

作为不断犯错的资浅妈妈，虽然总忍不住对孩子说着"你不能这样做""你什么时候才能长大"，在心底里却难免会想，那个自由自在、在懵懂和顽皮中不断冲破规则的童心世界，是多么孤独和寂寞。

《爱放屁的波弟》说的是一个公然放屁的小孩的故事。"臭死啦！波弟，是你吗？"波弟每次放屁后大家总是这样问。可是波弟觉得这不公平，因为爸爸妈妈奶奶姐姐都有关于屁的小秘密，这些波弟统统都知道……大人们都是怎样掩饰放屁的？有什么避免尴尬的小窍门呢？

在波弟稚嫩的疑惑中，掩藏着童心世界对规则和礼仪所掩盖的"矫饰"的反思与质疑。"屎尿屁"的意象，在这里暗喻着人与身体的自然协同、握手言和。孩子的疑问是：如果你的身体、你的排泄物不是理所当然、光明正大的，还有什么是理所当然、光明正大的呢？

同样，《好脏好脏的波弟》叙说着孩子在规则中的另一个窘境。"波弟！太脏了！"每当波弟捡地上的糖果吃，玩虫子，舔狗狗脸，在花坛撒尿的时候，爸爸妈妈奶奶姐姐就会冲他大喊这句话。后来，吃坏肚子的波弟学会了不再捡地上的糖果，被姐姐扣了一脸虫子后不再拿着虫子到处吓人，舔了一嘴狗毛后不再舔狗狗的脸，在花园撒尿时被水淋了一身后不再随地嘘嘘……不过还有一个习惯他一直没改哦，那就是——挖自己的鼻屎吃！

我呀，我是吃过孩子鼻屎的大人呢。最近一次吃孩子的鼻屎，是在"三五锄"幼儿园的接园处。一个胖腮帮的小女孩用沉醉的表情挖着自己的鼻屎，放在自己嘴里。她这样做着，突然看着我笑了起来，清晨的光打在她毛茸茸的脸上，如暴雨后的晴川历历。她用神秘的、极其友好的姿势，把自己的一颗小鼻屎放在我手掌里，示意我跟着她做。我把这颗小得不能再小的鼻屎吞下肚去，我们就一起窃笑了起来。

每次回忆起那个早晨,我都觉得很幸福。并不是宣扬恶趣味,而是说,我和她一起自然而然地做了一件"真正出自她的意愿的事",没有打扰,没有惊动,没有是非,没有边界,只有我和她。这一瞬间,对于社会而言,我们俩是并肩的同谋。

之所以说起这些,并不是说,成人非要逼着自己和孩子们一起去做突破社会规则的事。而是说,有时候,孩子在引导我们突破黑白,突破规则,突破框架,在无是无非的境界感受自由自在。而自由自在,在某种意义上就意味着幸福。

"波弟"系列获奖等身,曾获"凯特·格林纳威奖""诺福克图书馆儿童图书奖""诺丁汉儿童图书奖",在"最奇怪童书"和"最搞怪童书"书单中,总是能见到它们的身影。和"波弟"系列相似的书,是这本《小狼孩史蒂夫》。这是一个"皮孩子逆袭"的故事。

史蒂夫从小被狼群养大,因而桀骜不驯。刚上学时他调皮捣蛋故意闯下许多祸,狼妈妈却一直等待着他。后来有一天,一个契机使他找到在集体中的存在感。于是,史蒂夫把自己的活泼留到了课间活动的时候,把叫喊声留到了上音乐课的时候,把力气留到了劳动课的时候……终于,史蒂夫妈妈收到了老师的表扬信:"史蒂夫今天的表现非常棒!"

我和我的孩子都喜欢这个故事。他喜欢调皮捣蛋的史蒂夫,而我则非常喜欢"皮男孩史蒂夫是由狼群养大的"这样的情节譬喻。

每一个父母,在叹息着"我有个皮孩子"的同时,不免要想到,孩子的桀骜不驯，来自于父母辈身上沿袭而来的，每个人与生俱来的动物性。只有理解这点，才能真正和冲动的、不守规则的童心世界握手言和。

我喜欢这三个故事。孩子们不仅需要成人对他们咏叹爱、咏叹感情的绘本，更需要凭借幽默和戏谑，真正为童心世界披荆斩棘的绘本。"波弟"系列和《小狼孩史蒂夫》，就是这样的书呀。

在孩子反叛规则，挑战社会禁忌的时候，作为父母，我们总忍不了哀叹："我们还要等这孩子多久呀？"心意相通是需要等待的，但爱与理解是即时而行的。或者说，"屎尿屁"经常把我们和孩子划归泾渭两边，然而爱与理解并不需要十个春天。

《爱放屁的波弟》《好脏好脏的波弟》《小狼孩史蒂夫》
3—6岁 男女通读

恐龙史，儿童力量积蓄史

痴迷恐龙折射着孩子们对更自由、更不受限、力量更大、更能掌控主动权的向往。

米尼三岁前后,突然痴迷上恐龙。在此之前,和许多婴幼儿一样,他共读过全套宫西达也的"恐龙书"。但我不觉得那套书是真正意义上的"恐龙"书,"恐龙"只是某个物化的符号。作者以此暗喻人伦关系中的力量、善恶、强大和弱小、亲密与疏远、同族与异类。从这个角度上说,宫西达也的那套恐龙书和其他婴幼儿动物亲情绘本没有非常大的区别。

三岁时,小懒送给米尼一套"群仔也很喜欢的恐龙书"。这套书果真让米尼痴迷。

《恐龙大陆》讲述了一群三角龙迁徙过程中的遭遇,是主角"小角"的成长闯关史。孩子们(尤其是男孩)将自我代入角色,激起巨大共鸣。而迁徙过程中,恐龙时期的地质面貌、动物链条、恐龙种类等科普信息嵌入文中。孩子捕捉到这类信息,迷上了天地间充满庞大物种的史前时代。

读《恐龙大陆》很长一段时间后,我开始在米尼的"影像时间"里加入 BBC 恐龙纪录片试映。《恐龙星球》与《与龙同行》,作为绘本《恐龙大陆》的外延和信息补充,受到米尼和很多孩子的大力响应。

接着,一个神秘人送了米尼一本超级豪华的地板书。巨型科学文艺画册《它们》用超过 200 幅巨幅大图,配以简短的文字,震撼还原恐龙在中生代诞生、繁衍、斗争、捕食,乃至灭亡的全过程,讲述了 46 亿年里地球史上最壮美的生命传奇。

这本书之精美，画面之冲撞感，足以令所有孩子屏住呼吸。我还一直记得我和米尼第一次打开这本书的感受——就像进入巨幕影院。

这本超级大书让我记住了两个年轻的"恐龙专家"——赵闯和杨杨。科学画家赵闯是"啄木鸟科学小组"的创始人之一，5岁开始自学绘画，7岁开始学画恐龙，21岁时作品刊登在《自然》杂志封面，之后成为全球多家著名科学期刊和研究机构长期合作的艺术家。他与科普作家杨杨合作出版了超过20部以上的古生物科普作品。现在致力于科学美术的创作与基础理论研究。

科普作家杨杨同为"啄木鸟科学小组"创始人之一，毕业于厦门大学新闻传播学院，现在致力于儿童教育研究及科普作品、儿童文学的创作。

孩子为什么痴迷恐龙呢？作为妈妈，尤其是男孩的妈妈，我心里一直浮现着这个问题。

在我做长期阅读观察的男孩里，他们的"恋物顺序"经常是：妈妈的乳房、汽车、恐龙、枪和匕首、机器人……

这样的"物体崇拜心理"折射着他们内心的原动力，即他们对更自由、更不受限、力量更大、更能掌控主动权的向往。

这种基于生命本然的向往，在远离他们、早已消逝的恐龙星球，超越时间和物种，发射着微弱的信号。他们在这些物事中寻找和塑造自己。

我是一个精于计算的妈妈，迷恋"恐龙"和迷恋"小汽车"一样，需要花钱。

整整大半年，我们家像当初囤小汽车一样，囤起了恐龙模型（半年后又囤起了"刀枪"），质量好的"恐龙模型"还是很贵的。恐龙百科科普书也比一般绘本贵。我在"恐龙百科科普"类挑了很久，特别留意赵闯和杨杨的作品。最后遇到我认为性价比最高的一套恐龙百科绘本——"恐龙专家"系列。

这套丛书共十册，均以12开铜版纸四色印刷，精美呈现恐龙、翼龙、海生爬行动物的生存年代、体型特征、化石产地等信息，行文风格则采用了描绘场景、讲述故事的形式，让读者更容易理解恐龙、翼龙、海生爬行动物的习性，学到古生物知识。

这套书在我看来，是赵闯、杨杨合作的非常成熟的一套儿童科学百科作品，收录了最全的赵闯古生物复原图。翔实的信息量、以儿童思维归类的巧妙编辑条目。也正是因此，使这套书成为恐龙铁杆粉丝的必备收藏。因为它有优秀的性价比，可以让小恐龙迷们看好几年。

"恐龙专家"系列（全十册）
3—6岁 亲子通读

有失败感很正常，但也要记得你是特殊的、充满天赋的孩子哦。

我的天赋是大自然

当我的孩子五岁时,我认为五岁,足够他意识到,自己是个普通的孩子。

他胆子不是那么大;忍不住总是调皮捣蛋,自己也知道是"最皮的孩子";攀高爬低的时候总是容易受伤;手忙脚乱的时候,只要一不小心,就会把事情搞砸。有一次,我们讨论"失败的情绪",他说这就是他的"失败情绪"。

一天,我们沿着海边走路去上"三五锄"幼儿园的"大海课"。天边熹微,点点晨光遍布海面。

我引导他说一说他的天赋是什么。"什么叫'天赋'?"我的孩子问我。

"'天赋'就是,你到这个世界上时,上天交给你的独一无二的礼物,只有你有,别人没有的才能。这个才能会让你熠熠闪光。"我拉着他的手,沿着海滩的斜坡朝上走。

"只有我有吗?"他问。

"天赋这种事呢,"我微微喘着气解释说,"每个人都有,哪怕最丑、最胆小、最失败、最没有力气的人都有。上天给每一个人一个独一无二的才能,才让他来到世界上。但有的人一辈子都找不到他的才能,呼唤不出他的神力。他不了解自己,不了解天意。有的人一出生就了解自己,相信自己,他们很快就展露了自己的天赋。"

我们讨论了熟悉的希腊英雄各有什么天赋。我的孩子因此两眼放光。小男孩最喜欢这类话题了。

"你的天赋是什么呢?米尼。"已经到坡顶,经过妈祖雕像,再走一小段路,就会到达幼儿园孩子聚集的地方。

他没说话,脸上露出沉思的表情。"我觉得我的脚很有力气,我的天赋应该是我的脚吧?"他迟疑地说。

"太棒了!"我欢呼起来,说,"我也觉得你的脚非常、非常、非常有力气。这一定是上天给你的天赋,让你有力量去走很远的路,去看整个世界。"

"是这样的吗?"他狐疑地看着我。

"是呀。"我点点头说,"看来,是赫耳墨斯送你这个礼物的。他自己就是最敏捷、脚上生着双翼,像闪电一样的神。他把他脚底的神力传给了你。"

说话间,我们已经看到幼儿园聚集地了。老师和孩子们在远处向我们挥舞着手。我们也大声向他们打着招呼。

"去吧。"我对米尼说,"有失败感很正常,但也要记得你是特殊的,充满天赋的孩子哦。"我对我们这段对话做了如上总结,但他迟疑着没有走。

"可是,我觉得我不是赫耳墨斯的孩子。"他快快地跟我说着,不停转过头看着大海、老师和同学们。"妈妈,我不是海神波塞冬的孩子吗?我觉得我只是大海的孩子呀!"

我愣了愣。

"所以,"他草草地却似乎下了决心地对我说,"我的天赋不是我的脚吧。我只是凑巧也跑得快。"

他已经离开我,开始朝聚集地跑去了,但一边跑,一边又扭过头来,还在说:"我觉得,我的天赋一定是海神给我的呀!妈妈。"

他跑远了,还在大声喊:"所以,妈妈,我的天赋是大自然呀!"

之所以说起孩子和我的这段对话,是因为每当看荒井良二的书时,"我的天赋是大自然"这样的话,就会自然而然在我耳边回响。

我非常爱荒井良二。在他笔下,他总能用无数"纯色"汇聚成缤纷和诗意的色彩,将睽违多时的大自然,如推开窗户的日常一般,呈现在所有人面前。

今时今日,荒井良二在全世界的粉丝越来越多,有插画圈的正牌粉丝,也有绘本圈、艺术圈的痴迷粉丝,但他依然是那个艺术顽童。在万众瞩目的阿斯特丽德·林格伦纪念文学奖领奖台上,他在发表获奖感言的时候说:"我突然想唱歌,可以吗?"

瑞典人说:"可以,你唱吧。"于是,他就唱了一首歌。

我最喜欢的荒井良二的作品,是他的《天亮了,打开窗子吧》,这本为大地震后的日本孩子抚平内心的疗愈之作,看得我潸然泪下。有一段时间,某家电商把他的这本书以2.9折清仓发售,那段时间我内心和这家电商结下了血海深仇,整整有三个月时间都只在另外一家公司买书。

虽然希望荒井良二走得更远,被更多孩子看到,但必须说,不行的！荒井良二绝对不能2.9折清仓！

荒井良二最大的魅力，在于色彩。据说，日本电视台做过研究，他的绘本，八九个月的孩子都会目不交睫地凝视，因为这个年龄的孩子视知觉正在发展，对色块有强烈的黏着力。而颜色在荒井良二手中，正是以近乎音乐般的方式流动着。他擅长将故事中的抽象心情，赋予可感受得到、可看得见和可听得到的色彩和线条。

荒井良二的这一特性，在引进中国出版的两本绘本《天空的绘本》和《森林的绘本》中发挥到极致。富有印象派气息的图画与抒情诗人长田弘的诗歌天衣无缝地结合，将大自然和孩子置身其中引发的，犹如天启一般的感受，以"司空见惯的奇迹瞬间"之方式，呈现在读者们面前。

在隆冬凋敝的万物之中，在笼罩四野的雾霾之中，读蓝色的天空，读绿色的森林，读缤纷的天地，对孩子而言，是铭记和祝福。

是的，每个孩子都应该知道，他们有权利知道，他们每个人的天赋，这个星球上每个人的天赋，都是大自然。

《天空的绘本》《森林的绘本》
3—7岁 亲子共读

在万物中你脱颖而出

那些让孩子与宇宙秘密联结的瞬间，会改变他们一生。

在看到《宇宙掉了一颗牙》这本绘本之前，我刚刚给"三五锄"幼儿园预科班的孩子们上了一堂名为"创世记"的神话课。在课堂上，我们一起回顾了开天辟地的那个瞬间。

我们用一组三格漫画呈现了鸿蒙初开的场景，引导孩子们讨论天地是怎么被打开的，开启天地的神灵（如"盘古"）他们内心的感受是什么。我们甚至在课堂上用地垫和被子模拟了一个天地重合的景象，让每个孩子感受"黑暗——打开——光明"和万物萌生的场景。

在讨论神灵打开世界的感受时，一个五岁半女孩用了一个非常好的词——诞生。她说："天地被诞生了。"我及时抓住了这个词，并邀请他们和我一起演绎另一个"诞生"的伟大故事。

"这个故事，说的是一个大肚子的妈妈，她的宝宝在她肚子里，十个月了。妈妈突然肚子很疼。"我坐在地垫（"地"）上，把被子（"天"）盖在身上，做出痛苦的样子说："孩子在黑暗的混沌里不停朝前拱，它要打开天和地，它要看到光明，它要诞生。"我邀请每个孩子依次躲进被子里，当作"要出生的宝宝"。孩子们一边唠唠叨叨说着"我在妈妈肚子里听见、看见了什么"，一边欢呼雀跃又得意洋洋地把自己"诞生"出来。他们轮流"出生"了那么多次，以至于最后我都"生"累了。

不管多少次，我都不厌其烦地告诉每个"诞生"的孩子，他们也都已是开疆辟土，为创造新世界而战的英雄。

这节课，是"三五锄"幼儿园古典英雄神话课的第一节课。从一开始，我们就着力引导孩子意识到，幻想故事并不仅是"万众敬仰的神与英雄的故事"，不仅是"广袤且神秘的天地的故事"。幻想故事，是人的故事，是自我命运的故事。此间万物，就是不懈朝前、永远在路上的你自己。

当孩子领悟到这一点，千百万幻想之门就都瞬间打开了。而人性，就是万门之门。

在孩子五六岁时，和他们谈论广袤的天地、漫长的历史，是初生人性的渴求。人是生长在四维空间中的灵性之物。正是因为他们渴望真正投身于这片天地，渴望在自己所拥有的生命里有所建树，所以，他们也渴望得到"自我"与这个时间、空间深刻联结的凭证。这样的"凭证"，哪怕如粼光片羽般闪现，也弥足珍贵，也足以安慰这充斥着无常与孤寂的漫长余生。

对"我是谁""我从哪里来""我要到哪里去"这些问题最好的回答是什么？无非是"我来了，我见了，我征服了"。然而，举目当下儿童教育，引导孩子置身于天地万物的联结之中，树立起人性自觉意识的做法已经鲜见。所幸，还有一些极其高明的绘本指引我们和孩子。其中，《宇宙掉了一颗牙》让我为之惊艳。

这个故事的缘起来自作者郭奕臣30年前的儿时经历：7岁那年，他正值换牙疼痛期。父亲带着全家大小到垦丁见证每75年才造访地球一次的"哈雷彗星"。这段旅行不仅是作者和父亲之间的回忆,也开启了他对宇宙的想象,催生了这个在身体、记忆和宇宙之间交织的故事。

回首过往,也许每一个人在孩提时,都有某个联结天地、醍醐灌顶的片刻。《宇宙掉了一颗牙》的高明之处在于,无论是作者郭奕臣抑或绘者林小杯,并没有止步于描写某个掉牙孩子通过和爸爸旅行淡忘身体痛苦的流俗情节,而是致力于深入挖掘"天人交感的这一刻"对此时、此世、此生的重要意义。

在看哈雷彗星的这个夜晚,无边夜幕与大海之间,在这里,爸爸是媒介,红气球是媒介,摇摇欲坠的乳牙和应时而过的哈雷彗星是媒介,所有一切成就了男孩幼小"自我"和广袤天地的一场对话。通过这场对话,身体的痛苦找到了释放的通道,人性的困惑得到了呼应,通过想象式的"约定",孩子真正感受到了时间和未来的意义。

因为在天地之间,被呼应过,被等待过,"我"之所以成为"我"的特殊性在生命中被点亮了。在万物之中,孩子真正知道,自己脱颖而出。这是近乎神启一般的珍贵时刻。人秉天地之气而生长,宇宙和人在交感辉映之中找到最和谐的节奏与秩序。这样的时刻,只要你经历过,就一定会理解,一定会感动,一定会期望它在我们的孩子、我们孩子的孩子,在每个世代、每一个人生命中次第开花。

谢谢这么一本好绘本,把这么稀有、却又如此平凡的示现,呈现在我们的心像之上。

《宇宙掉了一颗牙》
3—7岁 男女通读

当孩子逐渐长大,他们要的不仅仅是毫无界限、毫无解释的支持。

在对世界的解释中取得理解

我有一个处女座的妈妈和一个调皮到上房揭瓦的儿子。有很长一段时间,我们三代人结伴出游的时候,我妈总会陷于种种生活细节之中,为我的孩子操碎了心。

这些生活细节诸如:吃饭前有没有洗手,不能触摸干净程度可疑的扶梯(橱窗、泥土、水缸……),不能翻动公共厕所马桶圈,皮肤出现伤害务必马上消毒清洁,一天必须雷打不动用三次牙线、两次牙刷,家里感冒的人必须戴口罩……

我的孩子强壮结实,精力充沛之极。他最喜欢做的事情就是:在海滩上翻跟斗,摸所有他觉得好奇的东西,研究按钮(包括公共厕所的马桶按钮),用撒娇的口吻炫耀他攀高爬低时划出的伤口,感冒时玩儿似的把鼻涕喷出来再吸进去……

没错,几乎所有我妈看到会失心疯的举动,都是我儿子的大爱。

作为新任资浅妈妈,我也曾偏执地认为"永不对孩子说不"就是支持孩子充分且深入地体验他的世界。我和我妈谈心,鼓励她也做一个"全然放手"的外婆。

但后来,在漫长的陪伴孩子成长的岁月中,我调整了自己的想法。

首先,和孩子关系密切的成人的世界观、生活观,即使不是通过语言表达,也会通过情绪倾泻,而让孩子感受到。

即使不说"不许摸这摸那""不许乱按按钮""不许不刷牙""离咳嗽打喷嚏的人远一点"孩子仍然会从成人焦躁不安的情绪中,

感觉到别人对这样的事情抱持截然不同的意见。

其次，当孩子逐渐长大，他们要的不仅仅是毫无界限、毫无解释的支持。他们愿意，也有力量与成人达成理解，愿意经由成人的解释与信任，去直面微观世界的危险与荆棘。

把身体所面对的危险告诉孩子，不是替孩子接手"身体管理"，而是引导孩子共同进行"身体管理"。把对身体的决定权从根本上交给孩子——这件事，在孩子四五岁时做，与孩子结成盟军，一起面对伤痛感染、受伤肚痛；在孩子青春期的时候做，和孩子结成盟军，一起对毒品、性诱惑说不；在孩子业已成年，而我们垂垂老矣的时候做，使孩子和我们这一生都能真正获知：为什么我们要对自己的身体负责？我们怎样对自己的身体负责？对自己身体的爱护，就是对自己权利的捍卫；家人对身体健康的互相支持，并不是干涉各自的自由……

这样的解决之道，对孩子，对我们自己，对我们的家，非常重要。

季节交替之际，父母们又陷入孩子面临传染病、受伤、感染的日常焦虑之中。把这样的焦虑化解为孩子听得懂的解释，把"面对细菌该怎么办"的思考权和决定权转让给孩子，是处理"身体管理边界"最初却相当重要的一步。

"噼里啪啦细菌来啦"系列绘本，是我看到的"解释身体问题"中角度新颖有趣的一套绘本。它精选了六大类与日常生活息息相关的细菌，就如探险一般，为孩子们揭开身上细菌的奥秘。

这套书内容充实有趣,科学性强,绘图生动活泼,每本书后附有专业的"医生提示",有助于孩子和成人在故事情景中,获得对"身体管理"统一的认知。

来吧,和孩子们讲这套书,让他们对危险和荆棘做出自己的决定,让他们成为我们"抗菌"最有力的战友吧!

"噼里啪啦细菌来啦"系列(全六册)
3—7岁 男女通读

与童心一步之隔的有灵万物

如果不理解有灵万物,就无法理解广义上的「非人世界」。

几阵春雨过去，直到暴晒的盛夏之前，"三五锄"幼儿园的孩子们会把大量时间花在他们的秘密花园，花在山麓上，花在海边。这理所应当是万物和孩子的季节。

每天下午接园的父母，大都会看到孩子们翘着肥屁股，用各种造型趴在草丛里、秋千架下（有的还顶着一身蚊子包）喃喃自语地和手里的观察瓶说话。瓶子里，都是孩子们和老师"威逼利诱、狼奔豕突、请君入瓮"，用尽一千种手法，抓来的各种昆虫。

在这样的季节里，有很长一段时间，贝贝园长和各个小老师都是以"捕虫手"为主要职业的。

等到了孩子们都能湿身下海的季节、城里的海水干净些的落潮日子，或者全园到山海之间去、大人小孩精疲力竭的水枪大战之后，孩子们则会扎堆儿趴在浅滩里，着迷地捉软脚蟹和小虾。他们紧张地屏住呼吸，连大人都手忙脚乱，心无旁骛。

我很喜欢看这个时候孩子的脸，凝视着这个世界上与之毗邻而居的万物的孩子的脸，沉醉又熠熠发光，蕴含着珍贵的想象力、珍贵的理解力、珍贵的倾听与专注。

我认为，在城市的高楼大厦里长大的孩子与大自然的接触和融合，需要一些和缓的诱因，一些联结点和推动力。因此，"勇读者"选择幼儿动物绘本一般会有两种倾向：1. 优秀的故事绘本，以有趣又切中的情节增加与孩子的联结（如《小小自然图书馆》）；2. 用一个新颖有趣的编撰角度，引导孩子调动逻辑思维，达到科普与归类的效果(如《动物的朋友圈》)。

《我的萌萌动物邻居》属于前者,这套书以深受孩子们喜欢、生活中极其常见的各类小生物为主角,自然地描绘各类动物生态的同时,以拟人的手法,讲述了一个个鲜活有趣的冒险故事。每一本后面都会附上日本著名科普专家高家博成撰写的后记,以专业的视角,为大家更加详细地讲述了该书出现的小昆虫或小动物的自然习性。

故事清新自然,绝无矫饰的夸张、隐晦与扭曲,既毫不避讳地呈现了大自然生物链,又处理得风趣、幽默,让充满童趣与好奇心的孩子能无缝进入"小动物的故事世界"中。

能叫来"雨神"的天气专家小雨蛙,以一敌三的大力士独角仙,不怕迷路的采蜜高手小蚂蚁,龙虾,锹形虫,蜗牛,潮虫……这些深受孩子们喜爱的小动物,演绎出一个个惊心动魄的历险故事。在故事中小动物的踪迹环环相扣,帮助孩子们更系统、深入地认识这些萌萌的动物邻居,引导他们观察、探索、发现自然之美。

此外,这套书还埋藏了一个更为贴心的环保设计,硬皮包装盒可变身为方便的昆虫观察盒,让孩子与昆虫的接触更安全、更亲密。

《我的萌萌动物邻居》（全十五册）
3-7岁 男女通读

儿童自由解构主义

没有永恒的权威,才有充满无尽可能的未来。

尼尔·波兹曼说过："'童年'是一个被发明出来的社会概念。如果采用普通人对'儿童'这个词的理解,那么童年的存在不超过150年。"

我们这个时代,是"儿童""童年"被社会更广泛聚焦,被更充分尊重与理解的时代。

同样,在最近的100年里,因由个体意识的发展,解构主义、自由主义风潮日兴。那些几个世纪以来坚如磐石的权威秩序、文化壁垒受到巨大冲击。逻各斯(希腊文"Logos",在黑格尔哲学中,逻各斯指概念、理性、绝对观念。编者注)倒下了,上帝已死,普世的一切价值被要求重估。

我们这个时代,像我面前的电脑,不断要求我们开机、升级、重启。我说过,在这样的时代里成为年轻父母,是一件很累人的事呀。因为我们不知道应该做什么,应该相信谁。在育儿路上,我们试图依附于一个又一个权威,然而,在解构的时代里,权威和专家旋即一个又一个倒下,只留下我们。我们茫然无措,却又必须孑孓而行。

在许多次讲座上,我经常讲起我爸爸的事。自从病后,爸爸不仅失聪,而且有短暂记忆缺失的症状。2015年12月31日夜里,辞旧迎新之时,我坐在桌前,拿着一张纸,想把他生病后身边发生的重大变化一件一件告诉他。

第一件事,就是滴滴打车。爸爸是2014年初生病的,2014—

2015年，打车软件大行其道。如今，久立街头挥舞双手拦截一辆又一辆出租车的情景，在大城市早已鲜见。

我爸爸总是困惑：何以总有一辆又一辆豪车成天接送他女儿呢？而且，还不收钱！

2016年，如果让我再次把世界上最重要的事告诉爸爸。先于人机大战和引力波前的，应该是电子钱包。

我已经很久没带钱包出门了。买东西不用钱，只要用手机扫一下这件事，我的孩子早已很自然地接受。但这还是造成了爸爸很大的困惑。

我说这些，归根到底想说明的是，仅仅数年之间，我们的日常生活就有了翻天覆地的变化。上文所谈的，看似离我们遥远的解构主义、自由主义，实际上不断发生在我们这一念头和下一个念头之间。

我们一而再、再而三地打破自己原有的生活习惯，只有这样，才能走向更美好、更有希望、更人性化的生活。在这样的时代，1970年至1985年出生的这一代人，既做父母，又做儿女，是非常累的事。

因为我们没有经验，没有任何依凭，我们在"权威就是真理"的文化环境中长大，却立世于"毫无权威，只有不断颠覆与打破"的时代。

我们既要告慰在信息爆炸世界里惶然无措的年迈父母，又要

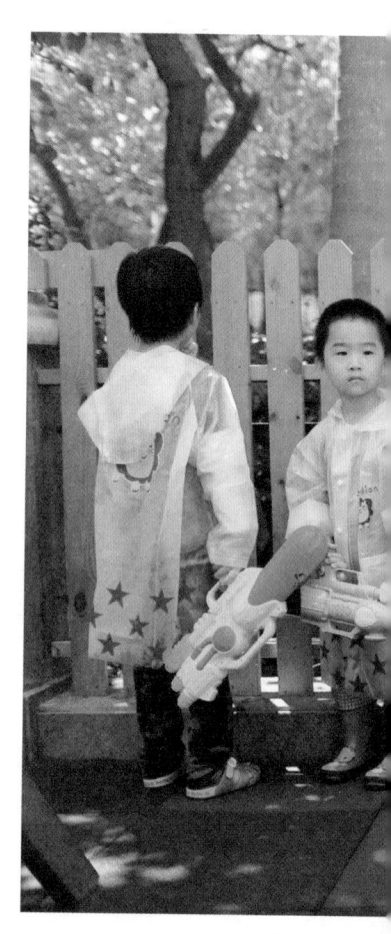

© "三五锄"幼儿园

竭尽所能,去引导张大翅膀,欲与自由世界狂欢的孩子。

我们没有办法想象未来十年、二十年,教育格局如何被打破,学科如何被重整,我们只能尽力去追寻适用于爱的"短暂真理"。

这就是我们成为主流人群的时代,曙光乍现的时代,莫衷一是的时代。

我们的孩子都信仰未来,信仰计算机和信息,如何在这样的儿童自由解构主义时代,去做真正的对话,真正的教育?在我,一个资浅妈妈看来,只能是为未知而教,为未来而学。

像我和一个失聪失忆老人的交流一样,把所有的谦卑,所有的幽默,所有的等待和爱,都留给留白,留给幻想,留给双方心中的"相信"。

是的,作为一个妈妈,我希望从这个角度上解读杜莱的两本新书。这两本集杜莱之大成的新书,对已有阅读心理定式的成人而言,是非常"难办"的书,不知道从何入手读,不知道源起和落点在何方。但孩子们总能喜悦地捕获于其中,像在广袤的土地上,找到信游的风。

埃尔维·杜莱和李欧·李奥尼是我心中现代主义童书最卓越的代言人。杜莱的反叛更有些当年达利的味道。他和达利一样,富有奇想的特殊才能,敏锐于个体生命中难以捕捉的元素,对世界有无尽的好奇,激情一般使用看似毫无逻辑的方法将秩序重新排列,强调文本与阅读者之间的互动关系;而在此之中,一个全新的、像孩子的想象力和情感那么新、那么强烈、那么生机勃勃与好奇的世界，就真正地、不依靠任何人地产生了。

这是"未来式"的孩子的自我阅读与学习方式的端倪，是充分肯定幻想的，呼唤主观能动性的，是超越一切既定格式，引导孩子不断关注自己，不断关注外界，从而达到身心合一的珍贵阅读之旅。

经由杜莱、李奥尼等带着童心与高级智慧的大师，我们和孩子一起抵达了"未来童心乐园"。但值得注意的是，这个乐园并不是由杜莱、李奥尼或任何一个高明的大师所创造的。

自由、想象力、人性、颠覆与重塑——一直是存在于每个个体体内，独一无二的真相，是童心世界独一无二、真而又真，值得我们为之奋斗与捍卫的真相。

没有永恒的权威，才有充满无尽可能的未来。让我们和孩子们，与杜莱一起奋斗吧！

《我是 BIOP！》《天啊，这本书没有名字！》
3-7岁 男女通读

化解孩子面对肉身的困惑

由衷感谢这些为孩子们摒除疑惑、抵挡灾难、坚定信念的绘本。

在"勇读者"的幼儿书单中,有一类书受到极大的关注。这类书专注于梳理孩子与自己身体的关系,缔造孩子微小的自我。

我说过,那是因为,在童年期,"我从哪里来,我为什么是我,我的身体带给我的意义是什么"——这些问题是否被看到,是否被给予合理的引导,很大程度上关系着孩子的安全感、归属感的建立。

让孩子像从天而降的蒲公英种子,在随风而行的旅程里,接受"它"作为草籽的使命,投入坚固、柔软、生生不息的家族序列之中。这就是生命哲学对于每个人——哪怕年幼稚子——的重要意义。

因为曾经介绍过蒲蒲兰的"性教育绘本",许多父母都好奇:这类绘本很好,还有什么类似的书吗?

对这类书,我的挑选很慎重。用科学的、饱含珍惜的口吻,用自自然然、充满挚爱的画面向孩子们讲述"性与身体",这样的书对孩子和父母而言,都是美好的开示。

"东方儿童性教育绘本"一套三本,致力于和孩子面对"身体"的大部分问题:"我从哪里来"(《我弟弟出生了》),"男生和女生的区别"(《我是女孩,我弟弟是男孩》),"我对自己的身体做主,不能让人随便触碰我的身体"(《我宝贵的身体》)。

这套绘本在众多性教育绘本中脱颖而出的原因,我想在于以下两个方面——

首先,这套绘本有强烈的"东方味"。许多对"我的身体"的解答,画面中是温暖友爱、紧紧包围的一家人（非常有别于强烈"自我身体意识"的西方性教育绘本）。将"我"的解答，放置在家庭、群落的语境下，从而弱化孩子独力面对肉身困惑的冲击力。

其次，这套书的"功用"，不仅在于对身体困惑的解答，还在于它所陈述的，身体之可贵。

最亲近的人，他们也不能随意碰我们身体的一个地方。这是哪个地方呢？这个地方，就是我们内衣里面的身体部分——私密地带和"小鸡鸡"。

等我们长大以后，这个地方是我们用来生小宝宝的，非常非常珍贵的地方。这个地方是我一个人珍贵的秘密。不能让别人看，不能让别人摸，是我一个人的秘密。

我们内衣里面的身体部分，如果有人想要碰触，你一定要大声地说："不要摸我！"一定要大声地说："我不喜欢！我不愿意！"

我要立刻告诉爸爸和妈妈。我要立刻告诉警察和老师。因为我是我身体的主人，我要好好地从头到脚保护我的身体。

——《我宝贵的身体》

每次读到这里，我就会由衷感谢这些为孩子们摒除疑惑、抵挡灾难、坚定信念的绘本。

这套绘本的画风既温馨有爱，又坦诚自然。对我而言，这套书的性价比相当于《小威向前冲》加《不要随便摸我》加《小鸡鸡的故事》等绘本，是之前我推荐过的蒲蒲兰"性教育绘本"的进阶版。

"东方儿童性教育绘本"系列(全三册)
3—7岁 亲子共读

后现代世界的童心魔法

> 你需要成为一个游戏陪伴者,或者彻底把主导权交由孩子。

第一次看埃尔维·杜莱的绘本,是大名鼎鼎的《点点点》。那本书我和米尼共读的时间点选得太早,那时米尼才两岁,对这类"绘本魔法"很懵,并不像传说中那么感兴趣。我因为做杂志工作的关系,和许多平面设计师"混"过几年,对这种"设计先行"的绘本作品也不是那么恭敬。我只觉得埃尔维·杜莱应该是平面设计业的翘楚,偶尔跨界玩玩绘本,因为一个创意获得成功,仅此而已。

　　《点点点》是一本聪明的绘本。聪明,究其机理,却远逊于同样是设计师出身的李欧·李奥尼,远逊于他的极简深远(说到这里,必须吐槽一句。我最羡慕李欧·李奥尼的是他49岁时已经是两个孩子的爷爷了!也正因为作为爷爷的他开始给孙辈讲故事,一代绘本大师才由此崛起。这个故事告诉我们"结婚趁早"必须成为家训坚定地贯彻下去)。

　　话说回来,如果中国仅引入埃尔维·杜莱的《点点点》,我对他的印象就只限于此。所幸,《10个10》《哈!不要搞错!》《艺术大书》《杜噜嘟嘟》系列的出版,以及埃尔维·杜莱的来华,让我们有更多机会更全面地看到了他。

　　从《10个10》开始,我和"三五锄"幼儿园所有孩子开始成为杜莱的"铁粉"。一个下午,我曾着迷地坐在墙角远远地看一个三岁出头的女孩子看杜莱的书。她就坐在跑来跑去的孩子堆里,笑眯眯地咬着手指,翻着绘本自个儿念念有词。这时不是共读时间,她的小伙伴经常打扰到她读书。有时候有人从她头上跨过去,有时候有人不小心踩了她一脚，有时候她的小姐妹跑来耳语，有时候她自己放下书，凑在别人的游戏窝里看着什么，然后，又跑回来，趴在地上，小鼻尖对着杜莱的书。

在大人看来，这样的阅读是混乱的。书经常被抛下，一会儿从头翻到尾，一会儿只是随意翻开一页。可杜莱的书对幼儿而言，就是这样全然开放、无序、包容，像一个戏谑绚烂却深情至极的人，永远在眼花缭乱又安静悠远的游戏里。你在，就是游戏的开始。

介绍《10个10》和《哈！不要搞错！》时，我曾说过，有两位童书大师深具"卡尔维诺"式的后现代风格。其一是我最爱的童话大师之一舒比格，另一位就是这位光怪陆离的"绘本王子"杜莱。他们统统属于我们的白日梦。七宝楼台，突破日常逻辑。在他们笔下，天地人道如道路交叉的秘境。大人会惊愕、糊涂，孩子却自然而然，欢欣鼓舞地置身其中。

有时候我常常想，在文化艺术进入"后现代"的当下，也正是整个成人世界向童心致敬的伟大时代。

比起《点点点》，我更喜欢《10个10》《哈！不要搞错！》《艺术大书》和《杜噜嘟嘟》系列，因为它们并不是玩一次就束之高阁的炫技之书。杜莱花枝招展地，却不可谓不严肃地，将整个成人世界全打破了。然后，最耀目的童心队伍蹦跃而出。每次翻开这几本书，我耳边都隐隐能听到这样的铮铮号角。

杜莱说，这些书很多都是他和孩子们一起创作的，许多孩子拥簇在他周围,不断打断他,也不断给他巨大的灵感。

在他的笔下,你会服膺这样的说法,只要你曾经无数次被孩子打破过自我,只要你曾在这样无数次的打破中,深深映照过你不可改变、不可动摇的爱。

在《骑鲸之旅》里,我曾说过,绘本是童心的剧本。重要的不是和幼儿读书,而是把书当作最好玩的游戏,带领孩子进入"色香味触"法的世界。杜莱的作品,因由他根源深厚、精妙之极的设计功底,已经把每一本书都做成了可以玩的魔法书。

这些书,尤其是《艺术大书》和《杜噜嘟嘟》系列,都可以玩上百次。每一次"玩读"的结果由孩子自主决定,都是全然不同的。

大人拿到杜莱的书,会觉得老老实实读是很难的事。你需要成为一个游戏陪伴者,或者彻底把主导权交由孩子。这是对的,这是杜莱对童心最大的诚意。

《艺术大书》《杜噜嘟嘟》系列（全四册）
3岁半—6岁 亲子共读

这一生的全部感受,没有让权,只属于你自己。

哈哈大笑、大自然和自己

我很喜欢的一首诗,是谷川俊太郎写的——

> 孩提时只消凝视眼前的树木
> 就会笑得浑身发颤
> 一天的结束就是梦的开始
> 人人都无缘无故地活着
> 我没有可以讲给你的故事

这首很美的诗,叫《钻石就是雨滴》。和孩子们在一起,我总会不停地、不停地、不停地想起这首诗,觉得这就是实实在在的童年。童心世界,就是哈哈大笑加上大自然,还有自己——作为"三五锄"图书角管理员,为孩子们选择绘本时,我为这三件事努力。

首先是哈哈大笑。《呀!屁股》是我火急火燎为孩子们抢来的书。孩子们一定会蜂拥着围过来看,笑得前仰后合吧。

他们现在正是爱说"屎尿屁"的年纪。在"三五锄"幼儿园,也从来没有大人和他们说:"你们不要说这个!不害羞!肮脏!"

我自己曾是一个非常爱"屎尿屁"玩笑的怪趣味女文青。之所以说"曾是",我的意思是,自己现在已经不是女文青了,但永远热爱"屎尿屁"玩笑!

在数十年孜孜不倦地热爱"屎尿屁"玩笑的人生里,我逐渐发现,在我们这样的人的内心,屎尿屁是一个关乎"人与人界限"的邀请。它意味着,在被打破的、百无禁忌的人际关系中,我邀请你和我在一起,邀请你和我毫无遮蔽的自然感受、和我的坦白在一起。

对于以自己的节奏缓慢进入社交集群的孩子们,"屎尿屁"玩笑多半是一个挑衅式的社交邀请方式。孩子们隐约知道它是个界限。但界限那边是什么?在大人变色的表情后面是什么?他们一而再、再而三重复着,并为这不符合常态生活逻辑的事情哈哈大笑。

孩子们的幽默,来源于突破常规、不合逻辑。"屎尿屁"就是人际交往中的突破常规、不合逻辑。

明白这件事,就会理解孩子口中的"屎尿屁",一开始并不指向肮脏、恶心和恶劣的情绪。怎么引导,避免孩子满嘴"屎尿屁"?像疏导洪水一样,开道引流是比堵塞淤积高明一百倍的做法。

《呀!屁股》就是这样一本蕴含笑点和科普知识,真诚接纳与幽默坦白并存的书。《呀!屁股》实际上是一本科普书,让成人以日常、风趣的口吻和孩子谈"屎尿屁"。孩子透过日常笑点去认识自己的身体,这本身就是很大的修习,也是对自己的打破。

试一次,微笑着和孩子谈一次"屎尿屁"。这是让他们坦然接受自己身体的路,这是打破你和他/她之间障碍的路。没有什么可以遮蔽你和孩子的交流,没有什么可以阻止你和孩子一起哈哈大笑,包括屎、尿、屁。

其次是做自己。和《呀!屁股》一起带到"三五锄"幼儿园的,是《只有你》这本书,因为"关注自己"是"三五锄"幼儿园每个孩子都会说的话。

虽然文字略长,但这本书里所说的话,"三五锄"幼儿园里三岁的孩子都能理解。因为,如果脸涨得通红的孩子说:"哭会让别人笑话,我不哭。"老师会蹲下来,抚摸着他们的背,说:"没关系,你可以关注你自己。"

如果犯了错的孩子说:"我下次不会了。"老师会看着他们的眼睛说:"这次你就可以纠正它。每件事只有当下,没有下一次。只有你可以现在就改变它。"

如果有孩子七嘴八舌替别人说出想法,别的孩子就会说:"请让他自己表达,他有权利说出他自己的想法。"

每一个孩子,从一开始,就要知道负担起人生善恶美丑、逆境顺境等真切感受的——没有其他人,只有自己。这是"三五锄"幼儿园和这本书共同要说的事。不,应该说,这是每个大人有责任告诉孩子的事情:这一生全部感受,没有让权,只属于你自己。

三是大自然。实际上,我和很多父母一样,本身是自然生物盲,无论怎么读自然科普绘本,尤其是无字少字的自然科普绘本,总有喊天天不应、喊地地不灵的感觉。

但即使是这样的我,依然被台湾生态绘本画家邱承宗打动了。他应该算是中国的松冈达英吧。

邱承宗,1954年出生,成长于台中,毕业于日本东京摄影专门学校,回台湾后创办红番茄出版社,并开始创作以本土素材为主的儿童绘本。

他曾经以《蝴蝶》一书入选2000年意大利博洛尼亚儿童插画展,是台湾以非文学类作品入选的第一人。2006年以"昆虫新视界"保育类昆虫画作再次入选意大利博洛尼亚儿童插画展。此外,他还被台湾《讲义》杂志评选为2014年第十一届年度作家中的"最佳插画作家"。

年过半百,邱承宗仍像个孩子似的对昆虫世界充满好奇。他最大的心愿是能够随心所欲地画画、拍摄、调查昆虫生态,并能毫无顾忌地奔驰于想象的空间。他自认:"生命的过程中,因不懂人性,而对人类有畏惧感。虽然是活了一甲子的老怪物,依旧喜欢优游大自然与昆虫为伍。"

在《我们的森林》一书中,他既不借文字叙述,也不编织情节说故事,而是运用精心构筑的画面带领读者进入自然,身临其境地完成一次生态之旅。全书以镜头拉远的方式,从一只瓢虫背上的红、黑斑纹,拉远至白鹭鸶、台湾蓝鹊、黄肩长角花金龟、金艳骚金龟、高砂蜻蜓等昆虫或哺乳动物的相貌,乃至整个森林的全景。

通过阅读这本书,孩子完成了一个高度仿真的浏览、观察,深入森林微观世界的过程。而这个过程,他们是通过不断搜索、观察获得的。因此,这本书也是一本很好的自然观察书。

米尼有个大他四岁的"把刀大哥"叫豌豆,是一个狂热的昆虫迷。他有很多昆虫绘本、图书和标本。他妈妈带他出门,就是清晨带他到森林里,把他丢在那里一整天。

米尼和他"混"过几次森林,开始对昆虫大感兴趣。对我这样一个生物白痴来说,这事真是伤脑筋啊。我问豌豆妈:"豌豆那么迷昆虫,你一定也修炼成半个自然学家了吧。"

她哈哈大笑,回答说:"哪能呢?我也还是白痴。我就把他丢在那里,丢在森林里,回去他自己入迷地翻书。就这样啊。"

嗯!这才是真相。真相就是大自然和书,都是它们和孩子的四目相对。

《呀!屁股》《只有你》
3岁半-6岁 亲子共读

《我们的森林》
4岁半-6岁 亲子共读

孩子眼中的第一个小社会

这是孩子超越亲情人伦感知，朝社会化跨出的非常重要的第一步。

两岁半后,米尼开始对"他人的工作"产生极大兴趣。

第一份他爱上的工作,是快递员。拿着网购包裹上门的快递员叔叔,总会引起他极大的好奇。他会热情地帮人家拿东西,贴胶带,跑东跑西。

第二份他心仪的工作,是保安。有一段时间,他经常拿着玩具警棍,板着小脸,煞有介事地和小区保安并肩站在大门口,帮人开大门,指挥交通,甚至把手指放在嘴边,做出和保安一样抽烟的样子(临了还要拿脚在地上一踩)。

他"火热投入"过的工作还有停车场看管、牙医、体检医生、幼儿园老师、警察、超市售货员……无不惟妙惟肖,恍如亲历。

每个孩子都是这样。"不同的人做不同的工作"——这是孩子超越亲情人伦感知,超越"爸爸妈妈、爷爷奶奶、叔叔阿姨"的身份设定,朝社会化跨出的非常重要的第一步。

他们是谁?他们在做什么?工作的意义是什么?为什么不同的人做不同的工作?这些工作和我有什么关系?和这个世界有什么关系?在自发的观察和模仿中,孩子对社会的认知体系慢慢递长。

我曾经推荐过一些幼儿喜欢的社会职业绘本,其中有一套"特殊"的绘本是"我最好的第一堂社会认知课"。这套绘本全套六册,内容涉及火警、社区医生、邮差、农场工作人员、老师和警察,从孩子们最有兴趣、最能激发他们想象和感受力的职业入手,为他们揭开社会认知的第一页。

说它"特殊",是因为为它花了冤枉钱!当初,我做好功课,买下两套,准备拿一套放在"三五锄"幼儿园。园长贝贝对我说:"这套书我已经买了。"

"可是,负责'三五锄'幼儿园图书角的人是我呀。"我拿着书,争辩说。

"我觉得这套书很好,孩子们现在很需要,就直接买来了。"贝贝铁腕地回答。

多下来的一套书,我送到"小暖客栈"了。住进那里的人还可以在书架上看到。后来我想,这套书之所以被我们不约而同地购买,是因为和孩子们"耳鬓厮磨"的我们,都听到孩子心中,对踏入这个社会的呼唤和热望。

这套书比我们常见的大部分"职业绘本"更深入、更多元,包含更细腻的信息与细节。它是一套有梯度的书,三四岁、五六岁的孩子,乃至七八岁的孩子,从中接收到的信息各有不同。从这方面说,它是一套性价比非常高的书。

我最喜欢这套职业书的地方还在于,它不仅突出了"职业",还塑造了职业中一个个"人"的形象。而它对"职业"的认识,是将"职业"放入社区中,不仅表现"职业"的日常,也突出了人与人之间(因为工作)而产生的日常交往,突出了整个社区良性循环的日常。

这是这套职业书非常了不起、非常正本清源之处。它辅佐孩子从一开始就去认识：职业不仅与某个人相联系，也和整个世界、和每个人的人生产生关系。工作、人生和爱产生关系，而人的联结即社会。

这套书在"三五锄"放了大半年后，据老师说，一直颇受孩子们青睐。后来幼儿园搬家，有一天早晨，我拿着抹布擦拭阅读室的书架，又看到它。老师把它端端正正地放在醒目的、孩子们触手可及的位置。

这套书就像整个社会，正等着他们开启。

"我最好的第一堂社会认知课"系列（全六册）
4—6岁 亲子共读

所有的爱中最重要的爱

家始终有在这风雨如晦的无常世界里安如磐石的意义。

对我而言，所有的爱中最重要的爱是——我要守护我的家。

我出生在一个幸福的家庭。爸爸妈妈给我确定的爱，不是有钱人家，却也衣食无忧。虽然青少年时期也和双亲有过磕磕绊绊，但从始至终，爱与牵绊不曾动摇。

不过，必须承认，我一直偷偷幻想着一个"更好"或"更有意思"的家庭。比如说，直到前几年，我还想象过我爸爸妈妈其实是隐形富豪，他们有很多很多钱，只不过是怕我放弃对人生的努力，不肯把这件惊天秘密透露给我。

因为一直抱着这样的想法，等及爸爸猝然发病，以致失忆，我们花了很多工夫，把他所有银行卡都补齐办清后，我骤然有一种回到现实的惊奇。呀！我们家原来真是普普通通的穷人家庭呀——这样对人生的体悟，也蛮有趣的。

还有段时间，我幻想我爸我妈都是情场高手，我还有流落在外的兄弟姐妹。家里猝发无常，我独力难支的时候，就想象着他们正在遥远之所在，通过某些我想象不到的渠道焦灼地看着这一切，某个时候，会突然走过来，跟我说："不要怕，我们一起分担。"

和失聪的爸爸聊天时，我问过他："爸爸，你以前有小三吗？她有妈妈漂亮吗？"我爸半通不通地读着唇语，大惊失色，说："哇！我以前有小三？她比你妈还漂亮？她是谁？"好扫兴，也不懂得跟女儿吹吹牛。

我现在还经常想象，想象这一切只是一个游戏——爸爸因为不想听妈妈唠叨假装听不见了,妈妈也没有骨折,全家可以随时来一场说走就走的旅行。

这些想象都又酷又美,有时候它们如神光烛火,照亮平日里无常的阴暗。然而,更多时候,它们更像降落伞,飘曳摇荡,让我在现实里安稳着落。

妈妈骨折的那些天,我的生活轨迹是:每天早上五点多起床,协助妈妈起床、穿衣、洗澡,协助孩子做起床工作,全家一起早饭,送园,到"勇读者"工作,中午回家午饭和午睡一小时,然后到"三五锄"幼儿园观察谈天,或继续"勇读者"的工作,接园,晚饭处理琐碎家事,协助孩子和妈妈晚上睡前工作,看书和学习。

是呀。比起幻想,现实生活一向单调枯燥。我也曾想过,这几年家里屡受无常,对孩子是不是不公平?

然而,亲爱的孩子,我想永远在最安定舒适的环境和你相依,但人生总不乏周转不灵的倒霉际遇。在"找个地方和我的孩子什么都不管地厮守一辈子吧"这样的爱之上,还有一种更好的爱。

它叫作"我要守护我的家"。我想鼓起所有勇气,用尽所能,把这种爱给你。

我们见过许许多多咏叹家之美好的书与绘本,但作为羞于将最美的情话宣之于口的资浅妈妈,我更愿意为孩子呈现,我们想象中的家,远在远方之外的家。

呈现"家"之形态的无穷无边,才能让我们真切感受到,我们所得到的，是独一无二的珍贵命运。从这个角度上说，《家》和《世界上最最温馨的家》是意在言外，角度极其新颖的两本绘本。

《家》呈现了孩子们想象之中，现实之内，天宇八荒的千百万种家的形式——乡间的房子，城市里的公寓，洞穴、宫殿、船，甚至是鞋子……它们都可以是家。那么，是谁住在这样的家里？铁匠、商人、艺术家、月球人……他们的家又是什么样子？你呢，你的家在哪儿？又是什么样的？

这本书里，有我非常爱的事物呈现方式。它像和孩子谈天说地一样，在跳跃式的关于"家"的谈论中，人类对"家"的想象，最重要的共性被凸显出来：无论身处何方，无论是什么种族，什么人，温暖的、世代传袭的、无惧困难苦痛的、充满想象力的、颠扑不破的人之命运起点——就是家。

我喜欢这本绘本。它非常像我为"三五锄"预科班做的课程PPT。在所有的幻想中呼唤孩子想象的细节，追问孩子的疑问，使答案自然呈现。这个答案就在孩子的心像上。

《世界上最最温馨的家》反其道而行之，呈现的是昆虫宝宝令人惊叹的小世界，和不可思议的自然奇迹。

在这本书里，著名的自然绘本作家安妮·默勒让我们知道：葡萄象鼻虫怎样把枯萎的叶片卷起来，做成温暖的孵化室；切叶蜂为什么要把玫瑰叶片切下来，带着它飞回巢穴；双色壁蜂怎样把空蜗牛壳变成挡风遮雨的温暖育儿室；臭烘烘的羊粪又如何成为蜣螂宝宝的第一个家……

在《小小自然图书馆》里,孩子们可以把自己"附身于"幼小的动物身上,去体会与自然沟通交流的经过。在《世界上最最温馨的家》里,孩子们可以通过对"幼虫如何创立自己的家"的认知过程,去感受从无到有营造一个家庭的不容易,以及为什么要守护家庭背后的艰辛与坚持。

读这样的书,不仅能让孩子大开眼界,了解到自然的奇妙和生物的智慧,也能让他们体会到自然界中无处不在的深沉母爱。

在我家的"艰难时世"里,我想和我的孩子一起读这样的书,因为我知道他在,他也知道我在,我们都知道,只要我们爱着,互相守望着,一个家就始终有在这风雨如晦的无常世界里安如磐石的意义。

在一切爱之上,最好的爱,就是我要守护我的家。

在一切幻想之上,最好的幻想就是安住在当下。

这就是我要和大家推荐这两本珍贵的"家"的绘本最重要的原因。

《家》《世界上最最温馨的家》
4—8岁 男女通读

故事如诉，耳边空无一人

让耳朵去捕捉信息、填充感知，是想象力与学习能力发展的一大趋向。

在所有关于"儿童活动室"的幻想中,最嗲的一个,是一间孩子们可以自由自在,通过音乐与自己身体对话的舞蹈房。

但目睹过孩子毫无拘束的舞姿的成人们,都不得不承认,这样的舞蹈房不一定非得在收费昂贵的幼儿教室里,不一定非得在一望无际的山林和大海之间。孩子自然而然洋溢着节奏和喜乐的心,就是最好的舞蹈房。音乐在哪里,舞蹈就在哪里。

小时候,我练过六年小提琴。我的琴童生涯并不开心,甚至成为了青春期我和爸爸关系疏离最直接的导火索。当时,我讨厌小提琴,以至于每听到乐曲中有小提琴声,心里就会打个激灵的地步。

我不是一个爱音乐的人。谈起乐曲,喜欢的是粤语老歌。而究其原因,不过是因为在青春期那些年头,独处时,读书时,在一个个陌生地方辗转时,认认真真谈着恋爱时,一遍一遍播放的背景乐,便是那些歌曲而已。

过了很长时间我才发现,所谓打动你的音乐,是那些能在你脑海中呈现画面的音乐。音乐能如此谦卑,又毫不设限地,让人想起在这个世界上所听闻、所感受到的所有故事。

我们都给孩子读过很多故事,听过很多音乐。但的确有一些卓有智慧的人能做到:让视觉与听觉融合并互为促进,协助孩子在两个传播介质之间自由转换、跳跃前行;用图像呼唤想象力,使想象力深入每一个音符,搭建听觉的可视幻想;最后,让凭空而生的感受力全然地充溢内心。

能做到这样的"音乐绘本"不多，这需要众多不世出的大师级人物之合力，即最好的音乐、最好的图画、最好的文本。它们是谦卑的，愿意虚位让贤；它们绝不互相抵触，它们是一股合力，它们幽默，它们不自设门槛，它们全心护佑孩子的心灵。

这样专门为"挺进音乐殿堂"而生的儿童绘本很稀少。我尽力网罗，优质的极少。《最美的音乐故事绘本》却必属其一。

翻开这套绘本，我们和孩子会邂逅一系列星光熠熠的大师级人物：柴可夫斯基、霍夫曼、莉丝贝特·茨威格……最好的音乐家、插画家、童话家携手，将孩子带入真正的纸上视听盛宴。

我说过，四岁后，从看读到听读的过渡，让耳朵去捕捉信息、填充感知，是想象力与学习能力发展的一大趋向。让听觉引导内心无所拘束的自由，刚开始孩子们还需要阶梯。

在越来越复杂、越来越多层次的音乐中感知情绪、联结自我，在无边无际的无意识中拓宽幻想世界的疆域，有分寸、有力量的画和文，是最好的辅佐。

我个人非常喜欢茨威格的画。唯美梦幻，干净精致，风格独特。在我看来，她为享誉童心世界的两大音乐剧《胡桃夹子》与《天鹅湖》所配的图，有如下杰出之处：

首先，她以深厚的绘画功底，充分表达了对原著的独特理解，为作品带来"孩子"的平行视觉。她笔下的人物无不姿态优美、动作纤毫毕现，但五官模糊。茨威格总把刻画的重点放在故事情绪和角色所呈现出来的动作美中,背景处理则呈现出一种悠远的意境。这点与孩子的幻想是极其暗合的,也充分体现了把具象式想象充分还给孩子的画家的谦卑。

其次,用不断变化的色彩、不可思议的想象力突出故事中人物的情绪。以情绪感知进行阅读的孩子,会轻松地进入语境之中。

最后,用别致的形式创造出音乐般的节奏。《天鹅湖》的每一个对开页,左页都配有五线谱。这让整本书充满浓浓的音乐感,雅致美观。最细微的细节,带领着最敏感的孩子们。

《天鹅湖》和《胡桃夹子》是充溢着别离、背叛、死亡与哀愁的故事。但在大师们的加持下,这些关于生命的永恒的挫折被多介质式地、坦然呈现在孩子们面前,如梦如幻,就像我们最终会加入,却始终焕发着神迹的人生。

在孩子的耳朵里,这样的音乐,这样的故事,这样的画面,需要被奏响。

《最美的音乐故事绘本 天鹅湖》《最美的音乐故事绘本 胡桃夹子》
4—9岁 男女通读

故事：音乐的快捷打开方式

理解不了古典音乐的人数不胜数，却没有不爱童话故事的孩子。

在我看来，富有节奏的歌谣是孩子五六岁以前非常好的音乐欣赏与参与模式。我一直在为我们园的孩子寻找更进一步深入音乐的下一个阶梯。

音乐能深入人的情感与思维之中，呼应想象与情感。但是，大音希声。如何真正帮助孩子在好音乐与出入自由的想象之间搭建桥梁，有时候，作为成人，我们又拿不定主意。

我说过，我自己是一个与音乐有隔膜的人。有过五六年当琴童的生活经验，琴拉得越好，却越讨厌小提琴，讨厌乐器，讨厌音乐。我至今还能记得很多曲谱，却完全不知道，也不愿深究这些曲子说什么。没有人和我讨论过音乐背后，与人攸关的喜怒哀乐，与世事攸关的跌宕起伏。

如果音乐就是"弹对每一个音符"，那么演奏家和一个熟于手艺的技工有什么区别呢？

第一次让我觉得"哇，小提琴好了不起""古典音乐好了不起"已经是十几年后的事情了。很惭愧，是一部通俗电视剧调动起了我的这些感受。当年风靡一时的那部日本电视剧叫《交响情人梦》。

这部讲述两位音乐怪才恋爱过程的日剧，描述了一群年轻音乐人为朝自己理想奋勇前进，在音乐的鼓舞下排除万难、毫不气馁的故事。富士电视台手笔豪放，请了一众国际顶级演奏家为其中的古典音乐演奏。这个电视剧的插曲包括贝多芬的《第七号交响曲》第一乐章，拉赫曼尼诺夫《第二号钢琴协奏曲》第一乐章，莫扎特的《C大调双簧管协奏曲》第一乐章，萨拉萨特的《卡门幻想曲》，巴哈的《第二号小提琴无伴奏组曲》第三乐章《萨拉邦德舞曲》，舒伯特的《第十六号钢琴奏鸣曲》，肖邦的《练习曲》等近百首经典古典乐。

我还记得当年沉浸在乐曲中泪水涟涟，一边哭，一边掐着纸巾暗暗发誓，以后我的孩子学琴前，我一定要让他/她看这部片子的场景。

虽然讲述音乐的好片子有很多，但的确是《交响情人梦》真正打开了我"试着用想象力与同理心去理解音乐"的那个开关。有一天，在飞机上，我突然听懂了《梁山伯与祝英台》。

我的意思是说，我真正听懂了这个曲子——理解它每一个音符，理解它的长笛、小提琴、大提琴、铜管，理解它的慢板、跳音、散板和快板，理解它的倾诉与对谈。我也真正理解了一段好的乐章，就是一个好的心灵故事。

后来，我和"三五锄"幼儿园的音乐驻校辅导员莎莎谈过这段经历。她音乐系出身，自身极富灵气。儿子年近十岁，早慧，各种"学霸"。她做过几年一对一的琴童工作室，自己的孩子却还没学琴。她告诉我，早几年前她自己也教孩子弹过一段时间的琴。自己爱琴甚切，因此和孩子关系搞得很低迷。后来回想起来，从她个人角度说，这条路走得急切了些。要孩子学琴，一定是他对节奏，乃至对乐曲产生感情，引起联想，掌握了自己能沉浸入音乐中的方法。学琴看谱甚至可以推到八九岁之后。

所以,她的孩子虽然还没学琴,却有一双听过许多古往今来音乐的好耳朵。对她来说,这才是把孩子永远留在音乐中的意义所在。

我喜欢她的这个推论。莎莎告诉我,她孩子四五岁那会儿,她开始陪着他看经典动画片《猫和老鼠》。《猫和老鼠》每集篇幅很短,却连缀着许多极其经典的音乐,有歌剧、有爵士乐、有古典音乐。而后,她把音乐独立拷出来,再播放给孩子听。孩子从"别人的故事"跳跃到自己的故事里,完成了"踏过阶梯的成长"。

对四五岁之后的孩子而言,从故事进入复调乐章,的确是更快捷的方法。通过故事,他们自己揣摩复调音乐,就好像多角色剧本一样,慢慢地,他们就能理解其中拟人化的乐器、充沛丰富的情感,以及每一个跌宕起伏的乐章。

《儿童古典音乐绘本》这套书,在我的书架上放了很久。一开始,"三五锄"幼儿园的孩子太小,所以一直没有拿出来。后来,我们开始准备给酷爱故事和扮演、热爱舞蹈与经典童话的预科班孩子们加入音乐欣赏课,让他们通过故事、通过想象,进入音乐奥义之中。

诚如这套书所说,理解不了古典音乐的人数不胜数,却没有不爱童话故事的孩子。通过经典故事,进入殿堂级音乐作品,让孩子在心智与心性上沉浸入音乐的感动与启迪中,与古典音乐、与歌剧玩一场想象力追逐的游戏。用演读的方式拜访古典音乐,是音乐便捷的、充满连接意义的打开方式。

《儿童古典音乐绘本》(全八册)
4—99岁 男女通读

艺术源于童心之眼

真正艺术之妙在于识得身心之美,在于深入现实生活的集萃之旅。

"三五锄"幼儿园小小班没有传统意义上的艺术课，我们（孩子、老师和父母）得一起携手，走过一段非常混沌、方向模糊的岁月。孩子们没有示范、没有督促，只是在自己做好决定时去进行纸上涂鸦和手工拼搭。

这段时日，从某种意义上说是成人非常难耐的。因为缺乏目标明确的指导，从孩子内心萌生、自然流露的具象极其缓慢。我曾经说过一个"笑话"。在"三五锄"幼儿园，四岁的孩子偶然画出一个房子，其他孩子会羡慕得不得了，围着看，说："哇！竟然能画出房子。"没有人告诉过他们，太阳、云朵、房子、人要怎么画。

"三五锄"幼儿园和艺术有关的事物，看起来都很生活化，充满故事性。要么就是讲完故事，就着音乐，孩子们披着各色花布用自己想象的舞步跳舞；要么就是大量自发式的生活拼贴、拼搭和手工。到预科班，四五岁孩子合作进行的手工拼贴，就是在希腊神话课之后自行建造的神殿，以及装饰充满各种想象纹饰的古代花瓶（古希腊神话课后，孩子们在古建筑课上一起搭建了希腊神殿。他们非常专注地搭建好它，然后着急着画好自己的画像放进去当神，并画上武士保护自己，令人绝倒）。

我们让"艺术"进行得很慢，不注重艺术的外在发展，而着眼于"艺术"与孩子理解力、心智、经验更深刻的联结。这么做是因为我们认为，大写的"艺术"只是令人害怕膜拜的偶像，而真正艺术之妙在于识得身心之美，在于深入现实生活的集萃之旅。

贡布里希在他最知名的《艺术的故事》开篇导论第一句就说，"没有艺术这回事，只有艺术家而已"。这句话把往日概念中的"艺术"给破除了。可是，真正给予人美感的"艺术"不正是如此吗？真正的艺术，唯心所识。

在此期间，我们做了很多努力，让所谓的"艺术之美"真正和孩子自己的每一个决定、每一个感受、每一个想象力联结在一起。这些努力诉之于蒙昧的幼儿期，是难以求效的。

唯有一件事是孩子和"艺术"之间最重要的桥梁。这个事物，就是理解。

当下的媒体语言把"孩子的艺术天分"吹得神乎其神。实际上，几乎百分之八九十的孩子都一样：一开始看到名画没有多少兴趣；参观展览赖在地上爬的时间比定睛凝视的时间多几倍；看完一幅画马上掉头而去，压根不会说什么令人惊艳的发现之语。

孩子和名画之间，缺乏理解。这时候，好的理解性指引是好的桥梁，能引导孩子走入艺术的密林之中。我想，这就是这套艺术启蒙绘本"大师杰作的秘密"（第一辑）别有特色的原因。

"大师杰作的秘密"第一辑包括《猫与鸟》《吹魔笛的雅蒂微嘉》《美然与四季骑士》《瓦朗坦飞起来啦》，介绍了朱塞佩、亨利·卢梭、保罗·克利、达·芬奇四位大师与他们绘作的故事。它并不单纯教给孩子艺术知识，让孩子了解艺术大师和艺术流派，而且从孩子的视角出发，每本书选取艺术史上最有代表性的艺术家以及他们最具代表性的艺术作品,以作品为基础,虚构了一个充满想象力的故事,并以这件作品的艺术风格来创作插画,直观地展示其艺术风格,使原本难以理解的大师杰作变得亲切有趣,从而使孩子们对这幅名作留下深刻的印象,从而对西方艺术史产生粗线条的感性认识。

故事之后,还专门介绍了名作和艺术大师的相关艺术知识,简明地告诉孩子艺术大师的真实生平和创作风格,并且留下很多探究的空间。

艺术之难,在于心和心跨越媒介的交流是否有效。"大师杰作的秘密"是法国资深童书作者们,以对童心、对艺术的深入认识,联手打造的将至高至深的艺术化为童话故事形式并加以阐释的最趣味盎然、举重若轻的作品。这套书彻底打破了孩子和所谓"高深艺术"的距离,让孩子能通过故事情节,深入艺术家图像背后的况味。

艺术通过故事被阐释,孩子就像拿到线轴进入迷宫的英雄,视迷途雾障为无物。因为直达核心,孩子与艺术、孩子与伟大艺术家之间的联结就近了。

"大师杰作的秘密"这套书体系完整、内容精良,是法国小学艺术教育的推荐读物。全套书共20本,涵盖世界艺术史上具有最重要地位的艺术大师们:达·芬奇、毕加索、凡·高、亨利·卢梭、马克·夏加尔、莫奈、罗丹、保罗·克利、迭戈·委拉斯开兹、葛饰北斋等。20个充满想象力的、美丽的绘本故事，20幅/件最著名的艺术杰作，20位世界最著名的艺术大师，上百个艺术知识点……"大师杰作的秘密"让孩子与艺术大师面对面，开启一段美轮美奂、趣味盎然的纸上艺术馆之旅。

知名画家姬炤华也盛赞："它根据每位大师的一件或几件作品去生发想象，借艺术杰作的外壳，创作出全新的故事。这些故事充满瑰丽的幻想，随着每位大师生活的年代，在浩瀚的时空中自由穿梭；而每个故事的插图，也尽力靠拢大师杰作的风格，使故事仿佛就发生在大师的身边，让读者随着他们一起去冒险、去发现、去体验。可以说，这是一座连接大师杰作和普通读者的桥梁，一部优秀的艺术普及大作。它帮助读者直观地感受艺术杰作的美，理解其中蕴含的奥妙与深意。不要说少年儿童，就是成人也能从中找到自己想要的东西。"

我们说，孩子的表达是从绘画开始的。引领他们发展绘画技艺的，是他们的经验、心智、感情、想象力，还有他们曾经理解过、共鸣过的伟大心灵。

上述最后一点，也正是我们带领他们无声驻足于美好而令人精绝的画作面前的原因吧。而这套书，引领我们和孩子们一起更进一步，朝向艺术核心的密林挺进。

"大师杰作的秘密"系列（全四册）
5-8岁 亲子共读

作为孩子，望进远方

像抛物线一样，朝远方丢去一个锚，孩子们的船晃晃悠悠、慢慢地驶啊驶，有一天就会到达那里。

我一直回忆自己小时候怎么看待"远方"。

作为独生女，十五六岁时我开始迫切地想去很远很远的地方走走。上大学时和送我到宿舍的爸爸妈妈告别，虽然抹了眼泪，还是在深夜黑咕隆咚的水槽里用力地搓衣服，开始学习自己照顾自己的生活。

刚毕业时，我去了北京。在大城市里走着走着，会突然停住脚步，心生茫然，觉得自己走在不知就里的地方，没有一个人等我，没有一扇门欢快地为我打开，没有一个故事是我的。

那时候，我特别喜欢去看高楼里挨家挨户的灯光。就看着，想着灯光之下发生了什么，吃什么菜，看什么电视，煮什么饭——于我而言，这就是"远方"这个词的细节。

我不喜欢看地图，至今还是个地理白痴。连新西兰和英国在地球的哪个位置，哪个离中国更远都不知道。我唯一当作地理认知书来看的，是妹尾河童的《窥视日本》《窥视欧洲》（当然我最爱的还是《窥视厕所》）。

妹尾河童一路走，一路画。他将乘坐的火车车厢内部结构及车长制服、行驶在街头的电车、移动的邮局、所住过的旅馆房间陈设、欧洲各地民居的窗户都画了下来。我喜欢他带来的耐人寻味的视觉体验。他的心对广袤的、细密的、微小的、宏大的、历史的、崭新的每一个空间都平静又热烈地绽放。这点让我感动。

但我还是很自卑，我觉得自己已经不行了。我是那种最无趣的旅人，身处远方就会想拍照，然后钻进酒店里，或者点一些当地特色菜，做出"哇，我真的在旅行呀"的样子。没错，我就是这样功利型的旅人。

小时候，没有人跟我好好谈论过远方。也许爸爸妈妈太爱我了，他们心里舍不得我走太远。我只听说过"旅游"，这个词的意思就是，去某一个目的地，住几天宾馆，花多少钱，玩几个景点。直到现在，"远方"对我而言，还是混沌又尴尬的事物。

米尼很小的时候，我就屯了《This is 米先生的世界旅游绘本》这套书。那时候，他心里一定觉得"家就是全天下"吧。有时候，我还真是个焦急的妈妈。

抱着"嗯！以后一定要和孩子好好谈谈远方，让他在童年时就尽情望向四野"的想法，把这套书放在书柜最上面，每半年拿下来自己看看。

这套书文风戏谑夸张，信息量极大，却又像一个智慧且趣的人，引导你移步换景，用心望进这个世界，望进每一个城市的褶皱深处。

"This is"系列是"20世纪最伟大的视觉插画大师"萨塞克先生的代表作，自1959年《这就是巴黎》面世，整套书创作周期长达20年，是融合了人文、历史、地理、艺术和景观的传世巨制，被誉为"经典中的经典"。

它被视为世界旅游绘本的开山之作。我想，究其原因，最重要的是，它愿意支持孩子在自己的童年时，把混沌的、不可言说的希望投射到地球上某个原本毫无关系的远方去。因为被孩子的眼眺望过，这个世界开始绽放，地平线上开始有了古老的城堡、舟楫、一个又一个正沉浸在自己生活里的人、有趣的（却毫不相关的）事、某个平行的时刻。

我曾好奇地问过一个男孩，长大后他想去哪里。"英国。"他想了想，慎重地回答我说。"为什么呀？"我又问。"因为，我想去看看特工的房子。"他看着我的眼睛说（他非常喜欢《王牌特工》这部电影）。

还有一个女孩，她说，她长大后，要去新西兰。"新——西——兰。"她又一字一顿地说了一次。"为什么呀？"我问。"因为那里是精灵、女巫和公主的故乡呀。"她扑闪着明亮的眼睛说（她非常喜欢《魔戒》）。

孩子们可以经由幻想进入远方，当然也可以经由和大人共读或自我阅读时纸上的"眺望"进入远方。这样的预演，会让他们对那遥远之所在更胸有成竹，让他们的心对广袤的、细密的、微小的、宏大的、历史的、崭新的每一个空间都平静又热烈地绽放。

像抛物线一样，朝远方丢去一个锚，孩子们的船晃晃悠悠、慢慢地驶啊驶，有一天就会到达那里。他们会说："啊，这就是小时候爸爸妈妈跟我说起的地方呀！"和孩子好好谈谈远方，把我们的爱预先投递到世界每一个地方。

《This is 米先生的世界旅游绘本》第一季（全六册）
5—9岁 男女通读

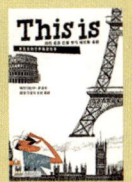

一场上天入地的畅游

历险故事是孩子内心不断演练自我,不断壮大力量的主旋律。

我说过，幼儿的想象外延随着他们的逻辑思维能力发展而发展。两岁时不断想象着走出家门的情景，三岁时开始模模糊糊演习着挑战困难险阻，四岁时开始搭建幻想世界的轮廓和城郭，五六岁的想象里，幻想王国映射着孩子所眼见的现实世界之光。

孩子们把他们可以想见，又心怀疑惑的那些地方——至远的地平线，至高的天宇，至神秘的地心，都当作自己要亲临、要畅游、要征服的历险之地。

从这个时候起，直到青春期，历险故事是孩子内心不断演练自我，不断壮大力量的主旋律。而把历险故事与孩子放眼望去的这个世界之所有部分联结得最为密切的，莫过于凡尔纳。

我一直觉得，凡尔纳的人生是在11岁时被他自己彻底改写的。他自幼热爱海洋，向往远航冒险。11岁时，小凡尔纳背着家人，偷偷地溜上一艘开往印度的大船当见习水手，准备开始他梦寐以求的冒险生涯。不料被父亲及时发现，在下一个港口赶上了他。那次以受到严厉惩罚而告终的旅行换来更为严格的管教。小凡尔纳躺在床上流着眼泪保证："以后只躺在床上，在幻想中旅行。"

这样一颗全然渴望、全然好奇的赤诚之心，后来成就了倾尽一生之力，驰骋幻想之国，使千百万孩子心跳加速的、卓越的科幻文学大师凡尔纳。

我八岁开始读凡尔纳，第一本是《海底两万里》，第二本是《环游世界八十天》。读完凡尔纳我一直有一个对自己的错觉，觉得自己已经很了解地球,了解陆地和海洋,对地理——哈哈,那简直是了如指掌了。

后来,在高中地理课上我充分显示了自己的路痴天赋,还完全被各种大洋莫名其妙行踪不定的暖流搞得彻底"歇菜",才深深意识到地理和地理科幻传奇完全不是一回事。但这已经是后话了。

凡尔纳能激发起孩子与他们所生长的星球的深刻联结。在过去的科学时代,人类所做的、略显粗浅与童稚的、上穷碧落下黄泉的所有努力与勇气,在他的笔下,都说完了。

有时候,我觉得对现在的孩子来说,谈凡尔纳是有点悲伤与不合时宜的事。被宠坏的小阅读者往往有一种错觉,觉得科幻故事也是有即时性的——科学观念不够真实、获得信息的来源不够酷、主人公使用的工具或武器不够炫,在当下漫威和DC(两家美国漫画公司,编者注)的大片时代,会遭到无情抛弃。

在凡尔纳笔下,所有的冒险都是完完全全的肉身试法。对习惯了声光电烘托的科幻剧情,被大量"关于地球形成的正确知识"填充的十岁左右孩子来说,凡尔纳是个错误百出、引人发笑的老头子。

是的,凡尔纳的作品,在我们这样科技日渐昌明,信息迅速爆炸的时代,已经像一台老留声机,一架布满灰尘的,最老、最脆弱的机器。

可是,孩子们,他依然是伟大而智慧的。因为他的作品里,有留在自己11岁时的那种真挚的、宁静的、纯洁的道德价值和精神力量。

我有一个更大胆的设想：把孩子阅读凡尔纳的年纪提前，提前到五六岁开始共读，七八岁开始自我阅读。在这个信息催熟的时代，年迈的凡尔纳更能引发这个时期孩子的共鸣，而不是被十岁左右的孩子，因为"地心没有通道""热气球太傻了"，指责得一无是处。

然而，凡尔纳的许多重要作品都篇幅冗长，很难完成这个预设。但有一本书完成了我的设想。

《凡尔纳奇幻金典》精选法国19世纪著名科幻小说作家儒勒·凡尔纳最经典和最具代表性的五部作品（《热气球上的五星期》《环游世界八十天》《海底两万里》《环游月球》《地心游记》），由法国Auzou出版社组织编辑进行严格编撰，力图保留原著最精华部分，延请法国极具艺术创造力的金奖画家（同时也是凡尔纳的粉丝）埃里克·皮巴雷绘制插画，打开了凡尔纳作品广度探索的新可能，打造了一本学龄前后孩子也能读，也能参与幻想的，全新的凡尔纳。

这本书的译者是已定居法国的梅思繁。她出生于童话文学之家，翻译过《小王子》《风沙星辰》，还有凡尔纳的《十五岁的小船长》。我喜欢她的译作（大量的儿童文学作品和类似《书、成人与儿童》这样的经典理论书），我喜欢她译文的不拘和幻想力，还有沉稳、审慎，以及对凡尔纳这样被世人遗忘的大师的理解和尊重。

我想，凡尔纳一定很高兴能遇到埃里克·皮巴雷和梅思繁。他们用全新的、未尽的青春与想象，护佑与改变了凡尔纳科幻系列，使它以最美的样子，抵达那些更小、更新的孩子面前。

《凡尔纳奇幻金典》保持了凡尔纳科幻故事中最精华的部分，凝练、富有符合这个时代的节奏。一个清晨，我和米尼躺在床上，我用将近一个小时，给他读了《地心游记》。在故事里，他成了阿克赛尔，爬火山，深入岩洞，泅渡大海，遇到海蛇和鳄鱼，穿过史前骸骨遍布的荒原……我听到了他遇见他命运之书时剧烈的心跳声。

"妈妈，我穿过了地心，我好想穿过地心呀！"末了，他两眼明亮，在床上跳来跳去。

我合上书，秋天的阳光遍布窗外的大海。我心里充满对这个世界的谢意，充满对凡尔纳和这本书的谢意。谢谢他们在我孩子涉世之初，就带领他去向这么一场上天入地的畅游。

《凡尔纳奇幻金典》（全五册）
5—10岁 男女通读

幼年时听过天地之声的孩子，会有朝向万物洞开的一片至诚之心。

让孩提的叙述弥散进广袤世界

我想和大家说说孩子和动植物，以及整个大自然的事。在我的观察中，很小的婴幼儿就会开始表露出对动物的兴趣（或者害怕）。他们有时愿意和动物交流，有时因为恐惧跑开。对婴幼儿来说，从某种角度上讲，动物和人并无分别。

他们对待植物的感受力则好像隔了一层。我的意思并不是说，他们对植物没有兴趣，而是说，让初离襁褓的孩子置身森林里，或者置身在公寓中，他们的情绪反应差别并没有那么大。

这时候的孩子依然生活在"自我"之中。按绝大多数儿童心理师与新教育研究者的观点，大约到五岁左右，孩子的自然敏感期才会到来。

我和一些孩子一起经历过他们突然对周遭世界敞开心扉的阶段。那感觉好像他们突然开启"天眼"，周遭熟悉的世界都不一样了。新的这个世界，更细微、更生动，有更多的角色和声音。

套用一句诗来说，就是"从今天起，开始关心昆虫、树木、猫猫狗狗和庄稼"。然而，我们生活在一个相当尴尬的时代。很多孩子甚至刚刚对大自然感兴趣，就被钢筋水泥与环绕着的电子产品阻隔。许多孩子得了"自然缺失症"。

在个体跟踪计划中，我遇到过这样两个截然不同的孩子。一个是"喂 IPAD 长大的孩子"。从三岁起，每天玩 IPAD 的时间两三小时以上；六岁时，根本不愿意户外活动，除了静默的"电脑时间"外，他的表达欲惊人，自己会絮叨很久，模拟机器的声音说话，蹦出很多电脑词汇。另一个孩子刚四岁，不大和别的孩子一起玩，但非常喜欢植物和动物。他出去玩，能在山林和动物园里待一整天；每天在幼儿园里，可以花一上午的时间跑上跑下给所有花花草草浇水。要知道，这样的工作量，连大人也觉得繁重和不耐烦。

前一个孩子的父母觉得自己的孩子社会性和表达能力很好。后一个孩子的父母则忧心忡忡，觉得自己的孩子太孤僻。但我不是这样看的。

诚然，在科技日新月异的当下，我们所有人都被对"智能机器时代"的向往蛊惑着。然而，过多、过早地和机器共处，只会使孩子生而为人的感受越来越贫瘠，视野越来越狭窄（只有电脑显示屏那么大），语言和行为越来越模式化和程序化。现如今在日本大量深居简出、表情呆滞，甚至连谈恋爱都只愿意和"虚拟人"进行的"网络宅男"，就是智能时代的变异品。

另一方面，我并不认为所谓的"交流沟通"，就仅限于人和人之间。一个在幼年时慎重地听过山河流水、花香鸟语，听过天地之声的孩子，我相信他会有朝向万物洞开的一片至诚之心。

在"勇读者个体跟踪计划"中，我遇到过一些十岁上下，"不知道怎么写作文，几乎没有输出"的孩子。我给家庭的建议是，带他们到大自然里，全家一起大量讨论、描绘、撰写自然笔记。

去静默地观察，去与动植物对话，与天地对话。大自然终究会用沉寂于沉寂之中的巨大的呼喊，去打破孩子的单调无言。

带领五岁以上的孩子，细密地感受大自然，有节奏地以白描方式输出观察与感受，是"三五锄"幼儿园预科班的课程。《笔记大自然》《我的自然笔记》这两本写作"自然笔记"的入门书，我忍不住和爸爸妈妈们分享下。

《最有趣的生物教科书》则是一套"孩子身边自然生物"的笔记图鉴。这套书涵盖昆虫、鸟类和水中生物。我非常喜欢这套书的原因在于，它不仅是一本告诉你"什么生物是什么"的书，也以自己完整的逻辑结构，向儿童演示了如何做生物档案的简单、科学的方法；不仅分门别类介绍了家和学校附近常见的生物，还详细说明了其饲养方法、发育过程、主要特征；以图鉴页、图解页、饲养页分野，引导孩子的信息图表归档能力；增加术语解释，使孩子在兴趣入门的前提下，得到专业引领。

对五六岁后，对自然产生巨大兴趣，陷入不间断"生物问题提问"的孩子，这套书是可以依赖、可以并肩面对世界的好伙伴、好战友。《最有趣的生物教科书》让孩子从认识周围的生物开始，学习如何观察、提问、思考、记录和归档答案，探索更广阔的世界。

《最有趣的生物教科书》（全四册）
5—10岁 男女通读

春天时和有灵万物交朋友

深入理解自然的孩子,
能更贴近自我和本性,
能在这个世界扎根更久远。

春天是万物成长、彼此紧密联结的天地神话。

二月的最后一个星期，群山里传来百花次第开放的消息。我们带上米尼，到一层层的山里面去，沉浸到漫山遍野春天的魔法里。

春天像一个呼唤着整个世界紧密联结的天降神话。置身其中，你不仅会听到花的声音，树叶和草木的声音，还会听到河流的声音，听到成千上万蜜蜂嗡嗡的声音，听到小鸟和蝴蝶飞来飞去的声音，听到彼此心灵怦怦跳的声音。

但我们对世界的探究并不仅在春天。在过去的一整个隆冬，哪怕在这个南方的小岛上，严寒让很多植物枯萎冻僵，"三五锄"的孩子通过定向课、大山大海课、耕种和超市买菜课，也和许多植物交上了朋友。他们认识了"可能会刺你"的三角梅（有些小小孩叫它"真倒霉"），认识了满树灿烂的红花羊蹄甲（孩子们说它的树叶像兔耳朵），认识了可以在野战中当手榴弹的"鞭炮花"（米尼常漫山遍野找"鞭炮花"丢小杜老师），认识了"可以放在锅里用油炸了吃"的鸡蛋花……

就像《人猿泰山》所呈现的暗喻一样，我们都愿意相信，那些深入理解自然，能够呼喊万事万物真名的孩子，能更贴近自我和本性，能在这个世界扎根得更久远。

然而，就连我们自己，都是远离自然，困守在都市中的一代了。森林、田野、河流和山川业已远离我们，我们又如何将它们流传到孩子身上？

只有和孩子携手走回去，与大自然重逢这条路可以走了。

在我看来，《我家门外的自然课》就是一套呼唤成人和孩子一起走回去，低下头，在方寸之间重新回归自然的书。它如此贴近，使我们不需要沐浴熏香，不需要郑重其事，不需要周全计划，只要走进春天里，就知道大自然始终守护，从未离去。

这套写给 5-12 岁儿童的自然图鉴绘本共 4 册，分别是《路边的野花》《庭院里的花》《美味的果实》《田间的蔬菜》。

通过这套书孩子可以认识种在公园里、家门口的 51 种庭院花以及在马路边常见又叫不出名字的 51 种野花，并对常吃的 23 种果实、29 种蔬菜是如何从田间到达餐桌，以及怎样吃更健康、怎样做更好吃有更多的了解。

这套书不仅是孩子和像我这样的"植物盲"父母很好的自然百科图鉴，更通过 80 个自然笔记、16 个花草游戏、100 多种美味的制作方法，让家长和孩子一起互动，体验自然的乐趣。

这套书创制于韩国，虽然在韩国儿童自然教育界屡获殊荣，包括——韩国"优秀儿童图书特别奖"、韩国环境部"优秀环境图书奖"，但我还是担心它进入中国时水土不服。所幸这套书编审严谨，近 200 个植物名称、600 多个植物的别称都由中科院植物研究所审校完成，保证物种鉴定的准确性。我也拿着这套书给几位植物"达人"看，结论是《路边的野花》与厦门本地野花的贴合率大概有五六成，《庭院里的花》贴合率更高，而《美味的果实》《田间的蔬菜》则有百分之八九十的贴合率。对儿童来说，算得上一部引他们进入大自然与日常生活的佳作。

在春天里，就让我们和所有花花草草、虫虫鸟鸟做朋友吧！把来自春天的书，经由孩子，带给春天。

"我家门外的自然课"系列（全四册）
5—10岁 男女通读

爱也需要有理智的认知，有自律的自我管理，有承担。

爱是通向世界的每一步

写作《林间最后的小孩：拯救自然缺失症儿童》的查理德·洛夫有个很有趣的观点，他认为那些城市宠物庇护处的年轻人，高举"动物权利"旗帜的少年，都只是在维护自己的权利，在热爱自己的爱。在这个极其纯粹的自然主义者看来，这些"据理力争"的爱太过矫饰，因而也投射了人类沙文主义的阴影。对动物的爱应该是全然开放的、平等的、日常的，甚至是自然而然放诸食物链之中的。

然而，像西顿、吉卜林、查理德·洛夫的作品那样，在高山巨林中呈现人与动物深刻联结的文本，如今已越来越罕有。即使有，也可能陷入"城市动物控""动物殖民主义"的指责之中。

人应该以什么方式进行与动物的联结？这个问题，就像有关"爱"的所有争辩一样，总是党同伐异。不管怎么说，对都市人而言，和家养宠物猫狗的厮守，越来越成为一种日常、甚至社会性的"情感练习"。

七八年前，我在我先生身上看到了这种情感巨大的冲击力。我先生是一个非常木讷的人，喜欢独居，鲜少表达感情。自己在北京的日子里，他养了一只猫。

因为我是恐猫族，我从没和那只传说中全然占据我位置的猫打过照面。我先生的手机里几乎都是它的图片，吃东西的、睡觉的、舔脸的、眺望窗外的……这件事，对每当我喊他"给我拍张照"就做出苦大仇深样子的我先生来说，真是爱的奇迹了。

一个非常寒冷的冬夜，我在厦门的床上看书，接到我先生打来电话。不发一言，只是抽泣。半夜里听到自己男人哭得震天动地，这种事把我吓得够呛。安抚了半天，才说："猫死了。"说完又是一阵号。

据说，是我先生上班时，钟点工阿姨进门打扫卫生，小猫胆小，从窗户跳了出去，摔死的。我先生就这样哽咽着，在大半夜里，问邻居借了把铲子，顶着大雪，把猫埋了。直到那天，我才知道，这个男人心里蕴含深情。

后来，等孩子大了一点，他们父子俩总是搂在一起，讨论"要养一只怎样的猫/狗呢"，我总是听得火冒三丈，说："拜托等你们真正养得起动物，能承担小动物所有责任的时候再讨论这件事。我可不想再做老妈子！"我先生总是脸色一暗，说："我也不想再养猫了。"他还经常想起那只猫。

只有新生的孩子，在各种爱之前无所顾忌。"三五锄"最受孩子们欢迎的课之一，就是"遛狗课"。临时担任"任课老师"的狗们总是受到无上的宠爱。小女孩们恨不得对它们千依百顺，奉上无尽热吻；小男孩们则想象出无数"狗狗会被人欺负"的场景，个个要为之出生入死。

我是一个妈妈，比起自然主义者和城市动物保护组织，我对孩子与动物之间的爱的理解显得浅薄与实用。我感谢被我的孩子们爱过的那些猫猫狗狗们，就像感谢大海、神明、天空、彩霞，以及喂养我孩子的田间庄稼。

爱是极其美妙的情感。然而,孩子们必须意识到,爱不仅有怜悯、疼爱和袒护,有温情,也需要有理智的认知,有自律的自我管理,有承担。

对家养小宠物的爱,不是爱玩具、爱好吃的食物那样的爱。而应该是有交流的,有自我牺牲的,有屡败屡战的,有突破极限的,有自我管理的,有面对生死之勇的—— 生命之爱。从这个角度出发,我将四本有关家养小宠物的书推荐给大家。

首先是《如何养好一只狗》,包含了饲养狗狗方方面面的问题。选一只什么样的狗狗养?该为狗狗的到来做哪些准备?喂养狗狗需要注意什么?如何训练狗狗?怎样陪狗狗玩耍?狗狗生病时,你该怎么做?

从你的孩子起念养狗开始,这本书就可以作为案前的讨论书和指南,引导孩子们在心中无数次演练,去理解和狗狗的联结方式,理解自己在这份联结中所承担的义务。

然后是《如何养好一只猫》,同样探讨了如下问题,包括:如何选择适合你的猫咪?该为猫咪的到来做什么准备?如何读懂猫言猫语?喂养和训练猫咪有哪些窍门?你该怎么做才能让猫咪保持健康?

同样在一系列问题的探索、讨论和解析中,引导孩子搜集全方位信息,做出自己的决定,为自己对猫咪的喜爱增加现实的责任感。

除了这两本"指南类"绘本，我还想推荐两本令人印象深刻的谈论家养宠物的儿童小说。这两本内容连续又单独成册的儿童小说，讲述兄妹安迪和布鲁斯与一群流浪狗，以及被主人欺负的大狗之间的故事。

《流浪狗之家》说的是一个风雨交加的夜晚，一只小流浪狗溜进了艾丽丝奶奶家，除了安迪外，谁也没发觉。怎样才能避开大人们的注意悄悄收留这个可怜的小家伙呢？安迪为此想破了脑袋。

就在哥哥布鲁斯对妹妹安迪带来的麻烦无可奈何、愁眉不展之际，他们竟然发现了一个绝妙的地方来安置狗狗……

而《流浪狗时报》说的则是11岁的安迪一直有一个梦想——给流浪狗们办一份报纸。几经周折，报纸像模像样地发行了。可惜好景不长，上了头版头条的狗狗相继失踪。安迪和伙伴们觉得蹊跷，开始调查事情的真相。在神秘援手的帮助下，他们发现了失踪狗狗有一个共通点，于是，一个巧妙而大胆的计划开始实施……

这两本小书，出自美国知名儿童文学作家，"爱德华终身成就奖"得主路易斯·邓肯之手，极具打动儿童的悬疑、紧张、义勇之气。而在这一切之上，故事所呈现的，孩子们为了弱势小动物们百折不挠、越挫越勇的责任感冲击了我。

这是两个非常好的故事。孩子们需要在高级的故事里学习和演练自己的爱。

《如何养好一只狗》《如何养好一只猫》《流浪狗之家》《流浪狗时报》
5-16岁 男女通读

看见植物魔幻之美

以童话照进现实的方式,
呼唤孩子们走进大自然,
走进植物之中。

找到要说起的这套植物书,是因为一件小事。有一段时间,米尼听罗尔德·达尔的《女巫》,听得发了痴,整天收集物事提炼他的"86号慢性变鼠药"。他自制了很多款毒药和解药。

不到五岁的孩子,毒药的成分很简单——一粒冰糖、两颗蜜饯、一片不知道哪来的残缺花瓣,在太阳下照一会儿,背着人偷偷吐一口自己的口水,加上妈妈的一小根头发,兑了水,放进冰箱里。

隔天拿给我喝,竟然也冰沁香甜,不觉得恶心。"这是魔法药水,"他眨巴着眼睛跟我说,"会把发火的人变成喷火龙。""所以你不要发火哦。我可不希望你变成喷火龙。"他严肃地抱了抱我说。

他还说,他打算用一些野草和鼻屎做"巨人药水"。至于我老做噩梦的事,他答应剪一颗心给我,只要和海边的夹竹桃花一起,放在床底下,噩梦就会跑走了。

我很喜欢他这些关于植物和魔法的幻想。后来,我找到一套书,很像他口中的魔法。

这套实则讲述如何制作植物标本,如何认识植物特性的书,运用"魔法主义"方式,将阅读者和参与者变身为"小红帽""小拇指""灰姑娘"或"杰克",以童话照进现实的方式,呼唤孩子们走进大自然,走进植物之中,去发现蕴含在植物体内深刻的美与意义。

这是一套洞悉孩子心理的植物"魔法书"。它不仅充满理解,而且勇于以幽默、洞见的方式,追溯人与植物互利的、充满美感的、在每个当下产生作用的、最本源的交互关系。

我非常羡慕人与植物这样的新关系,这已经被我们这一代人疏离的关系。植物这样有力的回向,如今早已鲜为人知。

有一天,我家阿姨说她牙疼,我一看,呀,牙床肿了个大包。我说:"去医院吧。""不去。"她说,"我最怕去医院了。"

"去买消炎药。"我又提议。她拿手在围裙上搓了搓,说,我下楼一下。旋即回来,手里握着几株草。把草揉碎后,擦在牙龈上,下午果然牙齿就不肿了。

她有果皮收集癖。最近吃过的云南石榴,她果皮都留着,蒸了水,放一瓶在冰箱里,说是梳头的时候一起梳进头发里,治白头发的。我们匪夷所思地看着。

上一次听到"植物人"的消息是什么时候?是《飞狐外传》里的施毒高手程灵素?抑或是《魔女宅急便》里的魔女妈妈?做草药的房间、捣臼的声音、草木的颜色和气味,总让人想起无数莺飞草长的时日,想起韶华的每个当下。

这套书对米尼来说难了一些,但并不影响我火热地痴迷于它,翘首盼望着和孩子一起共闯植物幻想王国的那一天。

爱上带着魔幻气息的植物世界,就在日常之间,就在每个当下,在想象力与现实的联结之中,这是这套书最大的魔力。我满怀喜悦,把它推荐给每个大人和孩子。

© "三五锄"幼儿园

"植物也可以这么玩"创意标本系列（全四册）
5-99岁 男女通读

手绘，直到世界的褶皱里

去看你熟识无睹的真相。
新看待它，把它理所应当地说出来。

有段时间,我报名参加了一个叫"花观"的艺术视频课,开始笨拙地拿起画笔,一点一点临摹画纸和身边的事物。

我的手很笨,绘画零基础。虽然也抄了些经,拿笔算是有过训练了,但开始按老师说的"中锋画画"时,还是感到手指不停颤抖,完全控制不住笔锋。画一张画,会有很多挫败感。

那几个月,过得很艰难。妈妈突然骨折,家事工作加剧,好几次又急又累,夜里自己裹被大哭一场。不知道为什么,只要有时间,还是会做出"我已经是女画家了"酷酷的样子,自己找个角落缩起来画画。无论画得多丑,都做出志得意满的神情,四处炫耀给人看。

慢慢地,一笔一画勾勒的世界,以前所未有的安静和温柔慰藉了我。每次拿起笔,我都能听到一个声音跟我说:"嘘,去看!认认真真地看。"

"会看到什么?"我莫名其妙,毫无胜券地问。

"去看你熟视无睹的真相。重新看待它,把它理所当然地说出来。"那个声音沉着地回答我。

在承担着家庭和工作所有负担,不得不匀出时间张罗的,慌慌张张、屡战屡败的画画游戏中,慢慢地——虽然还是画得稚嫩可笑——我意外地听到心里的静和定。

手绘的意义,只有在手指脱离键盘,眼睛从屏幕中挣扎开,由内往外看向四野,我们才会真正理解。

理解一片叶子上的阳光，一朵花瓣上的露珠，一阵风吹过，一只小鸟昂头唱歌……这样的每个当下，和我们每一个决定之间的联系。

理解画下它们，我们终究想面对的是什么。是画面，还是仅仅是我们自己。作为被家务和工作驱赶着的妈妈，我这样想着。

是啊，生活那么忙乱，为什么还要假模假式地画画？我对自己心里这样的讥笑喊："走开！走开！"作为妈妈，我也有自己的愿望呀！我的孩子喜欢画画，他很快要六岁了。我想和他一起背着画架，在山林里漫游。

不，归根到底是，我想像孩子一样，做一个有沉着心灵和深远眸子的人。为什么要拿起笨拙的画笔？因为我想和孩子一起深情地注视世界。正因为以上这些原因，我被这套精美的手绘动植物图鉴深深打动了。

虽然看过许多装帧精美的图书，但拿到这套书时，我们全工作室的人还是惊喜地传阅着，抢着夸奖它，说："真美！"

一天下午，迎着海风，我把书页当画本，画了一幅画。自己下笔后，越发了解这套书的特别之处。

这套书和其他自然科普图鉴不同的是，它成书于20世纪90年代，来源于科学家对自然的深入观察和描摹，所有图片均采用细密画法。

为什么不采用照片作为图示呢？那是因为，虽然摄影技术有了很大发展，但照片仍只能达到局部聚焦，同时受到拍摄客观条件的限制，很难完全展示动物或植物所有的细节，而细密画的呈现效果是最接近人类视觉的，我们眼睛看到的东西能通过细密画一点一滴地完全展现出来。小朋友们仔细翻看这套书的时候会有什么感受呢？噢，原来叶脉是这样的啊！啊，花瓣原来长成这样啊！动植物的全貌清晰呈现在小朋友面前。所以，可以毫不夸张地说，一张细密画所展现出来的细节，甚至超过几十张照片所能提供的信息。而且，同时还能作为非常好的画谱，供手绘描摹使用。

本套书选取了和我们生活息息相关、最常见的160种动物和160种植物（涵盖中国小学阶段科学课动植物知识），按动植物生长环境分门别类，左手页为细致优美的科学工笔手绘图，右手页为规范而又符合儿童认知特点的语言描述，体例简单，明白易懂。便携精装本的形式，利于随手翻查，是孩子游走于大自然的好帮手，也是我见过性价比最高，内容扎实精良，全家通用的自然动植物图鉴。我喜欢孩子们描摹动植物的笔，期待着和我的孩子在画中相见。

"Bori 手绘动植物图鉴"（全两册）
5—99 岁 男女通读

童年的凝视是一生驻世之光

我们总认为自己早已叛离故乡,再也不会回头。

在记载"三五锄"幼儿园筹建过程的《在幼儿园和你一起长：三五锄故事》那本书里，我写过漫长的幼儿园选址故事。

我从小就生活在这个海岛上：听着对台广播；看着带着腥味的渔船驶出海港、乘风破浪，黄昏再徐徐回航；放学后，我们不是跑到海边，就是到山寺里去，去听木鱼声，看香灰儿缭绕，蔓延过绚烂安静的水车堵（厦门当地传统民居装饰艺术，编者注），飘到更深的山里去。

青春期时，我曾经以为自己已经受够了海岛上千篇一律、七姑八姨的生活，决然北上。可十年后，我又卯足了劲要回到我的家乡。甚至于，当我们立意要给"孩子们"做一个幼儿园时，我们花了两三个月时间，历经困难把43公里长的环岛路兜了个底朝天，只为让孩子们回到"过去的山海之间"。

之所以想起这些，我想说的是，我们总是以为自己早已忘记儿时风景，我们总认为自己早已叛离故乡，再也不会回头，但它们兀自屹立在我们生命的起始处，仍然附丽在我们所有的选择之中，所有审美与感动之中。

业力凶猛，最终所有的取舍并不脱离本性。也许，这就是我低估了原田泰治的文与图，却在打开它时，被它击中的最根本原因。每个人的故乡都埋藏在内心深处，一经呼唤，目往神授。

踩上去会沙沙作响的土路，又红又绿的路边花丛、走在前面大人叽叽呱呱谈着话而孩子却意外沉默着，一起把脚浸在水里然后"哇"地大叫起来……这些嫩绿的、光亮的、温情的、既四时分明又天地浑然的、既热热闹闹又孑然一身的、既心有不耐又满怀眷念的时光，就是故乡。

原田泰治，日本著名画家、平面设计师，曾获第29届小学馆绘画大奖、第56届前岛奖，并于1999年获得日本政府颁赠的蓝绶褒章。曾在世界各地举办过多次美术展，出版有《大山的礼物》《草笛诗歌心灵童话》《遥远的南斯拉夫》等。

《故乡，心里的风景》共收录原田泰治222幅配文绘画作品。这是原田泰治访遍日本47个都道府县，用画笔所描绘的自己心中的"故乡"。驶过花丛的轨道车、运河边的石造仓库群、乡村里的烧炭人、海边的曲屋、农民庆祝丰收的场景……无论是普通人的生活场景，自然中的一草一木，还是历史悠久的传统手工艺和传统建筑，在原田泰治的画中都可以找到。通过他朴素自然的绘画，读者可以感受到他对故乡的深情与热爱。

虽然摄影技艺已经发达至此，但有人认认真真、一笔一画画下沉睡在心里的风景，依然像某个梦里的呓语，呼唤我们走进更深的、集体记忆的梦里。

作为风景画巨匠，原田泰治的画使许多在城市漂泊的心灵找回了久已迷失的故乡。

在这本书的前言部分，原田充满温情地回忆起他的童年，以及他绘画魔力的来源。他说：

赤石山脉脚下的原野上，清澈的天龙川蜿蜒地流淌着。我就是在这样的自然环境中长大成人的。

在我四岁那年，全家人移居到了长野县下伊那郡的伊贺良村——也就是现在的饭田市，成了开荒的农民。

由于我腿脚不便，无法自由行走，只能从高冈上的家里眺望外面的景色。我经常独自一人，大自然就成了我最好的朋友。正因如此，那雄伟的赤石山脉和天龙川，以及四季变幻的乡村景象，深深地印刻在了我的脑海里。

美术大学毕业后，我回到了故乡诹访市。我初期绘画的主要题材，就是记忆中的伊贺良村。现在回想起来，正是因为当时有限的活动范围，才培养了我较强的观察力，从而在记忆的素描簿里留存了大量的素材。伊贺良村冬季的降雪量在长野县内并不算多，春天也来得比较早。这里的方言听起来十分暖心，就像脚下的红土地一样，让人感到温暖踏实。

许多人评价我的画能温暖人心，这恐怕和我年少时在伊贺良村的生活经历有着很大的关系。不管怎么说，我初期的作品，几乎都是关于伊贺良村的回忆。因此，毫无疑问，伊贺良村正是我绘画生涯的起点。

此外，我还感受到了去各地采风和作画带来的乐趣。我的脚步也是从信州开始，扩展到日本四十七个都道府县，继而又走访了美国、中国、克罗地亚和巴西等世界各国。然而我惊奇地发现，不管走到哪里,去过什么样的国家,自己都是透过有关伊贺良村的回忆进行采风和创作的。

近来,我尤其深刻地认识到,拥有一个坚实的起点是多么的重要。

今后,我会继续珍惜这份从记忆之泉喷涌而出的创作欲,不断地去追寻那些正在消失的日本风景,将它们重现在自己的画笔之下。

我很高兴自己终于回到家乡,让我的孩子生活在山海之间,而我也能每天听到爸爸妈妈的唠叨。这是我上半辈子做过的,永远不会后悔的选择。

当然,每个人都有自己的决定。不需要懊悔于自己的决定,只要心里时不时能回去就行了。这就很幸福了。

能回忆起故乡的幸福,打开这本书的幸福,我真心希望每个孩子、每个大人都能拥有。因此,我把这本五彩绚烂的、美妙绝伦的书告诉你。这样的邂逅,是命运,而非选择。

《故乡,心里的风景》
6—99岁 男女通读

每个人都该回到自然里去，回到自己的生命之根。

千里迢迢，终于相会

初夏,我和米尼又去了绍兴章镇覆卮山,回到那条小溪边。此前一年米尼沿河筑起的小石头堤坝已无踪影,溪里的小鱼也因为连日多雨、水流湍急而鲜见痕迹。

米尼探着身子,喊:"小鱼,小鱼。"水蜘蛛、蝌蚪、白鹭来来回回和他打着招呼。哗啦啦的小溪自有它自己的忙碌。

这次,应着米尼和小溪的邀约,一起来到覆卮山的,是天南地北散落的朋友。大人们摇着头喊着:"好神奇,怎么就这样聚在深山里了呢?真是太任性了。"

除了讨论工作,我们每天都在山里徒步,在溪边打水漂、游泳、采蓝莓、看星星和萤火虫。每天都花很多时间,无所事事地想象下一顿饭吃什么,一天又一天。

我们很少谈,但也不免在繁星和萤火虫交织的夜晚言及来路上的仆仆尘事。那时米尼多半已经睡着了。大人们用一瓶果酒,就一场语意模糊的自述。一天又一天,从满面尘霜,直到能酣然入睡。

在这样蹉跎岁月一般的旅程中,我们每个人都像隔绝了几百万光年的外星飞船,偶因一条不知名的遗留信息,就不予余力、毫不迟疑地聚合起来,进入这深邃又宁静、一直等待着我们的大自然之中。

在我和米尼的人生里,别无所求,都愿意花大量时间和大自然在一起,在我们日复一日的大海边,或是某个务必千里迢迢奔赴的、深深眷念着的山林河泽溪流之中。

我们和自己有多隔绝？我们和所爱距离多远？我们的困顿、愤怒、冲动有多微小。只要投身大自然，真相就渐渐浮现在自己的心像之上。

投身大自然，对我们而言，就是投身天父地母的广阔怀抱。"好了，不用害怕了。一切都在，一切也都会过去。"自然低语于每个人。

我说过，描述人与大自然关系最好的童心之作，我深爱的是《希腊三部曲》。凭借与大自然的至深联结，凭借赤子之心，以一片童稚描述静默无言的世界。这样的大美之作，让我欣喜看到的，还有《与鳟鱼和珊瑚礁相遇的奇妙故事》。

这套书以作者从自身童年记忆中撷取的动人素材，记述一对生于东京的兄妹，因为父亲去世而搬家到北方，意外与广袤自然相遇的故事。

作者在序言中说，他自己和故事里的小泰一样，在十岁那年失去了父亲。"直到现在还依然认为，自己能顺利长大成人，是因为遇见多姿多彩的自然。即使没有父母，孩子也能通过了解自然而变得坚强，并学会生存。"

因此，作为本书作者，日本北海道的知名环境学者小野有五先生在写作中数废其稿。他想传达给孩子的，不仅仅是自然的构造和趣味，不单只是教科书式的关于自然的常识，更是与之前不曾注意过的大自然初次相遇时的喜悦，以及了解到大自然精彩之时的感动。

在这样的经历与驱动力之下,我们得到了一部绝美的自然散文故事书。在这里不仅有对自然、生物深入细腻、极具专业性的描述与呈现,童年的孤单与努力,个体与世界的融合与交流,以及整个自然所馈赠给一个失亲孩子广博的、丰盛的爱的慰藉也跃然纸上,震撼人心。

我们总是说,带孩子到大自然里,会让他们学会很多知识。但实际上,每个人都该回到自然里去,回到自己的生命之根。

人和人之间的密切的、富有尊严和深意的联结,只有回到自然中才能得到唯一有效的调适和医治。

我也是在大海边和深山里,才意识到自己曾错过那么多珍贵的独自与大自然相对无言的时间,才意识到什么是我想送给孩子的独一无二的礼物。

《与鳟鱼和珊瑚礁相遇的奇妙故事(四部曲)》
7—99岁 男女通读

知识信息之外更高迈的智慧

他给孩子呈现了动物们既可亲可爱又野性不羁的复杂面貌。

我经常在带着孩子们读英语,抑或讲解科学知识时停顿下来,隐约地困惑起人类知识要往哪里奔驰而去。

按社会学家的说法,世界已经沿着信息化、智能化的道路一路狂奔而去。我们现在所掌握的大部分知识理论,所秉持的大部分学习与生活习惯,在30年内将遭到无情解构,分崩离析。

有一本名为《为未知而教,为未来而学》的书呼唤人们进行"具有生活价值的学习";呼唤人们以全新的视觉来看待教育,既关注已知(但注意,这些已知的知识在不久以后可能会像iPhone4一样转瞬遭到抛弃),也关注未知;呼唤我们用具有"未来智慧"的教育视觉,于复杂多变的世界中,培养孩子的好奇心、自主性和责任感,引导孩子积极、广泛、更有全局观和远见意识地追寻有意义的学习。

不可否认,当代系统教育存在着两种背道而驰的危机。第一,我们教授给孩子的大部分知识在生活中没有任何意义,甚至会快速更迭,旋被抛弃,投注在这些知识上的时间和精力并不能得到很好的回报。第二,我们教学中忽略了很多有价值的、回报率更高的知识,或者我们可以称它们为含金量更高的一个词:智慧。

是的,传统教育的重心常常在于"信息——知识",而不是"信息——智慧"。只要反过来想一下,如果给予孩子的教育,重心放在实现"知识——智慧"的深远目标上,教育就真正具有了生活的温度与价值。

这是生在信息爆炸时代,我们这些父母、教育引导者最大的恐惧。然而,它也是最大的慰藉。我们所传授的信息有可能在未来30年被迅速解构,但生活智慧、生活感知不会,生活洞见不会。穿越信息海洋,在先贤的所有馈赠中,和孩子一起去寻觅这个世界更高迈的智慧,是我们肩负的责任。

这个角度,是我推荐布封《自然史·动物王国》的原因。在此之前,"勇读者"为更小一些的孩子"抢"过一些动物书,比如《小小自然图书馆》《动物的朋友圈》"长长的小百科"系列等,这些书被推崇以及使孩子受到吸引的原因,并不仅仅是"当中蕴含着大量与动物相关的信息",更是它们与天性人伦的联结力、它们的幽默感,它们卓越的逻辑分类与叙事能力。

而布封的这本《自然史·动物王国》,最吸引我的,并不是他栩栩如生地描述了许多动物的生活习性和特征(因为年月阻隔,有些或许已经过时),而是他运用自己的哲学智慧,高屋建瓴但不乏温柔地给孩子呈现了动物们既可亲可爱又野性不羁的复杂面貌,以及人与动物之间休戚相关的共生关系。

布封是伟大的博物学家,与孟德斯鸠、伏尔泰、卢梭并称"法国启蒙时代的四巨人"。他耗费40年的心血,写成36卷的皇皇巨著《自然史》,包括地球史、人类史、动物史和矿物史等,用科学的态度和优美婉转的语言,对自然界进行了详细、明确的分类、描述与阐释。他也因此被后人誉为"像大自然一样伟大的天才"。

在《自然史·动物王国》里,四处洒落着布封犹如珠宝一般闪耀的智慧之光。

比如说起人和动物的区分,他说:"很明显,人类有一种完全不同于动物的天性,同样明显的是,光凭借物质方面的相似下判断,就是被表象所欺骗,就是对光明的视而不见;而光明本该照亮我们,区分表象与实际情况。"

说起马,他说:"人类曾经最高贵的征服,要数对马的征服。马这一高傲、激昂的动物,同人类分享了战争的疲惫与较量的光荣。"

说起天鹅,他说:"天鹅从不肆意挥霍力量、勇气、意志,只用于防卫;尽管会作战,也能取胜,却从不攻击别的动物。它是爱好和平的水生动物之王,样貌优雅、外形美丽,正与温柔的天性相应。人们喜爱它,击节称赞,迷恋它。"

布封生前享誉法国,去世时有两万人参加他的葬礼,为他送行。有一句评论布封的话,很好地概括了这本书的卓越之处:"布封把自然感变成一种哲学感,在这种哲学感里,人们一方面由外表获得印象,另一方面还引起一种直觉,觉得有一种不可见的、永恒的力量在大自然中以不变的规则表现着。在这种哲学感里,人们看着眼前的景象不免回想远古,回想到辽远时代里许多惊心动魄的场面。"

这大概就是今天人们还在读布封《自然史》的原因吧。大自然与信仰,孩子需要听闻的,唯此二物。

《自然史·动物王国》是法国博物学家布封的巨著，由法国动物插画大师本雅明·拉比耶绘制了精美的彩绘插图，是与"百科全书"系列齐名的经典之作。

希望孩子把他们珍贵的阅读时间，都放在精华的、富有智慧和幽默的书上。

《自然史·动物王国》
7—99岁 男女通读

为普罗大众写就的人性故事

那些被我们丢弃的「相信」，就是我们远离的童心世界。

有一年圣诞节前夕,"三五锄"幼儿园的孩子们开了个碰头会。在会上,孩子们很认真地讨论了"希望圣诞老人送自己什么礼物"的话题,虽然没人引导,很多孩子都双手合十,闭着双眼把自己的新年愿望大声说了出来。有个孩子解释说:"因为这样说出心愿,在远处的神仙就一定会听得到。"

爸爸妈妈们通过老师的短视频列席了这个会。有些爸爸妈妈这时才获知孩子的心愿,然后匆匆忙忙地准备去了。

年底的日子总是忙忙碌碌,用成人的思维回想一下,圣诞、过年对现在的孩子来说哪有什么不同呀?他们难道不是经常收到新礼物,经常穿上新衣服,每日海吃海喝吗?

但终究有不同。有一些与众不同的"相信"让这样的日子与众不同。

人人皆有信仰,我们拥有的重要信仰,并不是信仰什么神,而是相信自己的心灵能让这个世界的某些日子显得有意义。所有的孩子都在为此,为了让生活因相信而充满意义做着自己的努力。

作为成年人,作为为孩子准备"他们所相信的日子"的父母,我们相信圣诞节吗?

或者换一种说法,我们相信在我们人生循环往复的苦寒之地,总会有至高至善之光看护着我们,与我们并肩前行,看进灵魂之究里,把终将温暖平静的信息持续加持在我们心像之上吗?

或者,再换一种说法,我们相信那些极琐碎、极寒冷、极苦痛的时光里，蕴含着岿然不动的心性与欢欣鼓舞的暖意吗？

那些被我们丢弃的"相信"，就是我们远离的童心世界。

回想来，文学巨匠狄更斯当时面对的，就是和今天相类似的心灵环境。

19世纪上半叶，作为世界上最发达国家之一的英国，社会被贫穷和不安控制，而富人们对此的态度是：穷人越穷越该玩命工作。他们甚至禁止穷人在星期天放松购物。至于饿死的穷人——流行的观念来自马尔萨斯的《人口论》——正好可以削减过剩人口。

圣诞节在17世纪被虔诚的英国清教徒们无情废除；虽然后来再次恢复，但到了狄更斯出生的19世纪初，圣诞的存在感降到历史最低——1790年至1835年的《泰晤士报》只字未提圣诞节。

商品经济的发展裹挟着对"有意义生活"的冲击，使人心变得粗粝。狄更斯本人从幼年时期就浸淫在这样粗粝、动荡、贫穷的生活中。

狄更斯（1812—1870）是英国乃至全世界最重要的批判现实主义小说家之一。他早年家境小康，小时候曾在一所私立学校接受过一段时间的教育，但是父母经常大宴宾客，金钱上没有节制。12岁时，狄更斯的父亲因为债务问题而入狱，一家人随着父亲迁至牢房居住，狄更斯也因此被送到伦敦一家鞋油厂当学徒，每天工作10个小时。虽然之后家境有了改善，但这段备尝艰辛、屈辱、看尽人情冷暖的少年时光深埋在他心里。后来狄更斯最重要的著作,包括《雾都孤儿》《远大前程》等,都是在向自己少儿时代遥相致敬的书。

狄更斯成年后,笔耕不辍。1843年,他为早已"礼崩乐坏"的圣诞节写作了后来轰动全世界的名著《圣诞颂歌》。他说:"我的目的是,用一种适宜这个美好季节的异想天开的方式,唤醒基督教的土地上应该永驻的仁爱和宽容的精神。"大概是憋着一股劲,狄更斯几乎是一口气在六周内完成了《圣诞颂歌》,在写下了"全文完"三个字后,他像个女人一样突然大哭起来。

而后每一年,狄更斯更以一年一部的诚意为读者们献上自己的圣诞礼物,陆续出版了《教堂钟声》《炉边蟋蟀》《人生的战斗》和《着魔的人》。

伟大如狄更斯,这些故事,不,应该说这些故事里蕴含着的最朴素的圣诞精神,在全世界范围内获得广泛地、快速地传播。

《圣诞颂歌》中斯克鲁奇的外甥代替狄更斯做了一番演讲:圣诞节"是个很好的日子,是个充满爱心和宽恕,与人为善的快乐的日子;就我所知,在长长的一年中,只有这个时候,男男女女仿佛都会不约而同地自由敞开紧闭的心扉,再也不将地位比自己低下的人看成是走在另一条路上的异类⋯⋯"这一圣诞演讲获得了举世老少读者的认同。从这以后,人们才按照书中那样进行家庭团聚、互换礼物、享用大餐,而人们用"Merry Christmas"相互祝福,也是在狄更斯的故事中才首次出现,并从此流行起来。

因此，有人评价说："《圣诞颂歌》所起的好作用，比1842年以来基督教世界所有的讲道坛和忏悔室所做到的还要多！"还有很多人甚至认为狄更斯是"发明"家庭圣诞节的人。

五个"狄更斯式"的圣诞故事，使平民的、家庭狂欢的圣诞节得以长存世间。在西方，如果票选家庭圣诞夜读本，以《圣诞颂歌》为代表的这五个故事一定高居榜首。一代又一代，有关精灵、钟声、蟋蟀的圣诞故事，与圣诞老人、上帝一样，常驻每个孩子心间。

"狄更斯的圣诞故事"之所以长兴不衰，并不是因为它们是神的故事，恰恰相反，它们是为贫苦交加，充满挫败感、不确定感，执迷不悟的普罗大众所写的人性故事。

在这五个故事里，不相信的、充满疑虑的、在尘世之间饱受失败的人被深深怜悯与关注着，在圣诞那天（暗喻着自己与心灵面对面的特殊日子）凭借自己和爱的人所给予的力量，重获新生。

在故事里，狄更斯把真正人性的神迹展露给所有人，而人们也在他的自身经历和他讴歌的心灵信仰之间，得到最深层次的慰藉。

所有的慰藉，都是从"相信"开始的。这就是童心世界、心灵故事和圣贤对这个世界的馈赠，是圣诞节的馈赠。

狄更斯是我十三四岁时最爱的作家。那两年，我读了大部头的《匹克威克外传》好几遍，被他笔下苦寒之中的幽默深深震撼。可是，那时候我太小了，我并不了解自己的内心。我只是把他的故事说给很多很多同龄的孩子听，和他们一起笑得前仰后合。至今我依然认为,《匹克威克外传》是狄更斯最好的一本小说。

在无数个冬夜,海边吹起大风,我忍不住年复一年地读《圣诞颂歌》,读那个固执寡情的商人,如何追寻"过去圣诞节""现在圣诞节""未来圣诞节"精灵的足迹,遇见自己,重新获得新生。

如今世界上已经制造不出这样充满力量、充满时间慢悠悠的痕迹、充满缓慢且衰落的失败和崭新的瞬间顿悟的故事了。

"狄更斯的圣诞故事"系列(全五册)
8—99岁 男女通读

儿童社会启蒙意识

> 我终于理解对孩子而言,无意义多么重要、多么珍贵。

"三五锄"幼儿园的孩子年龄集中分布在三四岁时,我开始为一年后的预科班进行自己的集中备课计划。整整一年,许多极富实战经验、足具本、专科阅历的老师给了我许多指导,疯狂地给我开了许多书单。这一整年,几乎每天晚上,我都得用力读书,积累问题,四处请教人,罗列下自己的想法、驳斥自己的想法、再罗列下自己的想法……

每天下午,我就到园里去,竖着耳朵听每一个老师闲谈,和孩子们滚打,或者,什么也不做,就看着孩子们、老师们跑来跑去,走来走去的表情和神态。

那一年,我听很多人说幼儿教育。他们中间有专家、一线的老师、爸爸妈妈、各种投资人、爷爷奶奶,还有孩子们自己。

之所以说这些,我的意思并不是说,这样的一年让我迅速成为了一个幼儿教育专家。不是这样的。我仍然是一个资浅的、错误百出的妈妈,一个孩子们有时喜欢,多半时间可有可无的玩伴。

如果说这一整年,有什么是我亲身感受到的,最重要的事情之一,那就是我终于理解了对孩子而言,"无意义"多么重要、多么珍贵。

许多大人(包括我在内)都太急于在生命里有所建树,成名成家。不仅在自己的生命里希望得到印证,更着急着在孩子的生命里留下不可磨灭的划痕。"教育"在漫长的时间里,都在孜孜以求"意义"——该对孩子说什么?该做什么?怎么可以什么都不说,什么都不做？我们都把过多的呼应当作"爱"的表现。过分用嘴，而使耳朵和眼睛失去在联结关系中的重要意义。

那一年里，我花了很多时间学习和做课程想象，也花了更长的时间来告诉自己——没有一个孩子，包括米尼在内，需要这些自以为是的东西。

他们就像禾苗——每个孩子都像禾苗，仰天地雨露与自然心性成长，人力所倚，不过寥寥几锄。这是"三五锄"幼儿园的初衷和真正意义所在。所以，生活和成长并不需要那么多别人来分析、来命名、来激昂或热泪盈眶的意义。

但好的教育，是在充分感受和守护"无意义"生活的基础上，一箭中的似的，萌发而出的意义之花。它必须是落后于（但紧随于）孩子的疑问、好奇和探索的。教育的意义，就如同茫茫大海上间或出现的灯塔。

在一年的终了，我开始罗列我希望和孩子们一起玩的"讨论与呈现游戏"。它们是：童话叙事、字画、社会（新闻）讨论、历史讨论和自然笔记（因为我实在是自然白痴，后来，自然笔记另请老师来引导）。其中，对幼儿社会（新闻）讨论课我想得很多。一开始，只是因为小学伊始就有父母们口中"恐怖得吓人"的社会品德课，孩子们开始接受口号式的"爱国教育""英雄教育"。我希望从另一个角度，给孩子们提供来源于他们自己内心的、更为丰富多元的思考，为此我萌发了创设这门讨论课的想法。

但后来,随着我所观察到的孩子们的成长,我看到了他们真真切切的、发自内心对生命的疑问。

这些疑问里充满了珍贵的恐惧:"我会死吗?""我爱的人会死吗?"珍贵的反思:"为什么总是日本人当敌人?"珍贵的愤怒:"你们不给我买玩具就是不爱我!"珍贵的吝啬:"我们把ATM机里的钱都取出来,别人都穷了,我们就有钱了。"珍贵的个体认知:"我为什么是我,不是别的孩子呢?"还有,珍贵的,最为珍贵的爱:"我爱我的家人,我爱全世界。"

看着他们明亮的眼睛,你实在难以自控地要跟他们讲述这个世界的古往今来,讲述你所知道的一切光荣与梦想,一切爱恨和情仇。可是,怎么说,用什么节奏说,这些述说才不沦为宣教,才会与他们凝视世界的懵懂眼神交织、萌芽?一套很好的小书给我极大的启发。

这套书由四个儿童教育的实践者撰写,用平等自然的形式,和孩子们诚诚恳恳、真真切切地讨论了我们的社会,我们的时代,我们的民族和国家。

"新童年启蒙书"首辑涉猎了生命、规则、财富、民族等话题,每本书以故事或小说的方式写就,配上清新童趣的插画,孩子读来也感到意趣盎然。

《从前,有一个点》将童话和科学结合起来,在对未知的无限好奇中,为孩子们娓娓讲述"点"的故事,被赋予生命质地的科学和被赋予生命色彩的童话携手而来。书里的故事似乎都有这么一个无聊的点：住在点上的时间老人、兢兢业业的捕鸟机、独自行走的黑夜、像鹅毛一样飘在天上的人们、比微风还要轻柔的小爬虫……而科学的探索和文学的创造打破了这种无聊，万物由是而生。经典童话的壳子，个性而充满现代感的里子，故事好读，又布满玄机。

《为什么不能把所有东西买回家》是一本有趣的"孩童经济学"，为什么不能把所有的玩具都买走？钱从哪里来？工作是什么？钱有干净和肮脏的分别吗？作者用人文的方式来跟孩子们谈论钱，谈论买卖，谈论财富创造等经济运行的原理，讲得深入浅出、明白晓畅。作者认为，"理性经济人"意识的培养应自儿童始。对生活有理智而客观的思考，是现代公民的美好品质，也将帮助孩子拥有更开阔的人生。

《大人为什么要开会》讲述了规则的美好和重要性，告诉孩子们怎样去思考、讨论、沟通和达成共识，被誉为儿童版《罗伯特议事规则》。事实上，不仅仅是我们需要跟孩子们谈谈当下的社会和生活，更多时候，是孩子自身及其所处的社会环境在引领我们。公民社会是未来的必然，在通往公民社会的道路上，我们和孩子一样，都需要更多的理性、更多的努力、更多的成长。

"中国"是什么？"中国人"是怎样的人？凭什么说一个人是"中国人"？这些看似简单的问题，其实不好回答。每个人都是社会人，进入小学的孩子们也开始意识到自己的社会属性。是让他们从董存瑞、黄继光的故事中浮光掠影地开始爱国，还是更加理性地触摸这古老国家的内在气质、山水风貌、历史群像？《我是中国人》以"在古老的土地上崭新地生长"为宗旨，诚恳实在，亲切动人，是一本有童趣、有思考的好书。

我对这套书及其作者们抱有极大敬意，因为他们并不坐而抨击这个"洗脑教育体制"，而是在孩子珍贵的、并未被污染的好奇之中，踏踏实实地给出自己的诚意解答。

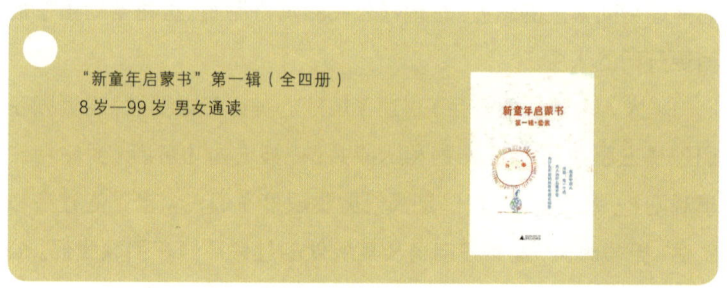

"新童年启蒙书"第一辑（全四册）
8岁—99岁 男女通读

震响童心的大自然

去感受孕育生命的大自然、
去沉浸于每一个当下。

我出生在南方海滨城市厦门，祖祖辈辈都靠海为生。至今我还记得自己非常小的时候，和爸爸妈妈住在曾祖父的老宅子里。那栋老宅子临近厦门港一个叫沙坡尾的码头。小时候我每天都会看到很多渔船在避风坞进进出出，听到大喇叭时不时传来对台广播。我至今为止印象最深的，就是白天爸爸妈妈把我放在市中心的外婆家，傍晚他们下班后，再骑着自行车来接我。到了春天多雨的时候，我被放在自行车前的座椅上，我爸爸穿着宽宽大大的雨衣，把我罩在里面。我闷在雨衣里，什么也看不见，什么也听不到。我就这么发着呆，听着爸爸脚踏车枯燥的嘎吱嘎吱声。直到鼻子里突然嗅到一股湿润、盐涩的味道，我就会精神大振，知道我们已经拐上临海的路，家也在不远的地方了。也有的时候，因为路途长而且无聊，我就在这样的气味中晃晃悠悠地睡着了。

我不知道对别人来说，大海意味着什么，可能意味着度假、休闲、自由自在、刺激或别的什么。而我，我也是很久以后才意识到，像我这样海边生长的孩子，大海、海边的灯光，哪怕在疾风暴雨之中，也意味着家、意味着安定。

但人心并不是总留恋家乡。一成年我就迫不及待地离开我的岛，在外面东逛西荡近十年。直到结婚、怀孕、爸爸妈妈年纪大了，我才重新回到这片海边。

米尼出生后，我每天推着婴儿车在海边"溜娃"。我记得很清楚，米尼是出生后第二个月开始下海的。当时是十二月，厦门阳光很好。

一天早上，海水很蓝，我们在家边上最近的一个海岬角下海，脱掉他的袜子，把他的小脚浸在海水里。他的第一反应是就像触电一样把脚缩了回去。但很快，他就露出很喜欢这个游戏的表情。

从那个时候，到现在，他在海边度过了大段大段日子。每天早上到海边看着日出吃早餐，玩，挖沙；下午再到海边去，继续挖沙。

在大人看来，米尼就是在海边挖了几年的沙；但对孩子来说，海边是无穷无尽的魔幻乐园。在日复一日在海边和波浪、和米尼相对无言的日子里，我开始理解——那些站着歪歪扭扭的菩萨的小破庙、大片大片榕树林和木麻黄、早出晚归的渔船、闪烁明灭的灯塔乃至海边小贩的叫卖声、退潮时露出海蛎的岩石、湛蓝的波浪，照耀无数岛屿的明月朗星——这些东西之存在，对孩子的意义，对我的意义。

我开始了解：家园对人来说，本质上不是一个房子，而是一个根、一个你的宿命、一个延续你一生的力量源泉。

在这段陪伴孩子长大，终日在海边闲逛的日子，有三本非常奇异的书给我巨大的加持。它们引导我安住在内心的家乡，像目睹每一个波浪之奇迹一样，目睹每一个当下蕴藏着的、无法言说的美与幽默感。

这三本书是《凯尔特的薄暮》《小银和我》《万物有灵且美》。这三本出自深邃心灵，以非常高迈的沉静、毫无雕琢的野趣描写故乡和流年的书，安息了我物欲磅礴的野心，让我真正看到，世界会

© "三五锄"幼儿园

以如此开放洞察的方式,使你日常安居之所,步步莲花、处处显圣。

《万物有灵且美》系列是苏格兰乡间兽医吉米·哈利之作。他在约克郡为家畜行医长达50多年,以轻松幽默的笔触,记录乡间行医的点点滴滴,满溢兽医生活的笑与泪,以及朴实的人情和土地的智慧。

他自传体的"万物"系列相继荣登《纽约时报》畅销书榜首,后被BBC拍成电影和系列热门电视剧 *All creatures great and small*。

这套书里的每一页,都是最接地气的琐碎生活,家长里短,每一页,也凝结着作者对大自然、对人、对万物的爱与戏谑、接纳与感恩。

我向很多十来岁、喜欢动物的孩子推荐过这套书。他们都很善良,爱自己的小猫小狗,是非常好的孩子。推荐这套书给他们,蕴藏着我的一个小小的祝愿。

祝愿他们对动物的爱、对人的爱,并不仅仅着眼于眼前的联结,而是经由这样的爱,去感受孕育生命的大自然,去接纳与自己极其不同的人,去沉浸于每一个当下、每一块脚下的泥土、每一次风风雨雨,进入万物,在万物之中脱颖而出。

"万物"系列数年前在国内出版后一炮而红,拿下无数图书排行榜,摆在了许多知识分子的案头。后来,它们出过一个新版,但在网店上已经陆续断货。

《希腊三部曲》和《万物有灵且美》是对进入自主阅读大部头图书阶段的孩子,我非常乐意推荐的两套书。最大的幽默感,最热切的投入世间之爱,最日常且蓬勃的生命感,如心性一般最甘美的大自然。

这次要推荐的就是《万物有灵且美》《万物既伟大又渺小》。花时间读这样的好书,就是花时间留住你和你的世界和现在这个当下。

春天到了,米尼还小。嗯,我一直想着和他一起读这套书,一起奔跑在山林原野之间的情景。人生有那么多未来,所幸大自然就在这里。

和"万物"系列一起推荐的,是另外一本我非常爱的"技术书"《与孩子共享自然》。

这本书是当今世界最受推崇的自然教育家约瑟夫·克奈尔的经典力作,是堪称里程碑式的作品,引发了一场全球范围内的自然教育热潮。本书自1979年出版以来,在不断补充与修订过程中,伴随着约瑟夫·克奈尔的自然教育走过了十几个国家,被各国的环保组织以及广大读者,奉为"自然教育圣经"。

《与孩子共享自然》集录了约瑟夫·克奈尔多年来在辅导孩子"体验自然"的过程中收集和创作的50个游戏。这些游戏有助于帮助各种性格的孩子以及大人开启心扉,接近自然,是提高自然意识的最佳户外活动指南。这些游戏除了用充满创造力的方式讲述生态学知识，还能让人们充分体会在自然中的喜悦、宁静，培养人们对周围世界的爱和尊重。

这是一本绝对的"魔法书"，它让你毫无阻隔地深入孩子的内心，进入森林。来吧，让这些源于自然之物到孩子的生命里去，让真正的春天、真正的大自然震响在孩子的生命里，流淌在童心的每一个当下。

祈愿他们个个都闪着光，个个都是真真正正的大地之子。

《万物有灵且美》《万物既伟大又渺小》《与孩子共享自然》
9-99岁 男女通读

「家」：我们的慰藉与业力

> 所有没能说出口的爱，最后都会沦为岁月的遗憾。

一次在朋友饭局上谈起"师生恋",我嘻嘻哈哈地捂着嘴巴说:"我最喜欢师生恋了!"

小时候,我们住在爸爸学校的教师宿舍里。爸爸的学校和土木建筑专业培训相关,学生大多是男性,多为五大三粗的包工头——在那个时候以及未来几十年内,他们多半陆续发了大财——然而容纳一群包工头的学校,住在里面却没什么意思。

爸爸做督导和管理方面的工作。我印象最深的事,是他拿着大喇叭在学校操场上对着学生做演讲。也许他在其他时间还从事过其他称得上有趣的工作内容,可是,大清早昏昏欲睡地听着喇叭里爸爸的声音,小小的心里总涌起"这种生活真无聊呀"的念头。

有一段时间,爸爸学校里突然爆出"有老师搞师生恋"的消息。那个年轻老师高且帅(小时候的我觉得他一点不好看,甚至有点讨厌,不过身边的成年女性好像都对他颇为肯定),周旋在某个女学生和某个女老师中间,两个女人都表示要为他寻死。

那时候,我觉得爸爸的工作突然繁重起来。学校组成的"思想小组"轮流和陷于情感中的男老师、女老师、女学生谈话,有时还要跟踪那个男老师的行踪,半夜组织人力搜索跑到海边寻死的女老师。每天爸爸回家,都会带着严肃的、"累得要死"和"你们女人真是伤脑筋"的表情回答妈妈雀跃的盘问。虽然他们谈的好像是很严重的大事,但作为孩子还是能嗅出一股和日常生活完全不同的欢腾气息。

有一次爸爸还说:"哎,要是我女儿遇到这样的事,就太不像话了!我肯定会对那个男的不客气!"当时,刚进入青春期的我和爸爸关系日趋淡漠;可这句话,却象征着童年时爸爸对我的誓言,被我封存在深深的记忆里。

我说喜欢师生恋,实际上说的是:我喜欢自己记忆里,那段与水波不兴的日常毫不相同的家庭时光。

虽然是毫不相干的事,但人记忆里或温暖有爱,或支离破碎的家庭生活,的确是由看似毫不相干的日常组成的。要到很多很多年后,我们阅历渐丰,内心洞开,念存悲悯之时,才会突然意识到,我们如何在扑朔迷离、一地鸡毛的此生的每一天,搜索我们内心的判定,捕捉彼此之间的心灵深意。

在"勇读者"的书架上,有一格,放着很多我搜罗来的童书大师、文学大师的"家庭之书",如《静子》《时时少年时》《最美的决定》《我的母亲手记》《佐贺的超级阿嬷》等。这些或喜或悲,或不可挽回,或满怀追思的"家庭依附"情感,是千百万只呼唤着,把我"定"于当下、如如不动的手臂。它们提醒我意识到,我们处在什么时代?这个时代给家庭和个体的影响是什么?我们诞生在什么模式的家庭之中?这样的家庭,会损耗我们,还是拯救我们?在漫漫人生路上,这些问题千百万次浮现在我们或满怀怨怒或满心感激的心底。

然而,在那些具足伟大智慧的"家族记忆"之书里,那些安然穿越心之迷障，终于与彼此相遇的前行者会告诉我们：家庭模式与时代也许很难更易，但那些百分之一百爱与照见的瞬间却足以改写心灵。

这次，我要推荐的，是三本具有如上深意，用家庭温情彼此照见，引领全家人，超越内心、超越无常、超越时代的好书。

首先，是最新译林版本的《傅雷家书》。这是"让我们等了30年的完整版《傅雷家书》"。旧版的《傅雷家书》没有父子对谈，只是一位父亲的独白，因为没有收录傅聪的回信。非常遗憾，傅雷的许多话，我们不知道他因何而发，傅聪一方的情况也只能在字里行间猜测和想象。

从1954年直到1966年的十余年间，傅雷夫妇和傅聪通信数百封。傅雷夫妇非常细心，儿子的信都妥善收藏，重点内容则分类抄录成册。然而，傅聪的信在"文革"中遗失了。

1966年傅雷夫妇二人含冤与世诀别，家产尽数被抄。他们写给傅聪的信都在国外傅聪那里有留存，而傅聪的回信则未能幸免。

后来上海音乐学院在一间装扫帚等杂物的小屋里发现了傅雷的遗物，里面竟有遗失多年的傅聪回信。从此《傅雷家书》不再是傅雷一人的独白，父子终在书中团聚，这部书亦终于完整。

傅家父子之情，是一个谬误百出时代里，以家庭与个体为单位坚持下来的最真实的情感。《傅雷家书》（新课标本）是傅雷之子傅敏先生为孩子们编订的家书精选本，以适合学生阅读、启发学生成长为编选目标,力求以轻松、亲切的风格全面呈现傅雷循循善诱的教育理念和傅聪兄弟的成长历程。所选编傅雷夫妇与傅聪及弥拉的往来家信,内容偏重"人伦日用",相比过去通行的版本,减少了冗长的关于艺术的论述,增加了亲情的成分和短小有趣的故事。

这份两代人之间双向交流的文字实录醇厚不失轻松、深刻不离日常,以小见大,让人乐在其中。对孩子来说,这些东西往往是父母和学校难以传授的;而对父母而言,他们又何尝不需要坚守真情的典范与前驱?《傅雷家书》以一个中国家庭所演绎的最坚贞的人伦立场,抚慰我们每一个人。

其次,是北野武所著《菊次郎与佐纪》。它是著名导演北野武回忆父母,讲述自己家庭故事的"小"书。

一脸黑道大哥般冷峻的北野武,讲起父母,并没有什么好话。他看不惯父亲的窝囊颓废,看不惯母亲的粗暴专横,对他们多有毒舌般的吐槽;但无论是对父亲诸多不靠谱事件的描述,还是为摆脱母亲的束缚而不断"斗争"失败的回忆,让我们真正看到的却是北野武对亲人家庭的深深依恋和眷恋,浓厚的深情在平实的语言下溢满纸面。人们发现,隐藏在这个一意孤行的浪子狠角色里的竟满是他母亲、父亲的影子——刻薄、固执、无厘头、不靠谱……

在电影《菊次郎的夏天》中我们感觉到北野武对父亲的温情回忆和无声的爱,在北野佐纪女士的葬礼上我们感受到北野武对母亲的深情怀念和无尽依恋。以至于多年以后，北野武为拍片而做减肥运动，想偷懒，看到母亲的遗像仍然有被约束的感觉，也不敢带其他女人回家——恋母情结真真切切。

我非常喜欢《菊次郎与佐纪》这本书。这本书让我彻底明白，不仅父母有看到孩子、接纳孩子的义务，在漫长的一生中，孩子们一样应当承担起理解父母、接纳父母的责任。在彼此的错失与伤害中，学习体谅和悲悯——只有这样，才有可能拥有自由开阔的人生。

第三本书是《杀死一只知更鸟》。从严格意义上说，它不属于真正的"家庭之书"。但我们都知道这本描述30年代大萧条时期美国南部小镇冤案故事的春秋笔法小说，实际上是作者哈珀·李的童年半自传故事。

而那个"作为律师的父亲拿着猎枪守在监狱门口，守着罪犯安全"的情节，深深震撼了我。以至于每阅读到这里，我总是会想：这件事一定发生过。一定有一个小女孩，这样看着父亲勇敢的背影，因此父亲某一次的挺身而出，促使他的孩子成为灵魂伟大的人。

派克律师是我年少时心中的英雄侠士。到了现在，非常幸运的，我的爸爸也成了我心里的大英雄。

从某个角度上来说，我们的时代，我们的观念，我们的家庭模式，是我们人生的业力。然而，有千百万更高迈、更智慧的灵魂，用更深情的诠释来告诉我们，如何超越抱怨，超越互相指责，超越对抗，以悲悯互谅的心，以岿然不动的爱，去慰藉与我们血脉相亲的每一个人。

家庭的意义，不仅在于接受爱，更在于——风雨同行。

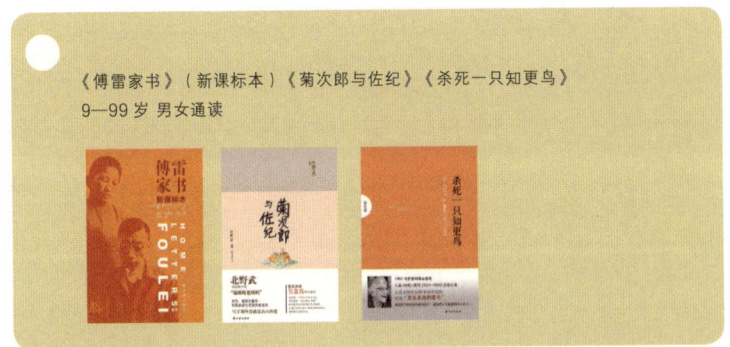

《傅雷家书》（新课标本）《菊次郎与佐纪》《杀死一只知更鸟》
9—99岁 男女通读

「只要你别抛弃自己的童心,童年永远近在咫尺。」

童年就是无尽的嬉游

我最爱的少年自然读本，不是《西顿动物记》，不是法布尔的《昆虫记》，连吉卜林的动物故事《丛林之书》也算不上（他的其他小说我还是很爱的）。哪怕是英国桂冠作家麦克·莫波格的动物系列小说，看过了，未免也有点矫情之嫌。

少年自然读本里我的心头大爱，自然要属杰拉尔德·达雷尔的《希腊三部曲》无疑。

杰拉尔德·达雷尔，是举世瞩目的自然学家、濒危物种拯救者。在他成名之后，他的童年被媒体包装为一个奇迹。据说，他学会的第一个单词是"zoo（动物园）"。他6岁立志建造属于自己的动物园；22岁开始组织采集动物远征队，足迹横跨亚、非、澳、美洲大陆；34岁在泽西岛上成立泽西动物园；51岁在泽西动物园旁创建"迷你大学"；67岁时英国坎特伯雷肯特大学为肯定他的成就，成立了"达雷尔动物保护及生态学院"；2006年，人们为纪念他设立了"杰拉尔德·达雷尔濒危野生动物奖"。

最让天下父母们为之动心的是，杰拉尔德·达雷尔少年时受教育程度着实不高。他只上过一年小学，但拥有耶鲁、杜伦、肯特三所知名学府的荣誉博士学位。按当下的网络流行说法，他和他的家庭，最后成了"人生赢家""教育模板"。

说这些，我的意思绝不是说，这部描述他十岁前后经历的书，是一本"如何培养孩子成功"的家庭教育书籍，这套书不是又一本所谓"耶鲁男博士达雷尔的彪悍童年"。

但是，在我看来，它的确蕴藏着每个家庭、每个人的童年快乐魔法。在这套书里，你会看到，达雷尔的家庭，每一天都有那么多争吵、愤怒、置气，也有那么多欢欣鼓舞、兴致勃勃的热爱。

最重要的是，你会看到，当一个10岁大的孩子（哪怕他脱离了教育系统）全身心被大自然拥抱时，所迸发出的身心与灵魂之巨大沉醉。

我不是一个爱动物的人。相反，我惧怕很多奇奇怪怪的动物。这也许解释了《昆虫记》《西顿动物记》等书，无法激起我内心深处强烈共鸣的原因，但《希腊三部曲》不一样。

杰拉尔德·达雷尔绝对是横跨生物世界和文学殿堂的奇才。和法布尔、西顿不同的是，他的眼光并不单一和偏执。

在他笔下，人的世界与物种的世界彼此交织，各自饱含深爱与幽默。他自由自在穿行其中，既洞察人心，又了然物情。

因此，《希腊三部曲》呈现出极其多元的镜像。既可以看成是一个奇趣家庭的生活短章，也可以看作是10岁孩童的嬉游手记；既可以看作是大自然物种记录，也可以看作是异国风情随感。无论从什么角度切入，它所给予的感受都如深山奔流，源源不绝。

记得几年前，有一位叫蒂皮的小女孩在非洲与野生动物相依相伴的经历在网络上大红大紫。她的照片，总让我饶有趣味地想起杰拉尔德·达雷尔。

我想，小女孩蒂皮之所以广受欢迎，不仅在于她和大自然的关系唤起了都市人心中潜藏的动物性,和那种"多么希望回到最本真童年"的欲望;更在于她与动物的照片之后,投射出的她的家庭气氛:开放、自由与爱。而真正能把这些关系,以最浅显、却又最深邃最高级的方式展现出来的,就是杰拉尔德·达雷尔。

这就是我所认为的读杰拉尔德·达雷尔远胜于读法布尔、西顿的原因。

法布尔会告诉你一整个昆虫王国,西顿会满足你如牛仔一般驰骋草原、见猎心喜的向往。但杰拉尔德·达雷尔告诉你的,却是真真切切的,一个小男孩一步步朝向光怪陆离、如幻如梦的自然王国的故事。这是一整个面向大地的童年故事,而不是某位专家、某位猎人才有权传授的传奇。

从书上看,有杰拉尔德·达雷尔这样的儿子,再加上他两个哥哥、一个姐姐那样的"怪胎",他们的妈妈的育儿回忆够得上"惨痛"二字。可是,达雷尔一定拥有一个充满肆无忌惮欢笑的童年。因此,他的文字之中,永远洋溢着令人忍俊不禁的笑意。

这也是我深深痴迷这套书的原因,最高级、最琐碎、最家庭化的幽默,促使我多次回头翻读这套书。

据说 BBC 已将这套书改编成电视剧,那该是怎样的高潮迭起、妙趣横生、永不冷场啊!这样带着笑的童年,成了一辈子的助推剂。

记得那年翻出《希腊三部曲》来读,是由春入夏的那段时日。

爸爸从医院回来,在楼下骑楼一圈一圈练习走路。我手上还忙着做幼儿园的事，每天心力交瘁，什么书也读不下去。于是就翻出《希腊三部曲》放在床头，每晚米尼睡后翻几页，总是让我笑得前仰后合，伴着这样的快乐沉入梦乡。

有一天晚上，我做了个梦，梦见我已经老了，住在一座小岛最高处的一栋房子里。四周寂静，看得见光影在房柱上挪动。每天傍晚，米尼陪着我，从高高的山坡上走下去，远远看得到整个大海，波光粼粼、安然如洗。

我拄着拐杖，一边走，一边对米尼说："多好啊，米尼，经过那么多事，我还想写童话！"说着，我就在梦里既悲又喜地笑起来。大海那么蓝，我的心好像行走在世事沧桑和一片天籁里。这个梦，从某个角度上说，是《希腊三部曲》给我的，是我对自己和米尼"阳光之岛"的向往。

2014年曾发生那么多事，让我相信，人的一生由他／她的童年经历焕发而成。我因此坚定决心，着手创办我们自己的homeschool（即家庭幼儿园"三五锄"，编者注）。

这么多有如命运暗喻一般的启示，读《希腊三部曲》就是其中之一。

我想把《希腊三部曲》介绍给每个有8岁以上孩童的家庭。不仅希望那些即将投身于大自然的孩子读到，因而更深邃地呼应他们嬉游的童年；也希望每个父母去读它，在哈哈大笑之中，被孩子一片至诚的爱打动。因此，在他们面向泥土蚁窝，或大海星辰之时,不仅能不动声色地后退一步,同时也抱有对苍穹大地的感恩之心。

天地无声,却抚慰了一代又一代孩子,把欢笑和敞亮又真实的灵魂,带到他们体内。

希望每个父母读到它,并回忆起我们自己童年里的日子:"只要你去找,充满阳光的日子俯拾即是;只要你别抛弃自己的童心,童年永远近在咫尺。"

童年就是无尽嬉游,每个孩子都是杰拉尔德·达雷尔。

《希腊三部曲》
10-99岁 男女通读

没遗落的多元通识教育

我想和孩子一起接受通识教育,一起经历更有意义的人生。

一个周末,"三五锄"幼儿园在某个偏远又满是日光的小岛上做"全园全家"活动。孩子们和自己最爱的爸爸妈妈、爷爷奶奶、老师和小伙伴们一起,日出玩沙,日落看烟火。

在这样的间隙里,"三五锄"幼儿园爸爸妈妈们抽空开了个"家长理事会"。在大人正儿八经的闲扯中,有个爸爸问:"粲然大神最想给'三五锄'做什么课?"我一错耳,听成"粲然大'婶'最想给'三五锄'做什么课"顿时悲从中来——我什么时候都变成"大婶"了!后来才知道,人家是喊我"粲然大神"(我什么时候又变成"大神"了!我明明还是如花少妇好吗!必须去园里"痛揍"他的孩子不可了!)。

"最想给孩子上什么课?"这样的问题,我一直在问自己。

"三五锄"幼儿园预科班设立后,我给孩子们上字画课,上社会新闻课,上童话叙事课,上名字童话阐释课,上希腊神话课,上古今中外妖怪课……所讨论的,一直是我所熟知擅长的文史哲。教育是一个奇特的传递过程,只有你所擅长,你所珍惜,你所终身思考过的东西,才能最有效的在孩子身上留影。"三五锄"幼儿园预科班创立一年之前,在我备课的过程中,我一直以为我想传递,我所能传递的,就是文史哲。但后来我才意识到,我一直在做的,我最想交给孩子的,不是任何学科知识,而是最最重要,却被长期遗落的个体通识教育。

通识教育(General Education 或 Liberal Study)这词条本

身源于19世纪。当时有不少西方学者有感于现代大学的学术分科太过专门,知识被严重割裂,于是创设通识教育,目的是培养学生能独立思考且对不同的学科有所认识,以至能将不同的知识融会贯通,最终目的是培养出完全、完整的人。自从20世纪以来,通识教育已广泛成为西方大学的必修科目。

然而实际上,通识教育精神在中西方教育史上均源远流长,其教育目标为:在现代多元化的社会中,为受教育者提供通行于不同人群之间的知识和价值观。通识教育与时下流行的所谓"专业化学科教育",是教育模式的不同选择,但其本质是源于对"教育"的不同理解。通识教育重在"育"而非"教",因为通识教育没有专业的硬性划分,它提供的选择是多样化的;而学生们通过多样化的选择,得到了自由的、顺其自然的成长。可以说,通识教育是一种人文教育,它超越功利性与实用性。之所以要以"大学问家、大思想家"为榜样,是因为他们身上有着独立人格与独立思考的可贵品质,而这正是通识教育的终极追求。

教育不是车间里的生产流水线,制造出来的都是同一个模式、同一样的思维,而是开发、挖掘出不同个体身上的潜质与精神气质。通识教育是要"孕育"出真正的"人"而非"产品"。我始终认为,通识教育必须先于专业学科教育而存在。让孩子慢条斯理地耗费自己的童年、青少年时光,通过思想巨擘,心骛古往今来,目驰四面八荒,引导他们有意义地思考人生,引导他们追问并界定自身所有行为中固有的意义,引导他们剖析自我,感受他人——这样的人生,是连我们大人也值得去追求的人生。

因此,在为"三五锄"幼儿园预科班备课的整整一年中,我都在恶补通识教育书籍,也因此,又一次打开了自己。在这个过程中,我接触的到非常好的通识书籍之一,就是这套"牛津通识读本"。

"牛津通识读本"系列英文原版由牛津大学出版社出版。作为牛津大学出版社的重点项目,该系列自1995年陆续面世以来,在全球范围内已被译成近30种文字,受到学界广泛关注,被誉为真正的"大家小书"。牛津大学出版社认为该系列"充满生气且流畅易读,对于感兴趣的主题,丛书将改变读者的思考方式;对于未曾涉猎的领域,丛书又堪为绝佳的入门引领"。

译林出版社从牛津大学出版社引进"牛津通识读本",以中英双语形式出版。各品种广泛涵盖宗教、哲学、艺术、历史、商业、经济、法律、政治、社会、心理、自然科学等主题。作者多为国外大学或研究机构的知名学者,对相关领域均有深入研究。作者们在阐述主题的过程中理论视野开阔,常有独到的见解形诸笔端,显示出基于深厚学养的主题驾驭能力。

因为是中英双语读本,每册小书就内容而言并不赘重,就好像一两堂精绝的、深入浅出的学科梳理与演讲课。翻译靠谱,导读精湛,整套书恰似各学科全球大师集体加持的小盛典。

近10年来,这套书国内引进版已达到55种,其中有很多光听书名就让我满地打滚的好书,如《大众经济学》《政治的历史与边界》《我们时代的伦理学》《考古学的过去与未来》《全球化面面观》《简明逻辑学》(这本根本不简明,我看不懂呀,我逻辑是有多差)《法哲学:价值与事实》《选择理论》《广告》《数学》(这本打死我都不会买的)《性存在》《设计》等。

这套书极其易读(数理化除外,这方面我蒙圈),虽然短小却有完整的系统全貌,为急欲了解世界其他部分与内容的你,提供极其高级的入门引导。一直想跟大家分享这套书,只不过这套书品目总是不全。我精选了其中我最爱的、使用率最高的几本小书,与大家分享。

《佛学概论》《天文学简史》《马基雅维里》《历史之源》《中国文学》
16—99岁 男女通读

后记

我是一个资浅且充满失败感的妈妈。

虽然全家都爱看书,然而,但凡遇到"读这些书,你的孩子人生就对了""X岁孩子不得不读的X本书""未来'学霸'孩子红宝书,你和孩子都看过吗"……类似这样"迫使人自检自查"的文章,我和我孩子的答案通常都只是"刚刚合格"。

久而久之,难免地,我对这些像填空题一样,要求所有人将正确答案对号入座的"书目推荐"充满疑虑、牢骚满腹。

写在这里的童书与绘本的书评,说是因此产生的,也不为过啊。

我从来不认为,阅读是所有人步调一致的事。

那些"所有人都必须读的书",跟我和我的孩子没有多大关系。

读书,是我和孩子每天或"耳鬓厮磨",或各守一隅,或大声欢读,或默默伏案的甜美时光。

它是可分享、可回忆,但不可规定、不可束缚的一己人生。

因此,我写的书评,只是记录了我和孩子们一起走过的路。

成年人老老实实花费了时间,童书和童心才会把醍醐灌顶的喜悦,把久违的稚气之爱馈赠给你。

归根到底，只有和孩子们一起打开书，并只为邂逅彼此心灵而奋勇阅读着的那些人，才会回忆起，童心世界的清晨，是我们去过的最广袤拙朴的远方。

书，是通往心田的路径。

这些书评里，没有一篇，是因为"这本书是有名的人写的""这本书获了大奖""读这本书能让你的孩子变聪明"而写。

我更期望这里的每一篇书评，都成为一个邀请，一个见证，见证我们和孩子携手同游心灵的光耀岁月。

因此，虽然这些书评赞誉过一套又一套充满智慧的童书。

但我不认为有哪一套书是孩子非读不可的。

亲子共读，只有加上爱，加上平等与倾听，加上成人放下自我的慈悲，加上孩子一片至诚的自由自在，才能成就其真正的"魔法"，才能成为我们此生彼此的支撑。

作为最普通的妈妈，我为与孩子一起见识到的、阅读中所示现的幻想王国而握拳呼喊着。

永远呼喊着："快来啊，一起来吧，看那远行的小船，它们早已把锚抛向远方。"

索引

书名	出版社	作者	页码
《动物宝宝和妈妈》	新星出版社	〔日〕小森厚 文 〔日〕薮内正幸 图	p16
《永远的儿歌：米米听民乐》	河北少年儿童出版社	周逸芬 编 陈致元 郑淑芬 陈全 等 图	p22
《踢踢踏》	河北少年儿童出版社	余光中 文 徐素霞 图	p22
《嘉贝拉的歌》	河北少年儿童出版社	〔美〕肯戴思·佛莱明 文 〔美〕吉私莉·波特 图	p22
《妈妈成为妈妈的那一天》	少年儿童出版社	〔日〕长野英子	p28
《爸爸成为爸爸的那一天》	少年儿童出版社	〔日〕长野英子	p28
《火车快跑》	明天出版社	〔美〕唐诺·克鲁斯	p34
《爱睡觉的鲸鱼》	明天出版社	〔日〕五味太郎	p34
《山猫服饰店》	明天出版社	〔日〕木村裕一	p34
《加油！熊医生》	明天出版社	〔日〕木村裕一	p34
《陷入困境的克莱奥》	北京联合出版公司	〔奥〕海因茨·雅尼什 文 〔比〕菲利珀·高森斯 图	p40
《骑士胡比：喷火龙的好朋友》	北京联合出版公司	〔德〕米娜·麦克马斯特 文 〔德〕约阿西姆·弗里德里希 文 〔德〕菲利西塔斯·霍尔斯特查费尔 图	p40
可爱的一家人系列	北京联合出版公司	谷口国博 文 〔日〕村上康成 图	p45
《小乳房》	北京联合出版公司	〔日〕有田奈央	p50
《如果常常这样的话……》	北京联合出版公司	〔日〕斋藤多加子	p57
《大象戏水》	北京联合出版公司	〔日〕伊东宽	p57
《不能数到3的狮子》	北京联合出版公司	〔德〕马丁·巴尔沙特	p57
《楼上的外婆和楼下的外婆》	河北教育出版社	〔美〕汤米·狄波拉	p65
《这是我们的家》	北京联合出版公司	〔美〕廉惠媛	p65
《双胞胎的小被子》	北京联合出版公司	〔美〕廉惠媛	p65
《我为什么讨厌吃奶》	二十一世纪出版社	〔日〕矶深雪	p70
《乳房的故事》	连环画出版社	〔日〕土屋麻由美 文 〔日〕相野谷由起 图	p70
《小鸡鸡的故事》	连环画出版社	〔日〕山本直英 文 〔日〕佐藤真纪子 图	p70
《各种各样的家——超级家庭大书》	北京联合出版公司	〔英〕玛丽·霍夫曼 文 〔英〕罗丝·阿斯奎思 图	p76
《各种各样的感觉——超级感觉大书》	北京联合出版公司	〔英〕玛丽·霍夫曼 文 〔英〕罗丝·阿斯奎思 图	p76
《大狗医生》	北京联合出版公司	〔英〕芭贝·柯尔	p76
好脏好脏的波弟系列	中信出版集团	〔英〕戴维·罗伯茨	p81
《小狼孩史蒂夫》	中信出版集团	〔美〕贾里德·查普曼	p81
恐龙专家系列	东方出版社	赵闯 图 杨杨 文	p87
《天空的绘本》	连环画出版社	〔日〕长田弘 文 〔日〕荒井良二 图	p94
《森林的绘本》	连环画出版社	〔日〕长田弘 文 〔日〕荒井良二 图	p94
《宇宙掉了一颗牙》	北京联合出版公司	郭奕臣 文 林小杯 图	p99
噼里啪啦细菌来啦系列	东方出版社	布克布克	p104
《我的萌萌动物邻居》	河北教育出版社	〔日〕高家博成 文 〔日〕仲川道子 图	p108
《我是BLOP！》	重庆出版社	〔法〕埃尔维·杜莱	p116
《天啊，这本书没有名字！》	重庆出版社	〔法〕埃尔维·杜莱	p116

图书在版编目（CIP）数据

抛向远方的锚/粲然文.--北京:连环画出版社，
2016.12
ISBN 978-7-5056-3297-4

Ⅰ.①抛… Ⅱ.①粲… Ⅲ.①儿童文学－书评－中国－现代－选集 Ⅳ.①G236

中国版本图书馆CIP数据核字(2016)第252164号

© 2016 by Can Ran, Zhang Yunbao & Beijing Poplar Culture Project Co., Ltd.

蒲蒲兰文库

PAOXIANGYUANFANGDEMAO
抛向远方的锚
粲然 / 文 张昀宝 / 图

出版发行：连环画出版社
（北京市东城区北总布胡同32号 邮编：100735）
责任编辑：朱薇　陈欣欣
特约编辑：焦东雨　张允宝
责任印制：刘建春
制版印刷：北京中科印刷有限公司
版　　次：2016年12月第1版　2016年12月第1次印刷
开　　本：889mm X 1194mm　1/32
印　　张：16.75
ISBN 978-7-5056-3297-4
定　　价：56.00元（上下册）

东方儿童性教育绘本系列	北京理工大学出版社	〔韩〕郑智泳 〔韩〕郑慧泳	p120
《艺术大书》	重庆出版社	〔法〕埃尔维·杜莱	p125
杜噜嘟嘟系列	重庆出版社	〔法〕埃尔维·杜莱	p125
《呀！屁股》	希望出版社	〔丹〕迈普里斯·安徒生 文	p132
		〔丹〕叶世基·杜拉航 图	
《只有你》	希望出版社	〔美〕道格拉斯·伍德 文 〔英〕P.J.林奇 图	p132
《我们的森林》	希望出版社	邱承宗	p132
我最好的第一堂社会认知课系列	吉林美术出版社	〔韩〕金钟民 等	p136
《家》	新星出版社	〔美〕卡森·埃利斯	p142
《世界上最最温馨的家》	南海出版公司	〔德〕安妮·默勒	p142
《最美的音乐故事绘本 天鹅湖》	新星出版社	〔俄〕柴可夫斯基 曲	p147
		〔奥〕莉丝贝特·茨威格 图	
《最美的音乐故事绘本 胡桃夹子》	新星出版社	〔俄〕柴可夫斯基 曲	p147
		〔奥〕莉丝贝特·茨威格 图	
儿童古典音乐绘本系列	北京科学技术出版社	〔奥〕苏珊·汉默勒 等 文	p153
		〔奥〕彼得·弗里德 等 图	
大师杰作的秘密系列	人民文学出版社	〔法〕热拉尔婷·埃尔施纳 等 文	p160
		〔法〕雷米·萨亚尔 等 图	
THIS IS米先生的世界旅游绘本	安徽少年儿童出版社	〔捷〕M.萨塞克	p165
《凡尔纳奇幻金典》	电子工业出版社	〔法〕儒勒·凡尔纳 文	p172
		〔法〕埃里克·皮巴雷 图	
《最有趣的生物教科书》	新星出版社	〔日〕冈岛秀治 等 审订 〔日〕新开孝 等 摄影	p177
我家门外的自然课系列	中信出版集团	〔韩〕南妍汀 等 文 〔韩〕李在恩 等 图	p182
《如何养好一只狗》	新星出版社	〔英〕海伦·皮尔斯 文 〔英〕凯特·萨顿 图	p188
《如何养好一只猫》	新星出版社	〔英〕海伦·皮尔斯 文 〔英〕凯特·萨顿 图	p188
《流浪狗之家》	南海出版公司	〔美〕路易斯·邓肯	p188
《流浪狗时报》	南海出版公司	〔美〕路易斯·邓肯	p188
植物也可以这么玩创意标本系列	山东文艺出版社	〔法〕罗郎·奥都因 图	p194
		〔法〕雅尼克·弗里耶 摄影	
Bori手绘动植物图鉴	吉林美术出版社	〔韩〕全羲植 等	p199
《故乡，心里的风景》	南海出版公司	〔日〕原田泰治	p206
《与鳟鱼和珊瑚礁相遇的奇妙故事》	广西师范大学出版社	〔日〕小野有五 文 〔日〕村野道子 图	p210
《自然史·动物王国》	译林出版社	〔法〕布封 文	p215
		〔法〕本雅明·拉比耶 图	
狄更斯的圣诞故事系列	人民文学出版社	〔英〕查尔斯·狄更斯	p222
新童年启蒙书第一辑	广西师范大学出版社	蔡朝阳等	p228
万物有灵且美系列	九州出版社	〔英〕吉米·哈利	p236
《与孩子共享自然》	九州出版社	〔美〕约瑟夫·克奈尔	p236
《傅雷家书》（新课标本）	译林出版社	傅雷 朱梅馥 傅聪	p243
《菊次郎与佐纪》	译林出版社	〔日〕北野武	p243
《杀死一只知更鸟》	译林出版社	〔美〕哈珀·李	p243
《希腊三部曲》	浙江人民出版社	〔英〕杰拉德·达雷尔	p250
牛津通识读本	译林出版社	〔美〕昆廷·斯金纳 等	p255